返本与开新
——近代中国文化保守主义新论

何晓明 著

商务印书馆
2006年·北京

图书在版编目(CIP)数据

返本与开新——近代中国文化保守主义新论/何晓明著.北京:商务印书馆,2006
ISBN 7-100-04635-1

Ⅰ.返… Ⅱ.何… Ⅲ.文化—保守主义—研究—中国—近代 Ⅳ.K250.3

中国版本图书馆 CIP 数据核字(2005)第 092283 号

所有权利保留。
未经许可,不得以任何方式使用。

返本与开新
——近代中国文化保守主义新论
何晓明 著

商务印书馆出版
(北京王府井大街36号 邮政编码100710)
商务印书馆发行
北京市白帆印务有限公司印刷
ISBN 7-100-04635-1/G·712

2006年3月第1版　　开本 880×1230　1/32
2006年3月北京第1次印刷　印张 11¾
印数 5 000 册
定价:20.00元

目 录

导论　近代中国文化保守主义的特征 ………………… 1
　一、民族立场与忧患意识 ………………………………… 1
　二、人文精神与反科学主义 ……………………………… 4
　三、道德本体与宗教情怀 ………………………………… 8
　四、变易意向与中庸准则 ………………………………… 12

第一章　现代化的世界进程与文化保守主义的产生 …… 16
　一、不可抗拒的历史潮流——文化保守主义
　　　产生的世界背景 ……………………………………… 16
　二、不可避免的文化冲突——文化保守主义
　　　产生的历史必然性 …………………………………… 20

第二章　中华民族的精神家园 …………………………… 42
　一、中华文化的独特创造与深厚积淀 ………………… 42
　二、学统、政统与道统 ………………………………… 48
　三、"文化中国" ………………………………………… 69

第三章　"纲常名教"与"富强之术" ……………………… 76
　一、中西异质文化论争的前奏："中国礼仪之争" …… 76
　二、新变局下的"条约口岸知识分子" ………………… 81
　三、冯桂芬迈出小心的第一步 ………………………… 89

第四章　第一面旗帜："中体西用" ……………………… 94

一、思想家与实行家的结合 …………………………………… 94
　　二、"西学中源"说 …………………………………………… 101
　　三、中国早期现代化的文化纲领 …………………………… 107
　　四、是非功过张之洞 ………………………………………… 112
第五章　历史的"怪圈" ………………………………………… 121
　　一、康有为的"倒退" ………………………………………… 121
　　二、晚年严复的忧患 ………………………………………… 131
　　三、辜鸿铭"怪"在何处 ……………………………………… 139
第六章　第二面旗帜：弘扬"国粹" ……………………………… 149
　　一、20世纪初年的"国粹"思潮 ……………………………… 150
　　二、"上天以国粹付余" ……………………………………… 156
　　三、"国粹存则其国存，国粹亡则其国亡" ………………… 161
第七章　文明灾祸的教训与启迪 ………………………………… 168
　　一、大战后的师徒欧洲之行 ………………………………… 168
　　二、梁启超的文化反思 ……………………………………… 171
　　三、为"玄学鬼"正名 ………………………………………… 178
第八章　对"五四"文化激进主义的反拨 ………………………… 188
　　一、"前进中的保守"——重新认识杜亚泉 ………………… 189
　　二、《学衡》派：新人文主义的中国版 ……………………… 196
　　三、"中国本位文化论"的出台 ……………………………… 203
第九章　现代新儒家 ……………………………………………… 211
　　一、"体用不二"熊十力 ……………………………………… 212
　　二、"最后的儒者"梁漱溟 …………………………………… 221
　　三、"贞下起元"冯友兰 ……………………………………… 231
　　四、会通儒佛的马一浮 ……………………………………… 240

五、儒化西学的贺麟 ………………………………… 245

第十章 "花果飘零"再集结 …………………………… 254
一、薪火相传师徒间 ………………………………… 255
二、港台新儒家的宣言 ……………………………… 265
三、儒家人文主义的重振 …………………………… 270
四、"内圣"开出"新外王" …………………………… 277
五、"儒家资本主义"的启示与儒学第三期的
新发展 ……………………………………………… 282

第十一章 "似曾相识燕归来" ………………………… 298
一、从批判到反思——20世纪80年代至
90年代的"话语转换" …………………………… 298
二、90年代以后文化保守主义在中国的"复出" ……… 304

余论 ………………………………………………………… 321
一、宗旨论:积极回应中国现代化的时代主题 ………… 321
二、价值论之一:古今中外文化关系的学理探讨,有利于
科学的现代化观念的养成 ………………………… 324
三、价值论之二:对中国传统文化——尤其是儒家文
化——的深入研究,有利于其自身的新陈代谢 …… 331
四、价值论之三:对西方现代化过程中负面现象的批判,
有利于中国现代化吸取教训,后来居上 …………… 341
五、性质论之一:传统的固守与变革的探索 …………… 347
六、性质论之二:意识形态与社会心理 ………………… 349
七、性质论之三:后顾性的文化取向与泛道德主义的
价值取向 …………………………………………… 351

4 返本与开新

参考文献 ……………………………………………… 355
后记 ………………………………………………… 366

导论　近代中国文化保守主义的特征

文化保守主义是伴随着资本主义现代化的全球扩张而发生于世界各国、各民族的普遍精神现象。由于自身历史文化背景的差异,以及资本主义现代化介入的不同条件、方式、后果,各国、各民族的文化保守主义呈现出异彩纷呈的格局,而并非一副面孔。就近代中国而论,文化保守主义有如下四组特征:

一、民族立场与忧患意识

一般说来,文化保守主义是政治民族主义的伴生物。近代中国文化保守主义正是民族政治危机和文化危机密切关联的直接产物。19世纪中叶以后的100多年间,中华民族及其文化经历了生死存亡的剧烈煎熬。资本主义现代化在告诉中国人民学会享受科学技术带来的物质文明和呼吸民主政治的自由空气之前,已经先让他们饱尝了挨打、割地、赔款的屈辱和亡国灭种的恐惧。在这种情形下,民族立场和忧患意识,便成为中国文化保守主义首先具备的天然品格。

张之洞曾不无惋惜地评论道:"西国强盛开通,适当我圣祖高宗之朝",假若"其时朝廷恢豁大度,不欺远人,远识雄略,不囿迂论","儆我中国之泄沓,戢我中国之盈侈,则庶政百能,未必不驾而上之"①。他穷其毕生精力,"激发忠爱,讲求富强",正是为了中华民族在与列强的竞争中,"驾而上之"。我们可以批评他对行将就木的专制王朝仍抱"公忠体国"之心的顽愚,却无法否认他亟盼国富民强的一腔赤诚。

"国粹"派降生的年代,国势依旧衰微,列强在华势力有增无减。民族主义情绪正是鼓舞"国粹"派的首要精神支柱。章太炎一再申言"用国粹激动种性,增进爱国的热肠",又说民族主义好像是田里的庄稼,而历史上的人物事迹、典章制度、风俗习惯则是灌溉庄稼的水。一般说来,文化保守主义的学术表现,往往与民族风俗、语言的研究密切相关。在这方面,"国粹"派贡献尤大。章太炎坚决反对用"万国新语"取代汉语的主张,他在详尽考察汉语的发生发展史后,判定其为独具优长的、成熟的语言文字系统,同时也指出其需要改进的问题所在,并且创造性地提出简化书写、推行注音符号等改革举措。

新儒家崛起的年代,中华民族面临的主要外患,不是西方的欧美,而是东方的日本。一向被中国视为学生的日本,竟然打上门来横行霸道,无疑极大地刺伤了新儒家的民族文化自尊。抗战时期,他们在生活困窘、资料匮乏的西南一隅奋力笔耕,为弘扬刚健精神、重振民族雄风而竭尽心智。冯友兰意味深长地取《周易》"贞下起元"之意,将自己的著作称为"贞元之际所著书","以志艰危,且鸣盛世"。比冯友兰晚一辈的牟宗三,在新形势下依然强调民族文化的本位主义立场。他坦率表白:"本位主义有什么不好?每一个

---

① 张之洞:《劝学篇·益智》,《张文襄公全集》卷二〇三。

民族事实上都是本位主义。英国人以英国为本位,美国人以美国为本位,何以独不许我们中国人以中国为本位呢?若是这叫本位主义,又怎么能反对呢?"①

近代中国文化保守主义者共同的民族立场,与他们的忧患意识密不可分。或者说,他们的民族情感,正是通过浓烈的忧患意识宣泄出来。

19世纪末年,"中体西用"派最担心的,是在"岂特春秋所未有,抑秦汉至元明所未有"的"今日世变"之下,如何保中国、保儒教、保华种的问题。张之洞的主张是"保种必先保教,保教必先保国"②。将社会政治内容置于比文化内容更紧迫的地位,显示出保守主义前期的特征。到了"国粹"派,忧患的重心明显倾向文化一端。章太炎基本不提"保国"之类的话题,这与他政治上激进民主主义的态度是一致的。他所忧所患,在于"欧学东渐,济济多士,悉舍国故而新是一趋"的"一时风尚",会断绝中华文化继往开来的远大前程。他所怀抱的"国故民纪,绝于余手,是则余之罪也"的沉重使命感,正是文化保守主义发展到相当成熟阶段的典型心理表征。到了新儒家,忧患意识一方面融进了他们对战乱时局的焦灼不安,另一方面,则更加专精地瞩目于现代化世界浪潮中儒学的前途和命运。如果说在熊十力、冯友兰一代,这种忧患尚潜存于奋力笔耕的心智劳作之中,那么到了牟宗三、唐君毅一代,这种忧患已急切悲怆地诉诸言表。他们在"四顾苍茫,一无凭借的心境情调之下",忍看儒学精华"花果飘零",不得不向"中国与世界人士研究中国学

---

① 牟宗三:《从儒家的当前使命说中国文化的现代意义》,《当代新儒家》,三联书店1989年版,第178页。
② 张之洞:《劝学篇·同心》,《张文襄公全集》卷二〇二。

术文化者"发出"恳求",希望他们以"同情"和"敬意"承认儒家文化的"活的生命之存在",同自己一道复兴儒学,复兴中华,并进而"共同担负人类的艰难","开出人类的新路"①。

二、人文精神与反科学主义

19世纪中叶以后,文化保守主义者有一条贯彻始终的致思路线:将中国传统文化的优长,归结为精神的、内在的、伦理的,而将西方现代文化的优长,归结为物质的、外在的、科学的。换言之,他们一般都以"人文主义"与"科学主义"来标识中西文化的本质区别。因此,他们对于民族传统文化的认同、回归与捍卫,便自然而然地以高扬人文精神与反对科学主义二者合一的姿态表现出来。

唐君毅曾十分精辟地总结道:源远流长的儒家人文精神,是"指对于人性、人伦、人道、人格、人之文化及其历史之存在与价值,愿意全幅加以肯定尊重,不有意加以忽略,更绝不加以抹煞曲解,以免人同于人以外、人以下之自然物等的思想"②。儒家的这一基本思想,确实是近代100多年来,文化保守主义着力阐扬的核心内容。"中体西用"派在承认"外国技术之精为中国所未逮"③的同时,对中国文化"明道垂法,以君兼师","崇尚儒术,以教为政"的传统,推崇备至,称之为"古今之常经,中西之通义"④。到"国粹"派,

---

① 牟宗三等:《为中国文化敬告世界人士书》,《当代新儒家》,三联书店1989年版,第1、52页。
② 唐君毅:《中国人文精神之发展》,《唐君毅全集》第6卷,台湾学生书局1991年版,第10页。
③ 曾国藩:《曾文正公奏稿》卷三十。
④ 张之洞:《劝学篇·同心》,《张文襄公全集》卷二〇二。

民主政治的进步令他们摒弃了"君臣之义"的糟粕,但对于传统文化的人文优长,仍视为安身立命的当然依据。章太炎前期崇佛,晚年去佛归儒,"所问佛法,尚不足转移人心,其任谁属?仆以孔子之书,照如日月"①。"只有爱亲敬长","才知孝悌为仁之本,此语也,有明理学中之一线光明"②。新儒家健将张君劢,更运用对比观照法,将中国文化的人文特性,阐发得淋漓尽致:论治学目的,中国在修身养性,西方在寻求真理;论学术对象,中国为人生、人伦,西方为宇宙、自然;论治学方法,中国为内省、读书、体验,西方为观察、实验、统计;论治学与处世之道,中国合二为一,西方一分为二③。用《易传》所言,"观乎天文,以察时变",此系西方文化所长,而"观乎人文,以化成天下",则系中国文化所长。为什么中国文化会形成如此鲜明的人文特色?张君劢以后的新儒家,继续进行了更深入的探索。唐君毅从人类早期的原始心态方面寻求根源。他将人类对自然的态度区分为三种:一是利用厚生的态度,二是欣赏、审美的态度,三是表示惊奇并探寻其奥秘的态度。与上古时代的西方人相比,中华先民"对物只偏在利用厚生的态度与审美的态度。中国古人主要依此二态度,成就其文物之发明与礼乐生活"④。唐君毅指出,虽然中国文化的人文精神源远流长,但真正自觉阐发其意义与价值的,只是孔儒之学。"孔子一生之使命,不外要重建中国传统之人文中心的文化"⑤。孔子以后,宋明儒学将人文精神进

---

① 章太炎:《与孙思昉论学书》,《制言》第46期。
② 章太炎:《国学之统宗》,《制言》第54期。
③ 张君劢:《东西学术之异同》。
④ 唐君毅:《中国人文精神之发展》,《唐君毅全集》第6卷,台湾学生书局1991年版。
⑤ 同上,第16页。

一步推衍到"立人极"的哲理层次,沟通天人,将人生、人心中一切污秽扫除干净,开辟出一条"由人文世界,以通超人文世界之天心天理"①的文化坦途。正如美国学者傅乐诗所论,虽然新儒家为他们信仰之皈依的人文精神赋予社会意义所作的努力,效果并不显著,但他们"证成这个人文主义的形而上学意涵——换言之,证成道德行动有其本体论意义——所作的努力",却获得了巨大的成功。②

近代科学技术的诞生及其产业化,是原生态资本主义现代化的原动力。而近代科技之所以发端于欧洲,显然又与西方文化从古希腊时代即形成的求真、求智的思维路径直接相关。从这一层意义上讲,文化保守主义以中国文化的"人文"特长与西方文化的"科学"传统相对称,是有其充分史实依据的。

文化保守主义者不同于顽固守旧派的一个根本区别是,他们从来就不反对、相反却极力主张引进西方科技,以弥补中国文化的缺陷。他们所反对的,是科学至上、科学万能的科学主义,而非科学本身。

无论从理论或者实践方面考察,"中体西用"派都不愧为引进现代科技的先驱。洋务运动几十年的坎坷历程,留给人们许多的遗憾和教训,但毕竟为现代科技在中国文化的世袭领地中,打进了一个楔子,开出了一小块地盘。毛泽东希望人们在论及近代中国的重工业发展史时,"不要忘记张之洞",便是对他们历史功绩的充分肯定。

---

① 唐君毅:《中国人文精神之发展》,《唐君毅全集》第6卷,第27页。
② 〔美〕傅乐诗:《现代中国保守主义的文化与政治》,见《近代中国思想人物论——保守主义》,台湾时报文化出版事业有限公司1980年版,第63页。

近代中国的思想史进程令人眼花缭乱。"中体西用"派给"奇技淫巧""正名"的工作尚未完成,梁启超及稍后的新儒家们又不得不从另一端来还科学技术的本来地位。20世纪初年,新文化运动对德、赛两先生的热情礼赞,促成了科学主义在中国的流行。激烈的"西化"论者认为,科学不仅告诉人类关于自然界的真知,而且还可以指示人生的价值与社会前途。这种倾向,立即成为文化保守主义者的抨击目标。此时发生的科学与玄学之争,为他们的反科学主义提供了绝好的讲台。梁启超指出,第一次世界大战使欧洲人失去了安身立命的根据,其"最大的原因,就是过信'科学万能'"①。现代化以精良的科技装备欧洲人,同时也剥夺了他们的道德观念,其结果是他们险些成功地毁灭了自己。张君劢则认为,世界分为两个真实的领域,一是自然,一是人事。科学讲究理性分析,确实可以提供自然知识宝库的钥匙,但却无力解决人事领域的问题,因为后者需要的是同情、理解和直觉体悟。梁漱溟也指出,比自然真实更高层的道德真实,唯有精神心灵的直觉才能证得。对科学主义的绝对化、片面性,几乎新儒家的所有成员都有所批评。虽然侧重点各有不同,但基本宗旨完全一致:近代科学所代表的实证的、分析的思维模式固然可以有效地帮助人们把握外在世界的种种奥秘,却无法引导人们去体会内在世界的精神要义。他们坚信,唯有直觉体认的方式,才能实现这一目的。而这一条,正是中国文化——儒家文化所高扬的人文主义的根本价值所在。

---

① 梁启超:《欧游心影录》,《饮冰室合集·专集》之二十三,第10页。

三、道德本体与宗教情怀

近代中国文化保守主义者最引以自豪的,是中国文化无与伦比的道德学说体系与道德实践体系。道德不灭,则中国不灭,是他们一以贯之的坚强信念。如果说有什么发展的话,那就是"中体西用"派、"国粹"派多从事实层面列举中国道德垂训的社会效能,而新儒家则日益深入地完成了道德本体化的学理论证。

道德是调节人与人、人与社会之间关系的行为规范的总和。在中国传统文化中,道德的基本形态是由儒家创立、汉代以后为全民族共同遵守的伦常名教体系。冯桂芬提出的"以中国之伦常名教为原本",是"中体西用"派坚守的最后阵地。张之洞承认,西方人固然也有君臣、父子、夫妇之伦,"礼义未尝尽废",但无论如何,比不上中国道德"因情制礼,品节详明",达到了"人伦之至"的水平[①]。章太炎认为,统一的、完善的道德观念,是"国粹"的核心部分,"道德衰亡,诚亡国灭种之根极也"。他指出,中国古已有之的"天下兴亡,匹夫有责"一语,"其所重者,乃在保持道德,而非政治经济之云云"[②]。投身"排满"革命的章太炎时时鼓吹"无道德者不能革命",申扬"知耻"、"重厚"、"耿介"等"革命之道德"的现实意义。辛亥以后,章太炎"渐入颓唐",在道德问题上,也全然回归儒家"良知良能"、"爱亲敬长"的仪轨,"中国本因旧之国,非新辟之

---

① 张之洞:《劝学篇·明纲》,《张文襄公全集》卷二〇二。
② 章太炎:《革命之道德》,《章太炎政论选集》上册,中华书局1977年版,第310、320页。

国,其良法美俗,应保存者,则存留之,不能事事更张也"①。

与"中体西用"派、"国粹"派相比,新儒家的道德本体思想明显有所拓进。具体的、纲常名教式的道德条例受到批判,但本体论意义上的中国文化的道德价值,却得到空前的褒扬。梁漱溟指出,中国社会并非基于霸道和利己,而是基于伦理和克己。西方人的自私经常是被外力(如神意、武力、法律等等)所抑制,而中国人的人生则受内力(道德义务、礼义和习俗等等)所支配。因此,所有的西方式政治—社会模式都不适于中国。现代新儒家普遍认为,"只有道德才足以作为神圣与现世的鸿沟之桥梁,而且,正如一般对道德所抱的期望,也希望以它来填平政治与文化之间的离陷。新儒家把本体论给道德化了"②。牟宗三于此有深刻阐发。他批评康德既肯定自由意志为道德的形上基础,又肯定上帝的存在,是自相矛盾的。因为宇宙间不可能同时存在两个绝对而无限的实体。牟宗三认为,儒家的本心、仁体、性体学说比康德之论更高明圆满。本心、仁体、性体虽仅彰显于人类,但其本身又不为人类所限;虽仅彰显于道德之极成,但又不限于道德,而必然涉及宇宙万物而为其体。换言之,中国文化特有的"本心仁体之明觉活动",不仅具有道德实践的意义,而且是宇宙之第一原理,是存在之源③。至此,中国文化保守主义的道德本体论,画上了精致的句号。

近代中国文化保守主义不仅将道德本体化,而且将道德提升到人类"终极关怀"的层面,进而表现出泯真俗、合天人的宗教情

---

① 章太炎:《王文成公书后序》,《制言》第36期。
② 〔美〕傅乐诗语,见《近代中国思想人物论——保守主义》,第64页。
③ 见牟宗三:《道德理想主义的重建》,中国广播电视出版社1992年版,第368—375页。

怀。

在中国历史上,儒学长期以来以非宗教的形态担负着宗教的某些功能,如树立信仰目标,约束非道德行为等等。进入近代,随着社会与文化危机的同步加深,文化保守主义者们越来越认识到有必要从功能方面将儒学建构为一个比较完全意义上的宗教思想系统,以此来强化儒学乃至整个文化传统在欧风美雨侵蚀之下日见衰弱的民族凝聚力和道德感召力,为国人提供坚强的精神支柱。张之洞称儒学为"圣教",章太炎也主张"用宗教发起信心,增进国民的道德"。他相信宗教的力量,希望以之作为团结民众,重振国势的重要手段:"若没有宗教,这道德必不得增进,生存竞争,专为一己,就要团结起来,譬如一碗的干麨子,怎能团得成面?"[1] 晚年的章太炎由佛返儒,批评佛教"其语殊简","未足应机"[2],相比之下,孔儒之教却身兼"谷麦"与"药石"的双重功效:"孔子之道,所以与佛法不尽同者,正以其出世则能正趣真如,而入世又能经纬人事,是所谓事理无碍者也"[3],因此,唯有实行儒教,"人类庶几有救"[4]。这种认识,已经与新儒家以儒学为宗教去拯救人类的观点,十分接近了。

与"国粹"派相比,新儒家的宗教情怀,包摄着更广泛的人类化意蕴。正如杜维明所指出的:"当新儒家思想者寻求宗教的意义时,他们强调的是那种超越了时间与地点的社会政治背景而且存

---

[1] 章太炎:《章太炎政论选集》上册,中华书局1977年版,第272页。
[2] 章太炎:《章炳麟论学集》,北京师范大学出版社1982年版,第374页。
[3] 章太炎:《答车铭深书》,《制言》第18期。
[4] 章太炎:《答欧阳竟无书》,《制言》第9期。

在于任何时代的人类需求"①,而能满足这一需求的宗教,不是基督教、伊斯兰教,而只能是中国的儒教。牟宗三说:"宗教可自两方面看,一曰事,二曰理。自事方面看,儒教不是普通所谓宗教,因它不具备普通宗教的仪式","但自理方面看,它有高度的宗教性,而且是极圆成的宗教精神。它是全部以道德意识实践灌注于其中的宗教意识宗教精神,因为它的重点是落在如何实现天道上。"②简言之,儒学宗教性的开展,就是天道落实于生命的方向之中。

20世纪中叶以后,中国文化保守主义将道德与宗教相涵相摄的倾向已然达到浑然而一的圆熟境界。著名的《为中国文化敬告世界人士宣言》专辟一节,铺陈"中国文化中之伦理道德与宗教精神",指出那种"以为中国文化中莫有宗教性的超越感情,中国之伦理道德思想,都是一些外表的行为规范的条文,缺乏内心之精神生活上的根据"的看法,是"犯了莫大的错误"。《宣言》郑重声明:"中国民族之宗教性的超越感情,及宗教精神,因与其所重之伦理道德,同来源于一本之文化,而与其伦理道德之精神,遂合一而不可分。"这"一本之文化",实质是天人同体,天人合德,这正是儒家高度宗教性的关键处。把握了这一条,现代化过程中日益严重的科学与人文、物质与精神、技术与道德之间的对立,或者归结为一句话,天与人之间的对立,就可以找到解决问题的根本途径。

---

① 见〔美〕傅乐诗主编:《近代中国思想人物论——保守主义》,第73页。
② 见刘志琴编:《文化危机与展望——台港学者论中国文化》,中国青年出版社1989年版,第221页。

四、变易意向与中庸准则

文化保守主义之"保守",本义在不浪漫,不激进,但同时也绝不墨守成规。用牟宗三的话讲,"真正的保守,就是切实而落于实践的创新"①。这里的"切实而落于实践"云云,其实质正是变易意向与中庸准则的统一。

"中体西用"派惊叹中华民族面临"数千年未有之变局",他们敏锐地察觉到"今日世变"特定的历史意义,绝非中国以往的动乱可比。列强环瞵,西学东渐,中华文化必须因时而变,因事而变。变"用"而不变"体",就是他们认定的最"切实"的对策。

"国粹"派诸大师对于传统文化本身也要变革,从来不抱异议。"国粹"派的变易意向,突出表现在他们以开放的襟怀,吸纳西方文化的精华,而不是将"国粹"视为完全封闭的系统。章太炎说:"真新学者,未有不能与国学相契者也"②。他本人的著作,便是这种"相契"的极好标本③。他针对传统汉语系统"反切"注音法的不足而创立的汉字注音符号,就明显借鉴了西方拼音文字的优长。

文化保守主义发展到新儒家一代,其变易意向终于形成以"返本"为根据,以"开新"为目的的完整理论。就坚持儒学"内圣"的一面而言,他们是保守派;但就发展儒学的"外王"一面而言,他们力

---

① 牟宗三:《现时中国之宗教趋势》,载《生命的学问》,台北三民书局 1970 年版,第 110 页。
② 章太炎:《国学讲习会序》,《民报》第 7 号。
③ 在章太炎的著作里,从古代的苏格拉底、柏拉图、亚里士多德,到近代的康德、费希特、黑格尔、叔本华、尼采、培根、休谟、达尔文、斯宾诺莎,西方大哲的思想影响,时时可见。

主吸收西方的科学技术和民主政治以推行"新外王",又是切实的改革派。他们主张由道德主体转出知性主体与政治主体,由人伦道德的主观意志开出科学民主的客观架构,较之当年的"以中国之伦常名教为原本,辅以诸国富强之术",前进不可以道里计。但是,万变不离其宗,"唐君毅的'仁教'与'科学',牟宗三的'观解理性'与'道德理性'等的种种说法,实仍隐含着张之洞'中学为体,西学为用'的主张,所不同者,只是新儒家说的较复杂难辨而已。"①

在文化的必然、必须的变易中,如何把握合适的"度"? 在这个至关重要的问题上,文化保守主义恪守儒家提出的"中庸"准则。

中华典籍中最早讲变易的,是《周易》。《易传·系辞》称:"易简而天下之理得矣","《易》之为书也,……不可为典要,唯变所适";"动静有常"。东汉大儒郑玄据此将《周易》的题旨概括为三:"《易》一名而含三义,易简,一也;变易,二也;不易,三也。"文化保守主义可以说尽得此三义之精髓。从"中体西用"到"返本开新",均将复杂的中西、古今文化关系梳理得易简之极。而在"唯变所适"和"动静有常"的有机结合方面,它又以儒家"中庸"之论为圭臬,以此与自由主义、激进主义相抗衡,同时又与顽固守旧派划清了界限。

孔子赞美"中庸之为德也,其至矣乎!"② 汉儒发展了"中庸"之说,不仅以之作为伦理道德的最高境界,而且作为日常行为的基准。《礼记》释"庸"为"用",因此,中庸就是用中:为人处世,讲求不偏不倚、无过无不及的"中和"之道。为人处世乃人生之常务,所以郑玄又说:"庸,常也,用中为常道也。"这"常道"与《周易》的"不易"

---

① 韦政通:《现代儒学的挫折与复兴》,载《当代新儒家》,三联书店1989年版,第132页。
② 《论语·雍也》。

之义,正相吻合。"不易之常道",便是中庸之道。一百多年来,文化保守主义代代赓续,但是在思维方式上遵循"中庸"这一"不易"之"常道",始终一脉相传。张之洞针对"旧者""不知道","因噎而食废","新者""不知本","歧多而羊亡"的两种偏向,提出"枢纽只在此化新旧之见五字"①的调和主张。张君劢有感于东方道德主义与西方理智主义各自的偏颇,认为"东方所谓道德,应置于西方理智光镜下而检验之。西方所谓理智,应浴于东方道德甘露之中而和润之。然则合东西之长,熔于一炉,乃今后新文化必由之途辙。"②

梁漱溟的《东西文化及其哲学》,是文化保守主义"中庸"准则的典型代表。他认为,西方文化、印度文化和中国文化,是人类生活的三种"样法"。其中,西方文化是"意欲向前要求",印度文化是"意欲向后要求",而中国文化则是"意欲自为调和持中"。"中国这一套东西,大约都具于《周易》。"虽然诠释《周易》的各家说法有许多不同,但"无论如何不同,却像有一个为大家公认的中心意思,就是'调和'。""其大意以为宇宙间实没有那绝对的、单一的、极端的、一偏的、不调和的事物。""孔子这派的人生哲学完全是从这种形而上学产生出来的。孔子的话没有一句不是说这个的。"梁漱溟的结论是,不仅中国人应当坚持自己的生活样法,而且,西方人一旦认识到"孔子是全力照注在人类情态方面的","就不怕他不走孔子的路!"③

---

① 张之洞:《致江宁刘制台等》,《张文襄公全集》卷一七一,电牍四十九。
② 张君劢:《张东荪〈思想与社会〉序》,《东方杂志》第40卷第17号。
③ 见梁漱溟:《东西文化及其哲学》,《梁漱溟全集》第1卷,山东人民出版社1989年版。

要而言之,变易意向与中庸准则的统一,使近代中国文化保守主义在传统与现代之间、变与不变之间,保持着一种"必要的张力"。不管人们对它的具体文化主张如何评判,都不得不承认,这"张力"本身激活了文化保守主义的生命能量,而它的全部理论建构,都不过是这种"张力"的释放而已。

第一章 现代化的世界进程与
文化保守主义的产生

从思想发生学的意义上讲,文化保守主义是现代化世界进程的产物,是文化的民族主义与文化的世界主义相冲突的产物,是分散的世界历史走向整体的世界历史过程中萌生的人类思想之花。

一、不可抗拒的历史潮流——文化
保守主义产生的世界背景

20世纪以来的历史研究表明,公元1500年前后,是人类文明进程中的一个极其重要的转折点。"1500年以前,人类基本上生活在彼此隔绝的地区中。各种族集团实际上以完全与世隔绝的方式散居各地。直到1500年前后,各种族集团之间才有了直接的交往。从那时起,它们才终于联系在一起,无论是南非的布须曼人、有教养的中国官吏,还是原始的巴塔哥尼亚人。"[①] 哥伦布、麦哲伦、达·伽马等人的环球探险的意义绝不仅仅在于体现了人类不断寻求新知识、发现新事物和创造新财富的本能欲望,他们的个人英

---

① 〔美〕斯塔夫里阿诺斯著,吴象婴、梁赤民译:《全球通史——1500年以后的世界》,上海社会科学院出版社1999年版,第3页。

雄主义式的行为所导致的后果是其本人完全不可能预料到的:"美洲的发现、绕过非洲的航行,给新兴的资产阶级开辟了新天地。东印度和中国的市场、美洲的殖民化、对殖民地的贸易、交换手段和一般商品的增加,使商业、航海业和工业空前高涨,因而使正在崩溃的封建社会内部的革命因素迅速发展。"① 资本主义的新经济、新政治和新文化因此在西欧勃然兴起。

关于以西欧为原生地的资本主义的发生、发展史,不是本书讨论的主题。在这里我们特别关注的是,资本主义所代表的文明发展趋势、所体现的人类现代化的方向与文化保守主义之间的关系。斯塔夫里阿诺斯在分析西欧资本主义的兴起时说,"向海外的大规模扩张就是西欧所具有的新动力的一个表现。"至于为什么会发生"向海外的大规模扩张",他一气列举了以下诸条"根源":好战的基督教世界(与世界上的其他宗教完全不同,基督教浸透了普济主义、改变异端信仰的热情和好战精神)、新的智力水平(个人主义和现实主义的增长体现了对人类的尊严和创造力的一种新的信心)、扩展中的经济(人口、农业和内外贸易的增长)、技术的发展(最重要的表现在造船、航海设备、航海术和海军装备方面)、新的经商技术(复式簿记、标准货币、银行和信用票据、合股公司等等)以及民族君主国的崛起(民族君主政体的发展使得以上多股力量结合成一体,并指向外部世界,从而大大促进了西欧的扩张)②。

斯塔夫里阿诺斯的分析显示,以西欧为原生地的基督教与资

---

① 马克思、恩格斯:《共产党宣言》,《马克思恩格斯选集》第一卷,人民出版社1995年版,第273页。
② 〔美〕斯塔夫里阿诺斯著,吴象婴、梁赤民译:《全球通史——1500年以后的世界》,第11—30页。

本主义的文明扩张,是以军事、经济、政治和文化的全方位态势展开的。因此,它一旦与世界其他地区的非基督教、前资本主义文明发生冲突,其作用的领域,也必然是全方位的。简言之,发生在世界几乎所有现代化后发地区(相对于西欧而言)的文化保守主义,都是在这样一种世界背景之下产生的。

关于资本主义的发生,马克思分析了它的物质、经济起源(商品经济、剩余价值学说),韦伯则强调了它的精神、思想起源(加尔文教义和清教伦理是促使以理性生产与交换为特征的西方资本主义文明兴起的基本原则)。丹尼尔·贝尔批评韦伯只看到了"禁欲苦行主义"(asceticism)的影响,而忽视了"贪婪攫取性"(acquisitiveness)所起的作用。"从一开始,禁欲苦行和贪婪攫取这一对冲动力就被锁合在一起。前者代表了资产阶级精打细算的谨慎持家精神;后者是体现在经济和技术领域的那种浮士德式的骚动激情,他声称'边疆没有边际',以彻底改造自然为己任。这两种原始冲动的交织混合形成了现代理性观念"。[①] 贝尔论道:"资本主义是这样一个社会经济系统:它同建立在成本核算基础上的商品生产挂钩,依靠资本的持续积累来扩大再投资。然而,这种独特的新式运转模式牵涉着一套独特文化和一种品格构造。在文化上,它的特征是自我实现,即把个人从传统束缚和归属纽带(家庭和血统)中解脱出来,以便他按照主观意愿'造就'自我。在品格上,它确立了自我控制规范和延期报偿原则,培养出为追求既定目的所需的严肃意向行为方式。正是这种经济系统与文化、品格构造的交融关

---

① 〔美〕丹尼尔·贝尔著,赵一凡等译:《资本主义文化矛盾》,三联书店1989年版,第29页。

系组成了资产阶级文明。"① 显而易见,这样的经济系统,这样的文化与品格,无论从价值观上还是从道义观上看,都是与世界各地、各民族所有的前资本主义形态的文明体系格格不入的。因此,就思想内容而言,发生于世界各后发资本主义地区和民族的文化保守主义,正是对于有着鲜明现代化特征的资本主义文化的野蛮扩张的一种对抗与反拨。

历史的辩证法无处不在。形式上"恶"的资本主义全球扩张,其本质却是提升人类物质与精神生活质量的"善",它代表了历史的不可逆转的进步趋势。从这一层意义上看,世界各地区和民族的文化保守主义对于资本主义文化野蛮扩张的对抗与反驳,就不能理解为单纯的守旧和不思变革。恰恰相反,文化保守主义所反对的,不过是基督教"普世主义"文化霸权旗帜下西欧式现代化的一统天下。正如艾恺所论:"现代化本身具有一种侵略能力,而针对这一侵略力量能作的最有效的自卫,则是以其矛攻其盾,即尽快地实现现代化。"② 而这一条,正是文化保守主义的根本理论指向。只有在这样的理解基点上,我们才能对于文化保守主义在资本主义现代化的世界进程背景下的思想价值定位,有一个正确的把握。

---

① 〔美〕丹尼尔·贝尔著,赵一凡等译:《资本主义文化矛盾》,第25页。
② 〔美〕艾恺:《世界范围内的反现代化思潮》,贵州人民出版社1991年版,前言第3页。

二、不可避免的文化冲突——文化
保守主义产生的历史必然性

16世纪以后,源于西欧、南欧及北欧的资本主义现代化的发展与扩张,在世界各地激起了普遍的、激烈的文化反响。保守主义便是在这一过程中,与自由主义、激进主义相伴生的文化思潮和文化派别。不仅在亚洲、非洲、拉丁美洲的广大地区,而且在中欧、东欧的一些国家,如德国、俄国,文化保守主义都有普遍的、顽强的表现。与资本主义的全球化相对应,文化保守主义的萌生和成长,也是一种全球性的、普遍的文化现象。如何从历史必然性的角度认识这一文化现象,是本节讨论的主题。

1. 原生内发性现代化国家、民族文化的对外扩张机制是文化保守主义必然产生的主动刺激因素

世界各国、各民族走上现代化道路的年代、方式、进程各不相同,但从发生形态上大致可归纳为两类,即"自我本土发展或内发性的现代化"(如英国、法国和某种意义上的美国)和"外力促逼而生或外发性的现代化"(如德国、日本、俄国、印度、中国)。[1] 文化保守主义是不相统属的两大文化系统发生冲突和交融时才会出现的文化现象。在这种冲突和交融的过程中,内发性现代化国家、民族的文化系统处在主动的方面,而外发性现代化国家、民族的文化系统处在被动的方面。这里的所谓"主动",主要是说内发性现代

---

[1] 金耀基:《现代化与中国现代历史》,罗荣渠等编:《中国现代化历程的探索》,北京大学出版社,1992年版,第3—4页。

化国家、民族文化具有天然的对外扩张机制,而这一机制的形成,既源于资本主义相对于前资本主义的经济、政治优势,也源于先进国家、民族的自我利益保护意识以及相对于后进国家、民族的种族优越意识。

不可否认,16世纪兴起于欧洲的资本主义生产方式,的确具有以往任何社会的任何生产方式所不可比拟的强大生命力。以此为依托,资本主义社会与前资本主义社会发生联系和对抗时,前者通常拥有绝对的优势。一个极端的例证是,19世纪末,英国征服苏丹时,装备了连发步枪和机枪的英国士兵在恩杜曼战役中与手持长矛的苏丹人对垒。结果,11000名苏丹人战死,16万人受伤,而英国人仅阵亡48人[①]。与此相联系,资本主义的先进国家、民族自然而然会产生出并非盲目的"人类教官"、"世界警察"的优越意识。他们自认为自己有资格也有义务"教育"资本主义的后进国家、民族。"虽然这样的训育过程,最主要的还只是发生在经济层面,但它却更是另一股更大企图心的表现,亦即它想将形成西方社会的若干基本概念与观念,一股脑儿全盘转移到其他社会,'这样一来,西方也就征服了世界。'"[②] 例如,西班牙在把其文化传播到拉丁美洲时,"是当时它自己有什么就传播什么。它传来了它自己那一套人道主义、它的唯心主义以及不是使用民主和实验方法而是纯理论的贵族教育。"[③]

---

① 杨志清:《警惕资本主义重新野蛮化趋势》,《光明日报》,1999年10月11日。
② 〔英〕汤林森著,冯建三译:《文化帝国主义》,上海人民出版社1999年版,第292页。
③ 〔秘鲁〕陈·罗德里格斯著,白凤森等译:《拉丁美洲的文明与文化》,商务印书馆1990年版,第83页。

在资本主义对外扩张的初始阶段,伴随商业资本主义进行的文化输出往往采取直接的、简单的方式。资本主义原始积累的基本方式之一海外殖民本身,即文化扩张的野蛮形式。16世纪初年以后,西班牙、法国、荷兰、英国人先后成为北美的殖民霸主。这些来自欧洲的白人以居高临下的姿态看待土著印第安人,通常用以描述印第安人及其文化的词汇是"野蛮"(savage, barbarous, wild)、"原始"(primitive)、"邪异"(pagan)、"迷信"(superstition)、"愚昧"(ignorance),他们认为印第安人尚未"开化",较之"文明"的欧洲人,实在是生活在黑暗和不幸之中。① 1776年美国建国以后,也把"文明开化"作为解决"印第安人问题"的基本方针,而其实质内容,即对印第安人"在物质上完成剥夺和在文化上实现征服,并最终把他们同化到主流社会"。② 16世纪中叶以后,西班牙人征服了拉丁美洲。土著的玛雅文化遭到毁灭性的打击。"白人老爷们来到我们土地上,……他们带来恐惧,他们使花儿凋零。为了让自己的花朵开放,他们摧残了别人的花朵。"③ 同样的野蛮和血腥也发生在非洲。殖民者不仅"把死亡和大炮带进我那蓝色的村落","把我的刚果河流域变成了阳光惨淡的坟场",而且"还把祖先和神灵的神圣的宗教剧,变为醉生梦死的资产者的星期日逍遥"。④ 基督教士来到非洲,"公开承认其目的就是要改变非洲人的生活方式"⑤,他们

---

① 李剑鸣:《文化的边疆》,天津人民出版社1994年版,第31页。
② 李剑鸣:《文化的边疆》,第54页。
③ 〔美〕斯塔夫里亚诺斯著,迟越等译:《全球分裂》上册,商务印书馆1995年版,第67页。
④ 塞内加尔诗人桑戈尔的诗句,转引自李保平:《非洲传统文化与现代化》,北京大学出版社1997年版,第181页。
⑤ 〔美〕斯塔夫里亚诺斯著,迟越等译:《全球分裂》上册,第297页。

通过宗教、医药和教育的手段,极力实现自己的目的。在教育中,这些远方来的教士们甚至企图从根本上改变年轻一代非洲人的民族观念和民族意识。法属殖民地小学课本的第一句赫然写着"我们的祖先,高卢人"的字样。① 15世纪末,达·伽马"发现"印度,1510年,葡萄牙人强占了果阿等地区。1684年,总督法令规定教区牧师和学校教师用葡萄牙语讲道、教学,"以便随着时间的流逝,使葡萄牙语排除当地母语成为大家共同的语言。"1831年,总督再次强调,"在一个像这样构成葡萄牙王国的一部分并由葡萄牙法律统治的地区",必须广泛传播葡萄牙语。② 1835年,英属殖民地印度的公共教育委员会主席麦考莱公开宣布,"我们必须努力去造就一个阶级","这个阶级的人,在血缘和肤色上是印度人,但在情趣、观点、品行和才智上则是英国人"。③

随着经济上的商业资本主义发展到工业资本主义和垄断资本主义,政治上的殖民主义也"进化"到新殖民主义。在这种背景下,内发性现代化国家、民族的对外文化扩张也演变为更加"高级"的形式。说它高级,是指殖民主义时代赤裸裸的文化侵略和文化灭绝政策不再被采用,代之而出的是潜移默化式的、更加无孔不入和更加强大的文化输出。"以消费主义为特征的,借助于高技术手段进行大批量生产的文化工业的,尤其通过大众媒介广为传播的西方文化,其实是意识形态控制的新形式。"④ 高科技产

---

① 〔美〕斯塔夫里亚诺斯著,迟越等译:《全球分裂》下册,第510页。
② 〔澳〕巴沙姆主编,闵光沛等译:《印度文化史》,商务印书馆1997年版,第503页。
③ 〔美〕斯塔夫里亚诺斯著,迟越等译:《全球分裂》上册,第244页。
④ 〔英〕汤林森著,冯建三译:《文化帝国主义》,第4页。

品和技术在全球范围内的迅速普及、推广,是资本主义文化的物质载体,而蓬勃发展的跨国公司,从一定意义上讲,正可视为财大气粗、身强力壮的文化"掮客"。① 可口可乐、麦当劳、迪斯尼卡通的风行全球,向人们证实了,"科技与资本主义企业(经济帝国主义)的出口,同时也是西方的发展观、西方的社会想象表意能力之出口。"② 问题的严重性在于,当人们在轻松愉快中享用现代文明的物质成果的同时,在他的意识或潜意识中,已经不同程度地认同了一种全新的价值观念甚至生活方式。唐老鸭的卡通故事,会让人觉得西方资本主义的种种社会关系"自然而正常",而可口可乐更"不是简单的事","在它背后顶着整个的上层建筑,充满各色的期望与行为模式,随之而来的是现状与未来的社会观,以及对于过去的诠释。"③

更为严重的是,20世纪中叶以后,世界范围内文化霸权主义④乃至信息霸权主义的出现,更使内发性现代化资本主义国家、民族的文化扩张具有了前所未有的"霸气"。西方的研究者自己承认:"国际间大众传播的流向是不平衡的,而美国是主要的源头。""今天存在一种打上了'美国制造'字样的世界文化。"⑤《纽约时报》的政治分析家戴维·桑格写道:"大半个世纪以来,美国一直试图根

---

① 西方学者在评价英国人在印度的活动时说,他们"是西方文化向东方扩展的整个进程的代理人,是多少还算忠实的掮客,是多少有所成效的经纪人。"见〔澳〕巴沙姆主编,闵光沛等译:《印度文化史》,第533页。
② 〔英〕汤林森著,冯建三译:《文化帝国主义》,第306页。
③ 同上,第81、86页。
④ "文化霸权"是安东尼奥·葛兰西的理论创造,它意味着"在某个单一群体影响下形成了一种为当代民众广为接受的主宰性世界观"。参见〔美〕丹尼尔·贝尔著,赵一凡等译:《资本主义文化矛盾》,三联书店,1989年版,第33页。
⑤ 〔美〕斯塔夫里亚诺斯著,迟越等译:《全球分裂》,下册,第516页。

据自己的形象来设计世界,这个努力的主要场所是联合国。在这里,美国和它的盟国一起串通活动,达成有关人权、核试验、环境等方面的协定,并坚持使这些协定反映出美国自己的价值。"而今,美国政府正逐渐摒弃通过联合国的传统方法,转而利用新成立的世界贸易组织来实现"输出美国的价值观念"。① 与此同时,第三世界的政府则已一致认为,"一个新的国际信息秩序"是"一个新的国际经济秩序"的前提。至于联合国科教文组织,则打算不再限于泛泛谈论"言论自由"和"信息自由",而要从"进入并参与通讯联系"和"平衡的信息流向"的角度来讨论如何解决各国的"信息主权"问题。②

2. 次生外发性现代化国家、民族文化的传承机制是文化保守主义必然产生的被动反应因素

世界上任何事物都是矛盾双方共同作用的产物。文化保守主义的出现,也是如此。仅有外来文化系统一方的作用,而本土文化系统没有作出相应的反应,文化保守主义也就无由产生。问题恰恰在于,面对原生内发性现代化国家、民族文化咄咄逼人的强劲对外扩张,次生外发性现代化国家民族的文化系统必然作出保护自身、调适变化、求得发展的回应。在这方面,文化系统的天然传承机制发挥了决定性的作用。

文化系统的传承机制,可表现为社会无意识的传统文化承袭和社会有意识的传统文化维系两个层面。

---

① 〔美〕诺姆·乔姆斯基撰,易铭译:《美国的自由价值观》,《天涯》,1999年第5期。
② 〔美〕斯塔夫里亚诺斯著,迟越等译:《全球分裂》,下册,第516、517页。

社会无意识的传统文化承袭,根据在于文化传统本身特有的"克里斯玛"(Charisma)特质。Charisma 源于《新约·哥林多后书》,原指蒙受神恩而被赋予的天赋。马克斯·韦伯扩大了 Charisma 的含义,既用它来指领袖人物的非凡特质,也用它来指与日常事物相对立的、被认为是超自然的神圣特质(如皇家血统、贵族世系)。爱德华·希尔斯进一步引申了 Charisma 的含义,认为不仅超凡的权威及其血统能够产生神圣的感召力,而且社会通常的行为模式、制度、象征符号、思想观念,同样具有令人敬畏、使人依从的 Charisma 特质。次生外发性现代化国家、民族,一般都有久远的历史和丰厚的文化积淀。在与原生内发性现代化国家、民族发生接触之前,他们各自独立地经历过漫长的发展历程,并且形成了自成规模、有效运作的器物、制度、行为、观念系统。不管与资本主义形态的文化相比,这些器物、制度、行为、观念系统有哪些"落后"、"不合理"之处,他们在一代又一代本民族大众的生活中,确已树立起毋庸置疑的权威。而且,在没有遇到毁灭性外力干扰或更加强有力的新权威慑服的情况下,这种固有的权威将保持历史的惯性,代复一代地沿袭下去。从这一意义上讲,文化传统是一种"语境",是一种存在,是一种生生不息的社会遗传基因的复制和再生,也就是希尔斯所谓的"文化范型综合体"。它天然地具有顽强的持久性,比所有人为设计的事物要坚韧得多。希尔斯论道:

> 要想抛弃整个发挥着作用的文化范型综合体,是社会中的大多数人所不希望的。即使是某些人希望这样做,而且这种想法在社会中形成了势力,他们也不能重新再造社会。那是不可能成功的;理由之一是,无以计数的人会感到这样做是

不可忍受的可恶之事。过去既定的东西之所以会如此广泛地被接受,其主要原因之一是,它使生活得以沿着既定的方式进行,并根据过去的经验作出预测,从而巧妙地将预测到的事物转变成不可避免的,而将不可避免的事物转变成可以接受的。①

单独地看,某一民族的物质、精神的生产和生活方式的独特个性,综合地看,世界各民族生活样式的多样性,都是这种"文化范型综合体"普遍意义和普遍作用的证明。下面的例子也许可以帮助我们理解"文化范型综合体"持久性和坚忍性的程度:北京大学是中国最高学府,北大的女教工可视为中国接受现代文明程度最高的女性群体的代表。一项调查表明,她们中的64.4%的人承认传统伦理道德对自己有一定影响,认为影响很大、以此规范自己言行的占23.2%。而认同西方文化观念,认为中国传统文化对自己基本无影响的仅占1.9%。②

　　论及社会有意识的传统文化维系,我们便不得不特别强调知识分子这一特殊社会阶层的特殊作用。在任何一个民族里,知识分子都是传统文化的自觉的创造者、解释者、传播者和发展者,这是因为,只有"在传统的知识传播者、接受者和发展者那里,一种传统才可能被理解得最为准确"。③ 正因为如此,从一般意义上讲,知识分子普遍倾向于传统文化,或者说文化传统的维系;而从特殊

---

① 〔美〕爱德华·希尔斯著,傅铿、吕乐译:《论传统》,上海人民出版社1991年版,第264页。
② 魏国英:《北大妇女问卷调查简析》,《北京大学学报》,1993年第3期。
③ 〔美〕爱德华·希尔斯著,傅铿、吕乐译:《论传统》,第354页。

的意义上讲,次生外发性现代化国家、民族的知识分子普遍倾向于文化保守主义的立场,就是完全符合这一社会阶层自身特点的规律性现象。

"就历史的发展而言,自由主义者与激进者向来就是国际主义分子"[①],而保守主义者向来就是民族主义或国家主义分子。在次生外发性现代化国家、民族的知识分子群体中,持文化保守主义立场的,较之持自由主义或激进主义立场的,无论就其阵容的强弱或文化素养的高下来讲,都占有明显的优势。这样的社会集团,正是社会有意识的传统文化维系的基本力量。一个明显的基本事实是,全球范围内,所有现代化"后进"国家、民族的文化保守主义思潮或运动,"一无例外,它们都是由知识分子指导和推动的。这些知识分子所对抗的是外国(或者一个以上的外国)的主宰性文化影响力,以及外国在政治、经济、军事上的优越性。"[②]

无论社会无意识的传统文化承袭,还是社会有意识的传统文化维系,都是巨大的历史力量的体现。而它们两者的有机结合,就使得次生外发性现代化国家、民族文化在遭遇原生内发性现代化国家、民族文化的对外扩张时,必然表现出强烈的排斥、抵御效应。这正从矛盾的另一面,促成了文化保守主义的生长和发育。

3. 文化保守主义历史必然性的题中应有之义即历史合理性

黑格尔有一句名言:"哲学的任务在于理解存在的东西,因为

---

① 〔英〕汤林森著,冯建三译:《文化帝国主义》,第132页。
② 〔美〕艾恺:《世界范围内的反现代化思潮》,贵州人民出版社1991年版,第27页。

存在的东西就是理性。"[①] 这句话通常被简化为"凡是现实的都是合理的,凡是合理的都是现实的"。黑格尔在这里深刻揭示了历史必然性与历史合理性之间的内在联系。既然文化保守主义是世界范围内诸多现代化"后进"国家、民族面对现代化"先进"国家、民族的文化扩张而必然产生的、共同的、带有普遍规律性的文化反应,那么,我们显然有必要探究清楚,文化保守主义的历史必然性的题中应有之义即历史合理性,究竟包含哪些内容。

首先,是对于现代化思潮中"科学至上"、"理性至上"主义的反拨。

从一定意义上讲,现代化运动的历史就是科学和理性凯歌行进的历史。17世纪牛顿经典力学体系的建立和18世纪欧洲启蒙运动的完成,标志着人类科学时代和理性时代的到来。18世纪中叶、19世纪70年代、20世纪初年三次科学技术革命的相继发生,使人类工具理性高扬到了极致。正是借助于工具理性的物化形式的强大威力,原生内发性现代化国家、民族的文化扩张,才得以跨越高山大洋的阻隔,几乎遍及全球的每一个角落。但是,与此同时,运用工具理性来解决人类面临的所有问题的美妙企图却始终无法实现。一个巨大的悖论横亘在人类面前:"当人类生活与社会的各个分离部分日益理性化后,整体似乎日益地非理性化。"两次世界大战给人类留下了沉重的思索:现代化的战争分明是理性——科学、技术、民族国家——的集中表现,但是同样分明的是它极有可能导致最不理性化的后果——人类的彻底毁灭。针对这

[①] 〔德〕黑格尔:《法哲学原理》序,《西方哲学原著选读》下卷,商务印书馆1982年版,第442页。

一悖论,法兰克福学派的理论家指出,现代性的核心问题不止是资本主义体系的不公不义,不止是社会偏差的多种外显形式,也不止是占有式个人主义的意识形态。问题的关键在于所有的现代社会,都根据一个特定而狭隘的理性观(也就是韦伯所说的"工具理性")在运作,这样的理性观盘踞了社会主要社会机构的核心:"经济体"、以官僚组织进行社会控制、科学与科技,"它们才是现代性的种种不自由的根源。"① 丹尼尔·贝尔则认为,"现代主义的真正问题是信仰问题。"② 而正是在这些方面,文化保守主义对现代化运动"科学至上"、"理性至上"主义的反拨,积极意义不可否认。

现实充分证明,"生活的目的并不是能由理性来建构、应用理性手段来实现的。""人们所预期的理性共识(rational consensus),并没有在人们所想望的那种广泛范围内产生。"③ "对于生活世界所引以为重心的社会的、存在的意义等重大问题,工具理性却无力解答。"④ 作为对启蒙运动以降理性主义高扬的反动,19世纪普鲁士浪漫主义思想家致力于对人类心灵深处非理性力量的揭示,充分肯定人的主观情感和幻想的重要性,反对工业社会所引起的人的精神的机械化。19世纪中叶的俄国斯拉夫主义者批评工具理性:"这个纯粹的,赤裸裸的理性以其自为基础,在其本身之上或之外它什么都不认同。"其根本弊病在于"外在理性胜过内在精神理解"。⑤ 20世纪初叶发生于中国的"科学与人生观"的论战中,张君

---

① 〔英〕汤林森著,冯建三译:《文化帝国主义》,第273—274页。
② 〔美〕丹尼尔·贝尔著,赵一凡等译:《资本主义文化矛盾》,第15页。
③ 〔美〕爱德华·希尔斯著,傅铿、吕乐译:《论传统》,第388、434页。
④ 〔英〕汤林森著,冯建三译:《文化帝国主义》,第314页。
⑤ 〔美〕艾恺:《世界范围内的反现代化思潮》,第58页。

劢批评"二三十年来,吾国学界之中心思想,则曰科学万能"。但是实际上科学决非万能,起码它就不能解决人生观方面的问题。其原因有五:第一,科学为客观的,人生观为主观的;第二,科学为论理的方法所支配,而人生观则起于直觉;第三,科学可以从分析方法下手,而人生观则为综合的;第四,科学为因果律所支配,而人生观则为自由意志的;第五,科学起于对象之相同现象,而人生观起于人格之单一性。所以,"科学无论如何发达,而人生观问题之解决,绝非科学所能为力,惟赖诸人类之自身而已。"① 尽管在当时的论战中,张君劢及其支持者明显处于下风,但是他们所持主张的合理内核,却是毋庸置疑的。"物和心的问题,好些人自以为要解决他,始终没有解决的。"② 这不仅是70年前中国的事实,而且也是今天世界的事实。

其次,是对于现代化进程中物质进化与精神退化二律背反的检讨。

从人类发展的根本前途来看,现代化应该是物质与精神两方面共同进化,才是理想目标。但是,全球几百年现代化的进程所展示的图景,尤其是原生内发性现代化国家、民族文化扩张带来的世界性影响,却一再表现出强烈的物质进化与精神退化的二律背反。分析这种现象的产生原因和后果,试图提出解决的方案,是文化保守主义着力的又一理论重心。

艾恺认为,"在一定程度上说,功利主义是启蒙思潮能以建立的惟一道德系统。"而功利主义普遍扩张的必然后果,只能是将个

---

① 张君劢:《人生观》,《清华周刊》第272期。
② 见张君劢等著:《科学与人生观》,山东人民出版社1997年版,第164页。

人"非个人化"(depersonalized),实际上"把人变成了物"。① 丹尼尔·贝尔指出,对于资本主义文化的发展而言,"从一开始,禁欲苦行和贪婪攫取这一对冲动力就被锁合在一起。""这两种原始冲动的交织混合形成了现代理性观念。"② 如果说艰苦奋斗是物质财富的源泉,那么永不满足的贪欲却恰恰易于导致精神的贫乏,甚至诱发罪恶。资本主义从胚胎里带来的畸形文化基因从根本上决定了它无力完成现代化进程中物质进化与精神提升的双重任务。针对资本主义的这一要害所在,各国的文化保守主义者纷纷提出自己的解决思路和方案。印度的泰戈尔把物质发达的西方文明比做一把锋利的剃刀,"你要用它最好小心些,千万别只教物质文明给吸收了去,而完全忘记了精神文明。一句话,我要说的是:用剃刀,不要为剃刀所用。"③ 他强调,"新的精神与道德力量必须不断发展以便人们吸收其科学的成果;俾控制他们的新武器与机械,而不叫那些主宰、奴役并摧毁他们。"④ 中江兆民分析日本吸收欧美现代文化的后果,一方面是人们生活水平的迅速提高,另一方面却是物欲的膨胀与习俗的败坏。武士"好像放射出去的箭一样,急速地趋向骄奢淫逸,大大地造成和煽起了城市的荒淫和糜烂的风气",官僚、资本家、富商一直到中产阶级以下的人们,"也都相继沉沦,以为这是自己的阔气。"⑤ 与泰戈尔和中江兆民相比,中国章太炎的《俱分进化论》更显理论的透彻与犀利。章太炎认为,立足于现

---

① 〔美〕艾恺:《世界范围内的反现代化思潮》,第9、10页。
② 〔美〕丹尼尔·贝尔著,赵一凡等译:《资本主义文化矛盾》,第29页。
③ 见《朝日新闻》,1916年9月2日。
④ 〔印度〕泰戈尔:《在中国的谈话》。
⑤ 〔日本〕中江兆民:《一年有半》,第3章。

代科学和理性观念的进化论,有明显的片面性。人们切不可盲目迷信进化,把进化作一种绝对的信仰。他指出,第一,进化终极未必能达于"尽美醇善之区"。第二,之所以如此,是由于进化"非由一方直进,而必由双方并进"。以道德而言,"善亦进化,恶亦进化";以生计而言,"乐亦进化,苦亦进化"。第三,随着经济、文化的发展和智识、科技水平的提高,善恶、苦乐亦将不断同步增长。[①] 章太炎又把"今人以为神圣不可干者"的公理、进化、唯物、自然视为"四惑论"。"公理"当然比理学家倡言的"天理"进步,但是如果公理"持理至极,必将尊奖强权"。进化本是客观事实,但是一旦极端发展成为进化主义乃至进化教,便容易被"主持强权者"作为奴役与愚弄群众的工具。唯物之说,有其依据,"人之借资于外物者,诚不可乏",但如"单纯凭藉物质文明求得幸福,甚至执鞭为隶于物,以斯求福,其猥贱又甚于向之为隶者矣"。"自然"之理,无非是物的自性以及由其自性而发生的作用,自然规则并不一定能够给人类带来幸福。至于以"违背自然规则"来抨击异己,则更为荒谬。[②] 在章太炎看来,现代化所要解决的核心问题之一,就是如何在科技智能进化的同时,促成人伦道德向善而非恶的方向进化。文化保守主义认为,西方资本主义物质文明的成就及其基本原理固然不可否认,但是人类的真正幸福,还有赖于更全面的社会进步、尤其是精神文明的发展来实现。

值得注意的是,文化保守主义的思想家一般都把原生内发性现代化国家、民族的文化归为"物质文明"一类,而将次生外发性现

---

① 章太炎:《俱分进化论》,《民报》第7号,1906年9月5日。
② 章太炎:《章太炎全集》第四卷,上海人民出版社1985年版,第444—449页。

代化国家、民族自身的文化归为"精神文明"一类。他们一般都承认前者在提高人类的物质生活水准方面有其明显优势,但同时也强调后者在提升人们的道德、精神水平方面并不逊于前者,相反还有自己的优势所在。出身于加尔各答律师家庭、接受西方教育的印度哲学家辨喜(Swami Vivekanda)在纽约告诉美国人:"当东方要学造机器,他应坐在西方的膝旁向西方学习;而西方要学习关于精神、神秘、灵魂、宇宙的奥秘和意义,他应坐在东方的膝旁向东方学习。"[1] 这样的观点甚至得到来自欧美地区思想家的认同。法国小说家罗曼·罗兰支持泰戈尔的主张,"只有精神性东方之文化的重振才能解救过度理性并明显自毁中的西方。"[2] 正与此同时,梁启超、张君劢等人游历欧洲,第一次世界大战的血腥污秽和战后的衰败凋零改变了他们以往对西方文明的美好印象。十余年前游历北美资本主义"新大陆"时的乐观、欣羡之情再也无由生发,代之而出的,是科学绝非万能,公道自在人心的无限感慨。比照西方资本主义文明的巨大灾难,梁启超反观中国传统文化注重心性伦理的种种优长,得出结论:"中国固有之基础,亦最合世界之新潮。"他坚信,跟着孔、老、墨"三位大圣"的"理想与实用一致"之路向前走,"不知有多少境界可以辟得出来哩!"[3] 其后,张君劢又进一步论道:"东方所谓道德,应置之于西方理智光镜下而检验之。西方所谓理智,应浴之于东方道德甘露之中而和润之。然则合东西之长,熔于一炉,乃今后新文化必由之涂辙,而此新文化之哲学原理,当

---

[1] 〔美〕艾恺:《世界范围内的反现代化思潮》,第93页。
[2] 同上,第114页。
[3] 梁启超:《欧游心影录》,《饮冰室合集》第7册,专集二十三,中华书局版。

第一章 现代化的世界进程与文化保守主义的产生

不外吾所谓德智主义,或曰德性的理智主义。"① 不可否认,这些观点当然有其片面、偏颇之弊,但它们的理论检讨,对于人类克服现代化进程中物质进化与精神退化的二律悖反,无疑具有积极的认识意义。

再次,是对于"现代化"离不开"传统"基础这一基本原理的强调。

从一般意义上讲,现代化是对传统的扬弃和超越。理性化"本身就否定了任何传统的行动范型的价值"②。从特殊意义上讲,原生内发性现代化是社会自我更新的产物,与传统的联系相对紧密,那么,次生外发性现代化是否必须与传统完全决裂,才能得以实现呢? 尤其是当原生内发性现代化国家、民族的文化扩张在实际上严重威胁到次生外发性现代化国家、民族文化传统的生存权利的时候,现代化和传统的关系问题,就成了摆在文化保守主义思想家面前的一道严峻试题。

文化保守主义认为,对传统的认同与回归,是现代化运动不可或缺的历史基础。对任何一个国家、民族来说,完全抛弃了传统的现代化只能是水中捞月,沙上建塔。当然,由于通常处在弱者地位,受原生内发性现代化先进国家、民族的"欺负",文化保守主义的思想家们往往怀抱的强烈民族情感在相当程度上会导致他们对于历史传统的"偏爱",并因此而影响其理论的公允、平和;但是,起码在两点上,他们的观点是站得住脚的:一、历史传统本身是一个客观存在,绝不会因为现代化的兴起而完全失去自己的价值和意

---

① 张君劢:《张东荪〈思想与社会〉序》,《东方杂志》40卷17号,第30—31页。
② 〔美〕爱德华·希尔斯著,傅铿、吕乐译:《论传统》,第386页。

义。只有传统才是社会创造和再创造的文化密码,"一个社会是一个有数不胜数的行为、观点和思想组成的自我复制过程。……复制的机制赋予社会以持续性;这一持续性是社会之所以被定义为社会的条件。"[1] 因此,保护本身的文化传统不致中绝,不仅是应该的,而且是必须的。这一观点的有力反证,是印度作为东方唯一彻底殖民化的、拥有悠久历史的文明古国和大国,在近代的悲剧性命运。正如马克思所论:"印度失掉了他的旧世界而没有获得一个新世界,这就使它的居民现在遭受的灾难具有了一种特殊的悲惨色彩,并且使不列颠统治下的印度斯坦同自己的全部古代传统,同自己的全部历史,断绝了联系。"[2] 二、历史传统并非一成不变,随着现代化的演进,它的某些成分将被摒弃,某些成分将被保留,某些成分将被改造而大放光彩。"传统是不可或缺的,同时它们也很少是完美的。传统的存在本身就决定了人们要改变它们。"[3] 19世纪中叶,在中国和日本几乎同时出现"和魂洋才"、"中体西用"的纲领性变革理论;20世纪后半期,印度学者提出了"如果我们聪明地吸收现代科学与民主,同时保留吾人灵魂、生活、文学、宗教与哲学中的印度性,印度将再次为世界上的晨星"[4],都是企图在有限程度和范围内依托传统、改造传统以适应现代化潮流的典型例证。20世纪中叶,中国的"新儒家"又进一步提出以"返本"——即坚持儒学"内圣"心性伦理之学为根据,以"开新"——即吸收西方科学技术和民主政治为目的的完整理论。非洲的思想家则提出,不同

---

[1] 〔美〕爱德华·希尔斯著,傅铿、吕乐译:《论传统》,第225页。
[2] 马克思:《给"纽约每日论坛报"的电讯》,1863年6月25日。
[3] 〔美〕爱德华·希尔斯著,傅铿、吕乐译:《论传统》,第285页。
[4] 〔美〕艾恺:《世界范围内的反现代化思潮》,第116页。

文化的融合"可以构成一种进步","每个种族应该以它自己的方式进行融合。每个人应该植根于他所属的种族、大陆和民族的价值之中,这才能使自己存在,然后再向别的大陆、种族和民族开放,以便发展和繁荣。"[1] 不管我们今天对以上理论的种种缺弊作何分析,它们着力肯定的现代化离不开传统基础这一基本观点的合理性,都是不可否认的。

最后,是对于全球共同的现代化进程中保持各民族文化的独特性、多样性的学理辨析。

现代化运动的一个突出表象是经济、政治"全球化"趋势的不可逆转。"所有的国家都被整编,在结构这个层次上,被纳进'民族—国家'体系与全球资本主义市场的秩序,这是所有文化体在社会经济层面现代性的'宿命'。"[2] 在这样的时代背景下,如何把握人类文化的统一性与多样性的相互关系,是文化保守主义的又一理论重心。

无论东欧、亚洲或非洲,文化保守主义的思想家们一致强调,在现代化的世界进程中,保持各民族文化的特殊性、多样性是完全合理和必要的。18 世纪中叶,普鲁士的哈曼(Johann George Hamann)认为,所有的真理都是殊相,从来不是共相。赫尔德拒斥任何进步的绝对尺度,主张没有任何文化是另一文化的工具。他提出,每一件人类的成就及每个人类社会都应以其本身内在的标准加以评判。1924 年,泰戈尔在北京对清华大学的学生们宣布,面对世界范围内的文化交融,"我们必须证实我们自己的存在,我

---

[1] 〔塞内加尔〕桑戈尔:《黑人传统精神之争》,转引自《西亚非洲》,1980 年第 2 期,第 78 页。

[2] 〔英〕汤林森著,冯建三译:《文化帝国主义》,第 265 页。

们必须各自以我们的文明来显示哪些是世界性的。""在你的家里你有什么可拿得出来向这新时代致意?"① 与泰戈尔的意旨完全相同,塞内加尔的桑戈尔自豪地唱道:

> 在世界复兴面前,我们答:"到!"……
> 除了我们,有谁能把鲜活生动的节奏
> 带给这个死气沉沉的机器和大炮的世界……
> 我们跳起舞蹈,我们正踏着坚实的大地恢复元气。②

与以上思路相一致,在次生外发性现代化的国家、民族内,关于"国民性"的研究吸引了一代又一代的思想精英。德国的赫尔德认为,国籍是人类种属最自然的划分形式。地理、气候等自然方面的原因是不同种族分化的根本依据,其后,他们各自建立起独特的语言、文学、习俗,并进而形成独特的"民族魂"。俄国的科门也柯夫等人认为,俄罗斯文化的基本原则与法国等"西方世界"的文化原则"完全相左"。③ 中国的梁启超、严复以及林语堂、鲁迅,都给予本国的国民性以格外的关注。本世纪 30 年代,法属塞内加尔的桑戈尔联合塞泽尔和达玛斯,共同发起以"黑人特性"为口号的运动,旨在唤醒黑人民族,复兴黑人文化。桑戈尔对"黑人特性"下的定义为:"它代表一种与白人文明不同,但却与之平等的黑人文明的概念。"④ 他认为,黑人特性是黑人世界文化的总和,是智慧与

---

① 〔印度〕泰戈尔:《在中国的谈话》。
② 见李保平:《非洲传统文化与现代化》,北京大学出版社 1997 年版,第 184 页。
③ 〔美〕艾恺:《世界范围内的反现代化思潮》,第 22 页,第 57 页。
④ 〔南非〕范伦斯伯格著,秦晓鹰、殷罡译:《非洲当代领袖》,重庆出版社 1985 年版,第 279 页。

灵魂、精神与物质的结合,它是一种辩证法,也是一种意志,一种体验上述价值的方式。他呼吁提高黑人尊严,确立黑人文化个性的价值,弘扬博大深邃的非洲文明。[①]

为了论证本民族文化的独特价值,保守主义的思想家们通常都积极致力于民族文化遗产的搜集、整理和研究,并且取得了辉煌的成就。例如18世纪末的德国古典主义、浪漫主义学者,19世纪中叶的俄国斯拉夫主义者,20世纪中国的"国粹派"、"新儒家"。无论就用力之勤或成功之伟而论,他们的工作都堪称一流甚至超一流水平。文化保守主义之所以拥有广泛的社会影响和尊崇的学术地位,与这方面的因素也直接相关。

4. 承认文化保守主义的历史必然性,并不意味着对其理论体系的全面肯定

如上分析说明,作为对于现代化世界进程的回应之一,文化保守主义确有它的历史必然性和合理性。但是,我们同时也要强调,承认这种历史必然性和合理性,并不意味着对其理论体系的全面肯定。

从政治趋向方面看,文化保守主义通常与民族主义、种族主义、国家主义保持着相当密切的联系。胡适曾分析道,日本民族"处心积虑要保存自己的民族遗产","人为地采用好战的现代化的强硬外壳来保护大量中世纪传统文化,在这其中不少东西具有原始性,孕育着火山爆发的深重危险。"日本学者也反省,明治时期提倡"和魂洋才",而拒绝西方的精神特质,结果给国家带来了1945

[①] 李保平:《非洲传统文化与现代化》,第182页。

年的灾难。① 非洲学者更坦言,"我们对欧洲价值的不信任迅即变为鄙夷,直率地说,变为种族主义。……既出自法西斯的影响又出自对法西斯的逆反,我们像希特勒和殖民主义者一样讲话,我们鼓吹血统的优越。"正因为如此,有研究者把"黑人特性"的哲学称为"反种族主义的种族主义"。② 当今世界不少地区活跃的"泛XX运动"的背后,更是不乏文化保守主义的绰绰身影。因此,无论是考虑理论建构或实际操作,还是顾及现实灾难或潜在危险,这种趋向都是应该警惕、批判和摒弃的。

从感情趋向方面看,虽然文化保守主义并非一味守旧、复古,而是包含了进步、改革的要求,但是,从根本上讲,"统摄其心魄的是美好的过去"③。在这种心态下,它很难充分认识现代化所必须的社会系统的"整体创造性转换"的决定性意义。这种创造性转换,是在全新的时空条件下,自然与社会、个体与群体、法制与伦理、工艺与道德相互关系的革命性重组。参与重组的各方面因素,都必须从内容到形式来一个质的飞跃。这就意味着民族的文化传统尽管必然要作用于现代化的社会,但是它们已经不再是原本意义、原本形态上的传统了。因此,中国"新儒家"标榜的"儒家精神+民主+科学",和印度学者鼓吹的"现代科学、民主+印度灵魂",虽然从内容的全面上看似乎无可挑剔,但是从实践的意义上检验,却缺乏基本的可操作性。

从思维方式方面看,文化保守主义一般采取机械的两分法来处理"体"与"用"、精神与物质、法制与道德、个体与群体、感性与理

---

① 见罗荣渠:《现代化新论续篇》,北京大学出版社1997年版,第74页。
② 李保平:《非洲传统文化与现代化》,第184—185页。
③ 〔美〕爱德华·希尔斯著,傅铿、吕乐译:《论传统》,第280页。

智、分析与综合甚至农业与工业、乡村与城市等等关系。"圣雄"甘地和"中国的最后一个儒者"梁漱溟都认为,农村、农民是传统文化道德优越性仅存的宝库,只有在乡村才能找到自己的民族精神。日本的桥孝三郎、权藤成卿都相信,乡村社区是亚洲文明的基础,而西方社会与历史的实质则为城市构成。文化保守主义一般并不完全排斥现代化的成果,尤其是物质、技术层面的成果。但是他们在同意吸纳这些成果进入本民族文化系统的时候,又总是有意贬低其地位、作用和意义,把它们归为隶属于永久不变的本民族精神之"体"统辖之下的"用"。他们通常将东方精神文明和西方物质文明置于完全对立的地位,并在两者之间划出一条非此即彼、非高即低、非褒即贬的决然的界限,这样绝对化的思维定势显然不符合事物的本来关系,也无法完成上面所论及的现代化所需要的社会系统的整体创造性转换的思想和文化工程。

第二章 中华民族的精神家园

文化保守主义是伴随资本主义现代化的世界推进而在全球范围内普遍产生的文化思潮与派别。从宗旨的共性上看,它充分褒扬民族传统文化的本质优长,有限度、有选择地接受资本主义现代化的成果,同时猛烈抨击其负面影响,主张以"返本开新"的方式,实现民族文化的现代化。但从具体的思想内容和形式上看,各国、各民族的文化保守主义又因为自身的历史根基和传统积淀而表现出特异的色彩。从这一层意义上看,近代中国的文化保守主义正是中华民族精神家园中萌生的绚丽的思想之花。

一、中华文化的独特创造与深厚积淀

人类文化是一个生生不息的创造过程,同时也是一个"层累地"积淀过程。中国是四大文明古国之一,而且是唯一的文明延续未曾中断的"声名文物之邦"。在数以百万年计的漫长演进过程中,中华儿女在亚洲东部、太平洋西岸、蒙古草原以南、喜玛拉雅山和南海以北的广袤区域内繁衍生息,创榛辟莽,形成了以自给自足的农耕经济为基础的、有鲜明特征的灿烂文化。

1. 重农习尚与务实品格

在以农业为生存根基的中国,农事耕作的节奏早已与社会生活的节奏相重合。中国人的传统节日,包括最隆重的春节,都是由农事节气演化而成,而不是像许多其他民族那样,节日多源于宗教。中国人很早就认识到农耕是财富的来源,秦始皇的"上农除末,黔首是富"成为历代帝王坚信不疑的基本国策。一分耕耘一分收获的农耕生活,培育了中华民族群体心理的务实品格。人们在农事劳作中领悟到一条朴实的真理:利无幸至,力不虚掷。说空话无济于事,实心做必有收获。农人的务实之风也感染了文化专家们,"大人不华,君子务实"[①] 是中国贤哲们一向倡导的精神。在这种认识基础上,中国人发展了实用—经验理性,而不注重外在超越性的玄思,这突出表现在他们对宗教的态度上。周秦以后两千余年间,虽有种种土生的或外来的宗教流传,但是中华民族从未陷入全民性的宗教迷狂。世俗的、入世的思想始终压倒神异的、出世的思想。就全体而言,中国人的"终极关怀"即对生命意义的追求,从未导向去彼岸世界寻求解脱,而是在此岸世界学做圣贤,力求人生"三不朽"——立德、立功、立言。这正是中国传统文化的主干儒学不是宗教的根本理由。

2. 恒久意识与中庸之道

农耕社会的人们习惯于维持简单再生产,缺乏扩大社会再生产的动力,因而社会运行缓慢迟滞。在这样的生活环境中,极易滋

---

① 王符:《潜夫论·叙录》。

生恒旧意识,认为世间万物都是悠久、静定、守常、永恒的。《老子》所谓"天长地久"、"复命曰常",《易传》所谓"可久可大",《中庸》所谓"悠久成物",都是这种意识的明确表达。如何使自身行为适应恒久的自然规律和社会秩序,中华先哲创造性地提出"中庸"之道。孔子说:"中庸之为德也,其至矣乎!"[①] 以中庸为最高美德。汉儒继承和发展了孔子的思想,不仅将中庸作为伦理道德的最高境界,而且把它作为日常行为基本准则的哲理化抽象。郑玄说:"庸,常也,用中为常道也。"既是"常道",那么它就一点儿也不神秘,所以宋儒又说"致广大而尽精微,极高明而道中庸"——崇尚调和,不走极端,求同存异,兼容并包,精微的人生哲理就在大众的日常起居之中。

3. 变易观与循环论

农业生产的春耕夏耘,秋收冬藏,向人们反复昭示着事物的变化发展和生生不已。因此,与恒久观念相辅相成,变易观念在中国也源远流长,影响深远。恒久观与大化流行的变易观相结合,便有了寓变易于保守之中的具有鲜明中国特色的改革模式。如汉武帝刘彻的"复古更化","复古"是继承尧舜禹三代道统,"更化"则是以儒学改变秦代遗俗。以后的王安石变法、张居正改革直至近代康有为的"维新",时代背景迥异,但都体现出共同的"托古改制"的内蕴。这种独特的"复古以变今"的思路,可以归结为思维方式的循环论所致。中华先民受农事及天象周而复始现象的启示,很早便建立起循环论的思维方式。政治生活中朝代的周期性盛衰更迭、

---

① 《论语·雍也》。

治乱分合,以及人世间"白云苍狗"式的"三十年河东,四十年河西",进一步强化了人们的循环观念。春秋战国以降,阴阳五行说之所以长盛不衰,其社会基础和思想基础正在于此。

4. 和平主义与大同理想

农耕经济是一种和平自守的经济,由此派生出的民族心理也是防守自卫型的。这种心态表现在军事上,便是以战略防御为主导思想。中华先民中虽然不乏卫青、霍去病这样"勤远略"的军事家和汉武帝、唐太宗这样开疆拓土的英主,但是国家和民族一向孜孜以求的基本战略目标却始终是"四夷宾服"式的"协和万邦"。农耕人追求安土乐天,不仅要防范外来的侵扰,更要抗拒或逃避暴政的肆虐。如果说古已有之的"苛政猛于虎"的传说表达了人们对于暴政的极度厌恶和畏惧,那么传颂千古的"世外桃源"则给身陷离乱的农耕人以无尽的遐思与慰藉。作为农耕民族的中华先民一向和平自守,但是他们的想像力又并非禁锢于狭小的天地。中华先民自古便有"一天下"、"平四海"的理想,这种农耕人的"世界主义"建立在和平主义、伦理主义的基础之上,有着十分悠长的历史。上古《诗经》里,便有反对"素餐",向往"乐土"、"乐国"的诗句。汉代儒家经典《礼记·礼运》更是描绘出一幅农耕人"天下为公"的"大同"理想的完美蓝图:"大道之行也,天下为公。选贤与能,讲信修睦,故人不独亲其亲,不独子其子,使老有所终,壮有所用,幼有所长,鳏寡孤独废疾者皆有所养。男有分,女有归。……是谓大同。"中华民族的"大同"理想一直延续到近代。维新派思想家康有为以"大同世"作为社会改良的终极目标,专门撰写了《大同书》这一名著。孙中山亲笔题写"天下为公"的横幅,鼓舞革命党人的斗志。

20世纪30年代,毛泽东更吟出"太平世界,环球同此凉热"的豪迈诗句,将中华民族古老的"大同"理想,升华到一个崭新的高度。

5. 集权主义与民本主义

集权主义与民本主义,既彼此对抗又互为补充,是中国传统文化在政治思想方面富于特色的表现。中华传统社会由千万个彼此雷同的、分散的家族、村落和城镇组成。防御外来侵略和维持内部安定,是这个社会全民性的需求,这就产生了建立统一的集权帝国的必要。然而,农耕型自然经济决定了不能指望以商品交换形式的纽带来维系国家的大一统,而只能依靠政治上和思想上的君主集权主义使国家的大一统成为现实。春秋战国时代的法家,是绝对君权论的始作俑者。韩非从天下"定于一尊"的构想出发,提出"事在四方,要在中央,圣人执要,四方来效"[1] 的政治设计。中华历史上第一个大一统帝国秦,就是以这一思想为指导建立起来的。秦代以后,中央集权政体绵延千载,历代思想家又纷纷为之作出进一步的理论论证。西汉董仲舒提出"天子受命于天"的君权神授论,唐代韩愈从社会分工的角度,规定了君、臣、民的不同职责,君者出令,臣者行令,民者出力以事其上[2]。宋代程颢、程颐、朱熹等理学家更以缜密的逻辑思辨论证了"君为臣纲"是万古不移的"天理"。明代以降,君权扩张到极点,真正达到"朕即国家"的程度。

与集权主义相伴生,中国传统社会又培育出另一特别的政治思想即"民本主义"。民本主义植根于重农、尚农的普遍社会心理。

---

[1] 《韩非子·扬权》。
[2] 韩愈:《原道》。

农人的安居乐业是农业社会存在与发展的前提。如果民众失去基本的生存条件,"揭竿而起",那么再强有力的专制王权也将陷入崩溃的危险境地。据此,上古时代的圣贤很早就提出"知人"、"安民"①。春秋战国,民本思想大兴。老子谴责"以百姓为刍狗"的做法是"不仁",孔子倡导"仁政",统治者应"博施于民而能济众"。孟子更提出"民贵君轻"的辉煌命题。荀子十分形象地论证君民关系:"君者舟也,庶人者水也。水则载舟,水则覆舟"。深刻的比喻给历代君王以震撼与警醒。唐太宗认识到"载舟覆舟,所宜深慎",因此,"为君之道必须先存百姓"。"存百姓"只是手段,讲求"为君之道"才是目的,这便是民本主义的实质。

民本主义与君主集权主义相反相成。一方面,以"爱民"、"恤民"为标识的民本主义与专制主义的极端形态——"残民"、"虐民"的暴政和绝对君权论是相对立的,所以历来舆论对暴君苛政的抨击无一例外地反复引述老、孔、孟、荀的民本主义精辟词句。另一方面,民本主义又与专制主义的一般形态相互补充,构成所谓"明君论"。圣明之君"重民"、"惜民",于是"万姓所赖在乎一人,一人所安资乎万姓,则万姓为天下之足,一人为天下之首"。② 由此可见,中国传统民本主义是从统治者的长治久安出发,注意民众的力量和人心的向背的。它与近代意义的"主权在民"的民主主义不可同日而语。当然,作为一种意识形态,重民心、顺民意的民本主义不仅对统治阶级时时敲响警钟,而且也构成开明士人关心民生疾苦的精神支柱。从屈原的"哀民生之多艰",到杜甫的"朱门酒肉

---

① 《尚书·皋陶谟》。
② 罗隐:《两同书·损益》。

臭,路有冻死骨",无不跳跃着民本主义的脉搏,体现了积极的历史进步意义。而黄宗羲的"天下之治乱,不在一姓之兴亡,而在万民之忧乐"①,更是将中国传统民本主义推向极致,迫近近代民主主义的边缘。

二、学统、政统与道统

中国历史和中国文化的悠久传统和深厚积淀,是中国文化保守主义代代相继的续统情结的根源。

当代港台新儒家的领袖人物牟宗三在论及中国文化发展之途径时提出如下"三统之说":

一,道统之肯定,此即肯定道德宗教之价值,护住孔孟所开辟之人生宇宙之本源。

二,学统之开出,此即转出知性主体以融纳希腊传统,开出学术之独立性。

三,政统之继续,此即由认识政体之发展而肯定民主政治为必然。②

新儒家是20世纪中叶以后中国文化保守主义的重镇。由其代表人物牟宗三提出的道统、学统、政统的"三统之说",颇能传神地道出这一派别一以贯之的思想情结。尽管牟氏对三统的理解和把握并不能被认为是此派学人的完全共识③,但他的这一概括性

---

① 黄宗羲:《民夷待访录·原君》。
② 牟宗三:《道德的理想主义》序,台北学生书局1985年版。
③ 牟氏的具体解说见《略论道统、学统、政统》,郑家栋编:《道德理想主义的重建》,中国广播电视出版社1992年版,第88—99页。

表述,毕竟为我们剖析文化保守主义的"中国特色",提供了一个高屋建瓴的视角、一个纲举目张的概念系统和一个相对便捷的思维切入点。

1."道"与"道统"的继承与光大

文化保守主义以保存和弘扬本民族文化精华为基本的理论立场。在这方面,中国的文化保守主义始终将内涵极丰富而形式极抽象的"道"及其正统的延续——"道统",视为"中华民族文化之命脉"[①]。熊十力说:"一国之学术思想,虽极复杂,而不可无一中心。道统不过表现一中心思想而已。此中心思想,可以随时演进,而其根源终不枯竭。"[②] 经典性的文化保守主义文献《为中国文化敬告世界人士宣言》称:"中国历史文化中道统之说,或非中国现代人与西方人所乐闻,但无论乐闻与否,这是中国历史上的事实。此事实,乃源于中国文化之一本性。"总括而论,文化保守主义者都有一种强烈的道统意识,即民族文化的续统和担当意识。这一点,从19世纪中后期的冯桂芬("以中国之伦常名教为原本",《校邠庐抗议·采西学议》)、张之洞(三纲五常之"道"是"圣人所以为圣人,中国所以为中国"的根本,《劝学篇·明纲》)一直到20世纪中后期的新儒家诸哲,概莫能外。

众所周知,先秦时期,儒家是诸学派中活跃的"显学"之一。汉代以后,中国文化更形成以儒家文化为主导的基本格局。经过历代儒家学人的努力,特别是孔子、孟子、荀子、董仲舒、韩愈、二程、

---

① 牟宗三:《道之本统与孔子对于本统之再建》。
② 熊十力:《读经示要》,重庆南方印书馆1945年版,第209页。

朱熹、王阳明等大哲的原创性贡献,"道"与"道统"不仅成为儒家文化、而且成为中国文化理论体系的核心范畴和基本构架。

马克思论道:"最一般的抽象总只是产生在最丰富的具体的发展的地方。"① 先秦时代是中国思想史上最激动人心的岁月。动荡的政治形势、迷茫的人生走向、急迫的社会需求、宽松的思想氛围共同营造出"百家争鸣"的生动局面。"最丰富的具体"得到了最充分的发展,因而"最一般的抽象"——"道",应运而生。

尽管各自的思想主张的宗旨和操作手法大不相同,但是先秦诸子都对"道一元论"表现出极大的理论热情。儒、墨、道、法各家都有自己的"道"论系统。② 在儒家,孔子认为"本立而道生"③,声明"吾道一以贯之",表示"朝闻道,夕死可矣"④,"天下有道则见,无道则隐。"⑤ 孟子屡屡论及"圣人之道","孔子之道"⑥。《中庸》则谓"天命之谓性,率性之谓道","道也者,不可须臾离也。可离非道也。"概而观之,先秦儒家之"道",可以归纳为以仁为思想核心,以礼为行为规范,以义为价值准绳,以智为认知手段。到了董仲舒,宣称"道之大原出于天,天不变,道亦不变",进一步将儒家之"道"论神圣化,充实、改造成天人一统的阴阳五行系统模式。到了唐代,佛学对儒学形成挑战。韩愈取彼之长,固此之本,从佛性论吸取营养,将儒家"道"论更向心性一面倾斜。"博爱之谓仁,行而

---

① 〔德〕马克思:《〈政治经济学批判〉导言》,《马恩选集》第二卷,人民出版社 1971 年版,第 107 页。
② 参见拙作《中华文化的"轴心时代"》,《学术月刊》,1990 年第 5 期。
③ 《论语·学而》。
④ 《论语·里仁》。
⑤ 《论语·泰伯》。
⑥ 《孟子·滕文公下》。

宜之之谓义,由是而之焉之谓道,足乎己无待于外之谓德。""凡吾所谓道德云者,合仁与义言之也。"① 宋儒"专用心于内"②,吸收佛、道哲学宇宙论、认识论精华,以《尚书·大禹谟》的"人心惟危,道心惟微,惟精惟一,允执厥中"的"十六字心传"为儒学之"道"的命根所系。"道"由此完成了形而上学化的最后一步。

如果说关于"道"的讨论是学理真髓的辨析,那么关于"道统"的讨论则是学脉正统的确立。对儒学来讲,在研究"道"的基础上讲求"道统",意义有二:一是对内,辨别派系;二是对外,排斥异端。先说对内。孔子身后,"儒分为八","有子张之儒,有子思之儒,有颜氏之儒,有孟氏之儒,有漆雕氏之儒,有仲良氏之儒,有孙氏之儒,有乐正氏之儒。"③ 对韩非的划分,历来有争议,但此说揭示的儒学内部不同学派的存在,却是不争的事实。由此就有一个大阵营里区分小地盘的需要。儒学历史上持续不断的今文与古文之争、汉学与宋学之争,"我注六经"与"六经注我"之争,都是这种内部的派系之争,用黄宗羲的话说,便是"学术之不同,正以见道体之无尽也。"④ 再说对外。先秦时代,诸学并世,儒学视墨学等为"邪说诬民"。孟子就激烈地主张"正人心,息邪说,距诐行,放淫辞",以捍卫"先圣之道"⑤。汉代以后,儒学的文化主导地位不可动摇,但是佛、道之学也始终存在,并时时与儒家争夺人心,有时甚至争夺意识形态的主导权。扬雄于是"自比于孟子",批判"众言淆乱则

---

① 见《昌黎先生集》中《原道》、《原性》各篇。
② 《四书集注·论语注》。
③ 《韩非子·显学》。
④ 黄宗羲:《明儒学案》序。
⑤ 《孟子·滕文公下》。

折诸圣"①,强调"适尧舜文王者为正道,非尧舜文王者为它道,君子正而不它。"② 此外,李贽一类人物的异端之声,也从"体制外"警醒"体制内"强化"道统"的必要性与紧迫感。

"道统"思想的首创,功在孟子。孟子说:

> 由尧、舜至于汤,五百有余岁,若禹、皋陶,则见而知之;若汤,则闻而知之。由汤至于文王,五百有余岁,若伊尹、莱朱,则见而知之;若文王,则闻而知之。由文王至于孔子,五百有余岁,若太公望、散宜生,则见而知之;若孔子,则闻而知之。由孔子而来至于今,百有余岁,去圣人之世若此其未远也,近圣人之居若此其甚也,然而无有乎尔,则亦无有乎尔。③

孟子在这里第一次提出,儒家道统由来已久。每隔五百年,就会有圣君贤臣出来承继之,昌明之。值得注意的是,这一段话被编排在《孟子》全书的终结处,正表明了编者对其意旨的高度重视与强调。孟子在这里没有提到自己在道统中的地位。不过他在回答充虞时说过这样的话:"五百年必有王者兴,其间必有名世者。由周而来,七百有余岁矣。以其数,则过矣;以其时考之,则可矣。夫天未欲平治天下也,如欲平治天下,当今之世,舍我其谁也?"④ 显然,他是以道统的继承光大者自居并自豪的。

明确提出"道统"之说的是韩愈。韩愈说:

---

① 扬雄:《法言·吾子》。
② 扬雄:《法言·问道》。
③ 《孟子·尽心下》。
④ 《孟子·公孙丑下》。

斯吾所谓道也,非向所谓老与佛之道也。尧以是传之舜,舜以是传之汤,汤以是传之文、武、周公,文、武、周公传之孔子,孔子传之孟轲。轲之死,不得其传焉。①

韩愈说这段话的本意是要特别区分儒家之"道"与佛教、道教之"道"的宗旨之异。他认为,虽然佛、道、儒三家都讲"道",但各家赋予这个范畴的涵义是完全不同的。他援引《大学》的"正心诚意"、"修齐治平"理论,论证儒家之"道"的本质及其实现过程是仁存于内,义行于外,而非佛、道之"道"的仅"治其心而外天下国家"。关于道统的传人,韩愈公开说是"轲之死,不得其传焉",但在私人信件里却称"使其道由愈而粗传,虽灭死万万无恨"②,表示了与孟子同样的继承中绝"道统"并使其传之久远的抱负。

降及宋代,儒学进入一个新的发展阶段。朱熹作为宋代儒学的集大成式人物,也对"道统"表示出强烈的承继意识。朱熹指出,道统发端于"上古圣神,继天立极"之时。尧传授给舜时,内容仅为"允执厥中"。舜传授给禹时,扩充为"人心惟危,道心惟微,惟精惟一,允执厥中。"尧的一句话,其实已经把道理讲透了。舜又增加三句,进一步说明"尧之一言,必如是而后庶几可也。"关于道统"圣圣相传"的序列中人,朱熹排出的有尧,舜,禹,成汤,文王,武王,皋陶,伊尹,傅说,周公,召公,孔子,颜回,曾参,子思,孟子。朱熹认为,孟子以后,儒家道统"遂失其传"③。"异端之说,日新月盛,以至老佛之徒出,则弥近理而大乱真矣。"好在子思所作《中庸》未曾

---

① 韩愈:《原道》。
② 韩愈:《与孟尚书书》。
③ 朱熹:《中庸章句序》。

失传,为儒家道统保存了火种。朱熹分析,当初子思作《中庸》,动机正在于"忧道学之失其传"。千余年后,程颢、程颐兄弟出,承《中庸》所传之道统,有所考证,有所发明,斥老、佛二家"似是之非","以续夫千载不传之绪。"关于自己在儒家道统中的地位、作用,朱熹没有明说,但其意也有所透露。他评价自己所作的《中庸章句》,"虽于道统之传,不敢妄议,然初学之士,或有取焉"。言内之意,显然是表白愿意为儒家道统延续,自觉承担一份责任。

与上述孟子、韩愈、朱熹的道统观一脉相承,牟宗三也明确以"道统之肯定"、"护住孔孟所开辟之人生宇宙之本源"为自己的神圣使命。与孟、韩、朱的道统理论相比,牟氏对"道统"的理解更开阔、深入、精微,现代色彩鲜明。韩、朱讲道统,旨在区分儒家与佛、道的不同。牟氏讲道统,首先着眼于中、西文化的形上背景的差异,指出儒、佛、道的"异中之同",然后再分析中华文化系统内的儒、佛、道的"同中之异"。牟宗三认为,儒家心性之教是中国道统的宗骨,而"西方道统在基督教",[①] 基督教的"道统"延续靠《圣经》文本即可完成,而中国道统的传承却主要依赖于学人的体证与诠释。与西方哲学客观地从"存在"演出一种"实有形态的形上学"不同,儒、佛、道家都是从主体的人生修养上实践地证成一种"境界形态的形上学"。这是中西的差异。至于儒、佛、道的相异处,在于儒家的形而上学又有"实有形态"的一面,而佛、道则不然。牟宗三强调儒家的"主体"性格:"儒家主要的就是主体,客体是通过主体而收摄进来的,主体透射到客体而且摄客归主。所以儒家即使是

[①] 牟宗三:《生命的学问》,台北三民书局1970年版,第61页。

讲形上学,它也是基于道德。"① 这就把儒学道统的根本特征从历史的层面提升到哲学的层面讲透了。

从定义的涵盖范围来看,对上述诸哲的"道统"观可作狭义和广义之分。狭义的"道统"强调"谁代表道统"的问题,将道统的延续完全寄托于个别的儒者身上,因此这种意义上的道统常发生中绝。广义的"道统"以整体的民族历史文化为旨归,所以并不十分在意道统的承继人是谁,因此这种意义上的道统一般也就不存在中绝的问题。余英时把前者称作"哲学家的道统观",后者称作"思想史家的道统观"②。由此标尺划分,由孟子、韩愈直至二程、朱熹所论之"道统",应属前者,所以他们均明确标示道统的"谱系"排列,而且自觉以存亡继绝的道统传人为己任。而近代保守主义诸学人,特别是新儒家诸哲,应属后者。他们讲道统,更注重于中国文化的本原"体系",不否认中国文化性质和精神的"一本多根"。他们认为,"文化学术思想的大归趋","此即所谓道统之相传"③。

从实质性的内容重心来看,"道统"又有即"统"而言"道"和即"道"而言"统"的不同④。从孟子、董仲舒直到韩愈,都是通过梳理历史中的逻辑关系来论证儒家"道统"的崇高地位,属于即"统"而言"道"一路。宋儒高扬"十六字心传"的旗帜,通过强调心性之理哲学上的绝对价值来凸显儒家"道统"的一贯正确,属于即"道"而言"统"一路。就此而论,近代文化保守主义的学理思路更接近于

---

① 牟宗三:《中国哲学十九讲》,台湾学生书局1983年版,第79页。
② 余英时:《犹记风吹水上鳞》,台北三民书局1991年版,第56页。
③ 张君劢等:《为中国文化敬告世界人士宣言》,载《当代新儒家》,三联书店1989年版,第11页。
④ 郑家栋:《当代新儒学史论》,广西教育出版社1997年版,第43页。

宋儒的即"道"而言"统"。《为中国文化敬告世界人士宣言》提出，"只有从中国之思想或哲学下手，才能照明中国文化历史中之精神生命。"这种"精神生命"蕴含在中国文化的伦理道德、宗教精神之中①，准确地说，即是"心性之学"。心性之学"论人之当然的义理之本原所在"，"是中国思想中之所以有天人合德之说之真正理由所在"，"正为中国学术思想之核心。"②《宣言》作者认为，只有确认了心性之学的重要，我们才能进而讨论中国历史文化所以长久的理由，并得出结论："与其说中国民族文化历史之所以能长久，是其他外在原因的自然结果，不如说这是因中国学术思想中，原有种种自觉的人生观念，以使此民族文化之生命，能绵延于长久而不坠。"③ 现代新儒家由此论证了中国文化之"道"的恒久意义、价值及其理由，显而易见，他们的这一思维路径与宋儒是一脉相承的。

就即"统"而言"道"的思路论，新儒家异于孟、韩而近于宋儒。但是就"道统"所包含的内容论，新儒家对宋儒又有重大发展。新儒家认为，"道统，即是民族文化之统。它是文化生命的根源和人伦教化的纲维，而个人安身立命亦须取则于此。"讲道统，就是讲"仁"，讲"心性"，这是新儒家与宋儒的共同点。讲道统，就是讲"自救、救国、救文化"，这是新儒家与宋儒的相异处。宋儒讲"道统"，聚焦于一己之心；新儒家讲"道统"，既有对民族文化的忧患，又有对个体生命的悲悯。"因为心同理同，个体生命本就是和民族文化

---

① 张君劢等：《为中国文化敬告世界人士宣言》，载《当代新儒家》，第10、13页。
② 同上，第17页。
③ 同上，第23页。

生命合流的。"① 聚焦于一己之心,所以倾力于"内圣"之学的开掘;而要自救、救国、救文化,则必须打通"内圣"与"外王"的联系,于是有了连接二者的"曲通"理论,即由德性主体转出知性主体的良知"坎陷"说。

2. "道统"体系中"内圣"与"外王"的"曲通"

从"道"和"道统"的发生史来看,治心与治世、"内圣"与"外王"均属题中应有之义。

先秦诸学派都关注的"道",实际上是"治道"。"周秦之际,士之治方术者多矣。百家之学,众技异说,各有所出,皆有所长,时有所用。虽然,阴阳、儒、法、刑名、兵、农之于治道,辟由橑之于盖,辐之于轮也。"② 当其时,各派思想的具体主张不同,但其发轫的动因却基本一致:不满意于动乱时世,企盼社会有序,天下太平。所以,法家直接研究"法、术、势"的统治之学,兵家探讨通过军事解决政治问题的方略,墨家批评社会的陋习,道家向往无为的政治和自由的人生。儒家孔子"贵仁",认为仁是人的本性的最高体现,是人的美德的最高概括。其"仁"学把外在的等级制度、历史传统,转化为内在的道德伦理意识的自觉要求,从整顿人际关系中最基本的血缘家庭关系入手,强调"爱人"、"孝"、"悌",并以家国同构精神推而广之,扩展至政治领域,以期扶春秋末世宗法等级制度之将倾。由血统而政统而道统,是孔子仁学独具特色的致思路径和内容结构。由此观之,在孔子那里,道统即包含有治心与治世、内圣与外

---

① 蔡仁厚:《新儒家的精神方向》,载《当代新儒家》,第 228、230 页。
② 刘文典:《吕氏春秋集释》序。

王的双重含义。

孟子历来以高扬儒家"内圣"之学的形象出现在思想史、文化史的篇章里。但是,论者多忽略了,恰恰是孟子把孔子仁学中"外王"的一面大大推进了一步。孟子很清楚,"尧舜之道,不以仁政,不能平治天下。"[①] 孔子讲"为仁由己"[②],是以之作为对社会所有成员的道德自律要求。孟子讲"仁",更多的是强调居统治地位的国君以"仁爱之心"来施政,"惟仁者宜在高位","发政施仁",斯为"仁政"[③]。孔子力图恢复周代的"礼治"秩序,所以他要求人人依仁循礼,恪守既定的社会"名份",国君也好,平民也好,概莫能外。孟子身处战国中期,周代宗法制崩溃已呈不可逆转之势。他顺应这一潮流,更关注新兴地主阶级如何建立稳固的政治新秩序。孟子一再鼓吹"国君好仁,天下无敌","民之归仁也,犹水之就下"[④],"为天下得人者谓之仁"[⑤],鲜明地体现出将"仁"学由伦理学向政治学领域拓展的理论趋向。

论及儒学"道统"体系内的"内圣"与"外王",荀子是关键性人物。荀子论"道","非天之道,非地之道,人之所以道也,君子之所道也。"[⑥] "天地生君子,君子理天地",他认为,儒学的价值就在告诉君子如何"理"天地。"天地者,生之始也;礼义者,治之始也;君子者,礼义之始也。"[⑦] 着眼于经世为目标的外在事功,荀子一般

---

① 《孟子·离娄上》。
② 《论语·颜渊》。
③ 《孟子·离娄上》。
④ 同上。
⑤ 《孟子·滕文公上》。
⑥ 《荀子·儒效》。
⑦ 《荀子·王制》。

不讲"仁"的伦理功效,而大讲"礼"的政治作用,"人无礼则不生,事无礼则不成,国家无礼则不宁。"①《荀子》全书,也有论修身、劝学的篇章,但重心显然在王制、富国、议兵、强国、君道、臣道。他体会儒学的理论价值、儒者的社会作用是"在本朝则美政,在下位则美俗"②,这正可视为其"道统"观"外王"特色的率直表证。

董仲舒论"道",目标其实在提供政治与学术"大一统"的绝对依据。"外王"意味再明白不过。

韩愈立足于排斥佛、老,"扶树教道",申言孔儒之"道"由仁、义而至。"他所着重的是由存于内的'仁'到见乎行的'义'整个过程,即由'正心诚意'到'有为'的过程"。他的"道"实际上是"中世纪封建主义的国家、法权、教化、道德的绝对原则"。③ 不言而喻,其所论"道"及"道统"是兼及内圣与外王两大层面的。而且,韩愈讲"道统",并没有将荀子完全排斥在外,而是称荀子"大醇而小疵",这也从一个侧面反映出韩愈心目中的"道统"里是有"外王"的一席之地的。

到了宋儒重申"道统"之时,情况发生重大转折。"外王"的研讨退至学术的"边缘",甚至"缺席","内圣"之学渐有排斥、压倒"外王"之学的趋势。程颐说:"圣人之学,若非子思、孟子,则几乎息矣。"④ 扬孟而贬荀,明显表露出"内圣"独尊的意味。朱熹以"心是身之主宰"⑤,"必使道心常为一身之主,而人心每听命焉,则危

---

① 《荀子·修身》。
② 《荀子·儒效》。
③ 侯外庐:《中国思想通史》第四卷上册,人民出版社,1959年版,第332、333页。
④ 程颐:《河南程氏遗书》卷十七。
⑤ 朱熹:《晦庵先生文集》卷五十二,《答姜叔权》。

者安,微者著"①为基础,认为内圣之学不仅解决"修身"问题,而且本身即具"治平"功能。"大抵人之一心,万理具备,若能存得便是圣贤,更有何事。"②这就实际上取消了"外王"之学的存在价值。对于程、朱的这一偏颇,叶适批评为"时诸儒以观心空寂名学,徒默视危拱,不能有论诘,猥言道已存矣"。③顾炎武批评为"置四海困穷不言,而终日讲危微精一之说"④,都可以说是切中要害。

现代新儒家的重要理论建树是牟宗三于1948年《重振鹅湖书院缘起》中首倡的"儒学发展三期说":自孔孟荀至董仲舒为第一期,宋明理学为第二期,当代新儒家的兴起为第三期。从相当的意义上讲,"儒学发展三期说"也就是"道统发展三期说"。在道统第一期,"道"的自觉内容是孔子创辟突进而成的"立仁教以辟精神领域"。"仁教"与三代的政规业绩合而观之,即成"内圣外王之道"。孔、孟、荀直至董仲舒、韩愈,其论"道"续"统",大都包含伦理与政治、治心与治世、内圣与外王的双重意义。只不过在内外关系上,多主张以内根据,以外为延伸;或者说以内为体,以外为用。在道统第二期,宋明理学家以体、用合一的思辨姿态,将外王之学消解于内圣之学中,实际上将"道统"的意义重心从政治运作的经验世界里完全退出,将"外王"之学从"道统"中彻底剥离,有关心性之学哲理意义的内省、反思和高扬,成为"道统"永久、绝对合理性的全部证明。在道统第三期,现代新儒家以"大开大合"的革命性方式对"道统"说进行改造。"撑开那以往的'构造的

---

① 朱熹:《中庸章句序》。
② 朱熹:《文集》卷六。
③ 《叶适集》卷二十五,《宋厥父墓志铭》。
④ 顾炎武:《亭林文集·与友人论学书》。

综合'与'曲折的持续'而提炼凝聚那根源的文化生命,此即'道统'之所在。……此之谓大开;在大开中立大信。由此根源的文化生命来孳生出'知识之学',来创造出'民主政体',此之谓大合;在大合中兴大用。"① 于是有新时代意义的道统、学统(知识之学)、政统(民主政体)之提出。如果说新儒家与宋明理学家的"道统"观有什么原则区别的话,那就是"新儒家对于儒学的信念不仅是建之于对儒学内圣心性之学所包含的普遍性价值的确认上,而且是建之于对传统儒家'内圣外王'的思想进路之客观有效性的确认上"。② 新儒家批评"宋明儒者的成就和贡献,毕竟偏重于内圣一方面,外王事功方面,则缺少积极的讲论和表现,此即所谓'内圣强而外王弱'。宋明儒学的不足处,正在这一点上"。③ 他们"返本开新",批判地回复到孔、孟、荀、董、韩,注重内圣与外王的协调。"以往两千年来,从儒家的传统看外王,外王是内圣的直接延长。""以前从修身齐家一直可以推展到治国平天下,那就是非现代化。"在当今时代,修身齐家已经"不能直接推出治国平天下;不能由内圣直接推出外王这就显出现代化的意义"。④ 新儒家所谓现代化意义的"新外王",突破传统的"治国平天下"模式,直指近代西方的民主与科学。这正表现了文化保守主义的与时俱进的非保守一面,用牟氏自己的话说,即"真正的保守,就是切实而落于实践的创新,这两者是不对立的"。⑤

---

① 牟宗三:《生命的学问》,台湾三民书局1970年版,第66—67页。
② 郑家栋:《当代新儒学史论》,第72页。
③ 蔡仁厚:《新儒家的精神方向》,载《当代新儒家》,第226页。
④ 牟宗三:《时代与感受》,台湾鹅湖出版社1984年版,第356—357页。
⑤ 见《当代新儒家》,三联书店1989年版,第200页。

如何在新时代条件下,"切实而落于实践"地在内圣与外王之间架起贯通的桥梁,实在是一个复杂困难的任务。20世纪30年代梁漱溟就十分苦恼西方民主政治与中国传统文化精神的格格不入。他通过乡村建设的实验来探讨由伦理而政治、由内圣而外王的路径,结果以失败告终。熊十力认为,"自己没有根芽",仅靠从外域输入,近代西方的民主与科学很难在中国立足、发展。[①]为此,他着力开掘《周礼》、《大学》、《论语》、《孟子》、《春秋》等儒家经典中具有的人道、民治原则甚至"革命、民主和社会主义"的思想根芽,但其具体实施手段,依旧是传统的"官师合一",因而没有多少可行性可言。冯友兰的思路与熊十力基本相同,他的《新原道》自信已解决了内与外、"道中庸"与"极高明"的统一,但其由"内圣"开出"外王"的方式,仍然是与先秦儒家无异的"圣人最宜于作王"。

与以上诸人企图直接架通"内圣"与"外王"不同,牟宗三提出"道德理性之自我坎陷"说,改二者之间的"直通"为"曲通","转一个弯,而建立一个政道,一个制度,而为间接的实现。"[②] 其具体方案是,通过"道德理性之自我坎陷"(自我否定),使得德性主体的"与物无对"一变而为知性主体的"与物有对",从而使主体目标由纯粹的形上追求转为在主客关系中发挥能动作用。"坎陷其自己而为了别以从物。从物始能知物,知物始能宰物。及其可以宰也,它复自坎陷中涌出其自己而复会物以归己,成为自己之所统与所摄。"[③] 牟氏认为,正是这一"曲折"为"新外王"的诸项事业提

[①] 熊十力:《原儒》,上海龙门联合书局1956年印本,上卷,第49页。
[②] 牟宗三:《历史哲学》,台湾学生书局1984年版,第192页。
[③] 牟宗三:《从陆象山到刘蕺山》,台湾学生书局1984年版,第252页。

供了基础,"逻辑、数学、科学,以及近代化的国家、政治、法律,俱在此一曲折层上安立。"① 由此上接孔、孟、荀、韩,两千年来儒家由"内圣通外王"的理想,就能得以实现。新儒家坚信,"在内圣一面,中国文化生命向上透的境界,已经极其高明,今后只须在外王一面补足'政道'与'知性'这中间架构性的钢骨,便可以向下撑开,以获得稳固坚实的自立之基。"② 于是便有了在孟子和韩愈"道统"说基础之上的道统、学统、政统"三统并建"的"返本开新"思想工程。

3."道统"统摄下之"学统"与"政统"的开出与现代诠释

截止到宋儒,讲"道统"时往往意味着这一范畴在相当意义上与"政统"的并列、对立关系;而"道统"本身的学术(狭义)或文化(广义)内涵又决定了它在许多语境中已然包含"学统"的意旨在内。

孟子首倡"道统"时,其意明显与"政统"相通。尧、舜、禹首先是政治领袖,然后才是文化英雄。商汤和周文王,身份是完全的帝王。周公以"道"辅"政",是"道"与"政"结合的人格化。由周公到孔子,"道统"的非"政"意味才真正凸显。当然,孟子揭橥"道统"的旗帜,主旨本意实在于以"道"御"政",所以从一开始,"道统"就有凌驾于"政统"之上的优越感。而这种优越感是与中国知识分子(起源于殷商时代的巫史和春秋战国时代的士)与生俱来的社会责任、政治抱负和文化担当精神分不开的。这也是孟子以后讲"道

---

① 牟宗三:《历史哲学》,第38页。
② 蔡仁厚:《新儒家的精神方向》,载《当代新儒家》,第236页。

统"者要么将"政统"包含在广义的"道统"之内,要么将"政统"从属于狭义的"道统"之下的根本原因。孟子之后两千年的王国维说:"长治久安之道,莫备于周、孔。"① 他以殷周间的大变革为例:表面上,这是一姓之兴亡与都邑之转移,实质上这是新旧制度、文化的更替。表面上,古圣人取天下、守天下与后世帝王无异,实质上,其制度文物建立的本意,"乃出于万世治安之大计,其心计与规摹,迥非后世帝王之所能梦见也。"② 显然,"心计与规摹"绝非帝王之所长,而是周公、孔子一类知识分子(帝王师)的根本使命。"道统"相对于"政统"的指导地位,因此便不可动摇。

正因为有这样的心理优势在,从孔、孟时代起,中国知识分子就重"天爵"而轻"人爵",扬"道统"而抑"政统"。"天下有道,以道殉身,天下无道,以身殉道;未闻以道殉乎人者也。"③ 孟子"见大人则藐之",在"政统"面前有如此的"底气",无非是因为自恃"道统"的高贵。"彼以其富,我以吾仁;彼以其爵,我以吾义,吾何慊乎哉?"④

"道统"得以控御"政统"的另一学理依据在于,儒家的"道统",以伦理学的仁、德为本。由此推出的逻辑是,"政统"说到底是以力服人,以势压人,所以它从本质上便比不过"道统"的以理喻人,以仁悦人。宋儒之所以大讲心性之学的普遍、绝对价值,无非是企图在大众的心性中,为"道统"之理、仁的植根,排除杂芜,清扫园圃。朱熹的"人之一心,万理具备",其实并不是说心外真的无理,而是

---

① 王国维:《论政事疏》。
② 王国维:《殷周制度论》。
③ 《孟子·尽心上》。
④ 《孟子·公孙丑下》。

说只有心内之理才有控御人的行为的实在功效。这才是他只讲内圣,不讲外王的道理所在。

从学术的门派着眼,孟子、韩愈标示"道统",确有申明"学统"的目的。孟子眼里的杨、墨,韩愈眼里的释、老,都是邪说。面对邪说惑众,儒家认为有必要从学理上根本驳倒对方,于是"学统"的意味便自然包含在"道统"之中。所以,有论者以为,"儒家的学问,说它是学统所在,可;说它是道统所在,亦可。"① 不过,儒家学理的一大特征从一开始就是道德尺度的重要性先于学术尺度,所以他们辩证"学统"的努力及其意义往往被掩盖在集道德化政治和道德化学术于一身的"道统"的巨大身影之内。至于儒学体系内部真正具有纯学术意义上的学派治学路数的分歧,如古文经学与今文经学之争,汉学与宋学之争,也常常成为"道统"辨析的实际内容,而不曾以"学统"辨析这样更符合其本来意义的旗号公开对阵。例如,排开具体主张不论,而就治学的基本路径看,叶适与朱熹就"道统"展开的辩论,其实完全是"学统"之争。同样,费密一方面尖锐批判程、朱的理学"道统"论,一方面又力图建立自己的"道统"论:"欲正道统,非合帝王公卿,以事为要,以言为辅不可。"② 在学理方面,他信奉"古今不同,非训诂无以明之,训诂明而道不坠。后世舍汉儒所传,何能道三代风旨文辞乎?"③ 因此,他与程、朱的"道统"之争,同时也就是"学统"之争。

如上所述,由于中国向来的科学非科学化、知识非知识化,由于儒学从来就不曾"为学术而学术",而是以"德性之知"凌驾

---

① 蔡仁厚:《新儒家的精神方向》,载《当代新儒家》,第234页。
② 费密:《弘道书·统典论》。
③ 费密:《弘道书·原教》。

"见闻之知",于是牟宗三认为,虽然中国事实上有"学统",但若用今天严格的意义标准来衡量,"说中国只有道统而无学统",也是可以的。① 为了"彰显科学之为学的意义以及其基本精神,遂把'学'之一词限在科学一面,即'知识之学';而中国本有之学的意义以及其基本精神则限于'道'的一面,亦即'德性之学'。如在科学一面说学统,则在'德行之学'一面自可说道统。"由此判断,儒学"无论在构造的综合中,或在曲折的持续中,于学术方面,总是未孳生出'知识之学'来"。② 作为对这一弊端的救正,新儒家提出应努力"在中国的文化生命中透显出知性主体"的独立地位与作用,其具体表现为:(1)纯客观的知识兴趣;(2)重学理而不计较实用的态度;(3)主客对列的思考方式。③

将"学统"和"政统"从"道统"的涵盖和统摄下解放出来,取得与后者相对独立的地位,并由此完成三者"构造的综合",是中国文化保守主义民族特色和时代特色的个性化体现。牟宗三在论及中国传统文化的缺憾时说:"在全幅人性的表现上,从知识方面说,它缺少了'知性'这一环,因而也不出现逻辑数学与科学;从客观实践方面说,它缺少了'政道'之建立这一环,因而也不出现民主政治,不出现近代化的国家政治与法律。"④ 据此,他认为,传统的中国文化实际上是"有道统而无学统与政统"。而当下中国文化的发展,则应当改变这一状况,建立起道统、政统和学统三统并立的人

---

① 现今大陆学者也有同意此说的,如许纪霖便称中国历史上"没有发展出类似西方学者那样为学术而学术、为求知而求知的独立学统",《读书》,1994 年第 5 期,《道统、学统与政统》。
② 牟宗三:《略论道统、学统、政统》。
③ 蔡仁厚:《新儒家的精神方向》,载《当代新儒家》,第 236 页。
④ 牟宗三:《历史哲学》,台湾学生书局 1984 年版,第 191 页。

文主义新架构。他说：

> 吾人以为在人文主义的系统内，必须含有三个部门之建立：一，道德宗教的学问之纲维及其转为文制而成为日常生活的常轨，必须予以充分的重视。即必须在科学知识以外，承认有更高一层，更具纲维性，笼罩性的圣贤学问之存在。这方面的开发与承续，从学问方面说，名曰道统之不断；从文制方面说，名曰日常生活的常轨之建立。二，作为政治生活的常轨的民主政治，必须视为生命中生根的真实理想，疏导出其基本精神于价值，促其实现。……这方面的开发与承续，吾人名曰政统之不断。三，科学代表知识，这是生命于外界通气的一个通孔。吾人必须了解它的基本精神与特性，必须疏导出中国文化生命里何以不出现逻辑、数学与科学，西方文化生命里何以会出现。这是知识方面"学之为学"的问题。这方面的成立与继续，名曰学统之不断。①

显而易见，牟氏的"道统"论与孟、韩、程、朱的"道统"论之间，存在"返本开新"的关系。从"返本"的一面看，牟氏坚持认为，代表中华民族"根源的文化生命"的"道统"永远不会过时。具体地说，即孔孟的智慧与生命，宋明儒者的智慧与生命，是"创造一切的根源"。这个根源的实质，就是回答近代所谓的"终极关怀"的问题，亦即宗教性的"成德"（品德养成）问题。历史发展了两千年，但是人类成德的依据仍然是宋儒标示的、圣圣相继的"十六字心传"。

---

① 牟宗三：《道德的理想主义》，台北学生书局1985年版，第152页。

所以,他们也与孟、韩、程、朱一样,实际上以"道统"的继承者自命。从"开新"的一面看,保守主义顺应历史发展的时势,对儒家"道统"做了一番解构和重构的工作。具体地说,即一是由根源的文化生命中隐含的"学统"里孳生出现代科学形态的"知识之学",二是根据"华族自尽其性之本分",从君主专制的"政统"里创造出"民主政体",以期从根本上解决秦汉以后两千年未曾解决的"政道之客观法治化"问题。这一工作的意义,此派学者自评极高,认为"中国之近代化或现代化,亦正好是集中在这最后二点上"。[1]

世界各国文化保守主义的共同特征,一是凸显资本主义全球化趋势下各民族文化的独特价值与意义,二是强调文化的精神层面在现代化进程中的积极作用。牟宗三的"三统"论,正是中国文化保守主义在这两方面表现的精粹综合。关于前者,牟宗三认为,"一个民族,如无其最原初的最根源的文化生命则已,如其有之,便应当直下就此而立其自己的大信。"[2] 中华民族拥有自己不逊色于世界任何民族的"根源的文化生命",此即孔孟的智慧与生命、宋明儒者的智慧与生命。因此,面对西方资本主义文化支配世界这一严峻现实,中华民族"应当直下就此而立其自己的大信",坚持古已有之的"道统",救正中华文化传统中有"治道"而无"政道",有"学理"而无"学统"的弊端,从中开出具有现代意义的"政统"和"学统",以三者"构造的综合",支撑起国家、民族现代化的大厦。关于后者,虽然牟宗三称道统、学统、政统三者"构造的综合"里,"没有

---

[1] 蔡仁厚:《新儒家的精神方向》,载《当代新儒家》,第227页。
[2] 牟宗三:《道德理想主义的重建》,第97页。

一面是可缺少的",但是实质上,体现心性、义理、圣道的"道统",依然处在决定性的支配地位。牟氏虽然对古已有之的"道统"论,对孔孟程朱的"智慧与生命"作了诸多创造性的改造与发挥,但其基本思路,依旧不出传统"内圣"之学道德宗教至上主义的故道。牟宗三由"道统"开出"学统"与"政统",由"内圣"开出"新外王"的全部机巧处,在于他的"良知自我坎陷"理论。然而也恰恰在这里,传统"心性之学"的玄虚飘忽,尽显无遗。正如余英时所批评的:"如果我们细察新儒家重建道统的根据,便不难发现他们在最关键的地方是假途于超理性的证悟,而不是哲学的论证。……新儒家所讲的并不是普通意义上的哲学,而是具有宗教性的道体,是理性与感官所不能及的最高领域。"① 唯其如此,牟氏学说乃至文化保守主义的诸般理论建树,便只有形上的、思辨的、学理的意义与价值,而很难在现实的政治、社会和文化领域,具备实际的可操作性。

三、"文化中国"

就中国传统文化与文化保守主义的源流关系而论,如果说有关道统、学统和政统的讨论主要局限在少数学者的范围之内,那么有关"文化中国"话题的影响则无疑要广泛得多。

20世纪80年代以后,"文化中国"的说法日见频繁地出现在海外及中国内地的思想、文化类媒体中。关于"文化中国"一说的最早发端,未见专门考证,但据方克立的介绍,"80年代初,马来西亚一群华侨青年创办《青年中国》杂志,曾经出过一期'文化中国'

---

① 余英时:《犹记风吹水上鳞》,台北三民书局1991年版,第72—73页。

专号。这是较早地使用这个概念,但不知他们是否还另有所据? 1987年,台湾《文星》杂志也出过'文化中国'专号,不过此时这个概念已在港台报刊上经常出现了。"① 显而易见的事实是,"文化中国"的说法,是由海外华人学者率先发起,鼓吹最力者,较早时段有美籍华人学者傅伟勋,而后则有"儒学第三期发展"的重要代表人物杜维明。杜维明论道:

> "文化中国"一观念的提出,是相对"政治中国"和"经济中国"而言,在以权力和金钱为议论主题的话语之外,开创一个落实日常生活而又能展现艺术美感、道德关切、宗教情操的公众领域。②

他划分"文化中国"为三个意义世界:第一个意义世界由中国内地、港澳台、新加坡的华人社会组成,亦即"文化中国"的主体。第二个意义世界由散布全球各地的华人社会组成;第三个意义世界包括世界上所有关心、研究、报导、传播有关中国文化事务的外国朋友。杜维明认为,"文化中国"的构建是发挥中国传统文化的精华以应对当下世界文化困惑的最好方式。他说,从诞生的时间上看,"文化中国"还只是一个幼童,但是,"这颗赤子之心所能体现的恻隐、羞恶、谦让及是非之情是人类至性的流露"。面向21世纪的中国人(华人)已经觉悟到,"我们不仅要为保全自己的身家性命而奋斗,也要为家国天下的福祉而努力。""'文化中国'的提出固然是为

---

① 方克立:《现代新儒学与中国现代化》,天津人民出版社1997年版,第506页。
② 王元化等:《当代智者对话》,东方出版中心1999年版,第1页。

中华民族的文化生命开拓价值领域,发掘精神资源,但这并不是立基于狭隘的民族主义,也不植根于单元的文化沙文主义。"①

杜维明非常重视"文化中国"的精神资源的开发与利用问题。他认为,和欧美、日本乃至印度对比来说,"文化中国"的精神资源比较薄弱,价值的领域比较稀少。杜维明分析道:中国是世界有古有今的文明大国,有无限可利用的资源。不仅有儒家传统、道家传统、佛教传统,还有各种不同的民间资源,而且有非常丰富的文字材料。但是,这些都只是"传统文化",而不是我们能够精确掌握的"文化传统"。简言之,"传统文化"只有经过创造性的现代转化,才能成为"文化传统",才能成为真正有益于今天的中国与世界的"精神资源"。他举例说,儒家的最高人格或者道德理想必须经过现代转化,才能接受自由、平等、人权、法制等等基本价值,从而在现代社会发挥积极作用。他相信,"假如儒家传统的现代转化能够使得儒家传统与现代启蒙心态所代表的普世价值配合,那么这个传统或者受这个传统影响的社会、这个社会中的知识分子,就争取到对现代西方文明各种不同弊端、困境的一种批判权利和义务。批评什么呢?批评极端个人主义、批评恶性竞争、批评虚无主义、批评相对主义、批评只注视法律规章而忽视礼乐教化。但是,争取到这些批评的权利和义务的前提是,儒家传统本身要对西方的伦理价值进行内化而成为它自己的一种资源。从这个角度看,儒家传统能不能再一步发展,对文化中国能不能创造资源有非常直接的意义。"②

---

① 王元化等:《当代智者对话》,第2—3页。
② 杜维明:《杜维明文集》第五卷,武汉出版社2002年版,第442—469页。

海外学者首创的"文化中国"概念在中国内地激起了热烈反响，其间既有赞同、响应，也有质疑、反对，更有见仁见智的阐述与发挥。从政治层面上，有赞同者表示，对于"文化中国"，"我们只要把握住它最基本的精神是强调中国文化始终是统一的，并力图用统一的中国文化来促进中国在政治地域上的统一，那么我们就没有理由不接受甚至排斥、反对这个提法。"[1] 疑虑者则担心，"文化中国"会导致中国的文化沙文主义的抬头，"在世界各国的政治与地理中，弄一个文化中国出来，是否把海外华人也视为中国的一分子，因而分裂了外国，形成华人在外面的小圈子呢？"[2] 但是更普遍的看法是从文化层面着眼，认为"文化中国"的提出，"是回应全球化时代而产生，要突破民族和地域的中国文化，探讨在全球化的年代来临之际，中国文化如何定位？作为一种人类精神资源，中国文化有什么意义？它面对的人类课题又是什么？"[3] 而这种思路，正与一百多年来文化保守主义的一贯宗旨，十分吻合。因此，笔者以为，有关"文化中国"的话题讨论，是新旧世纪之交，中国文化保守主义继续开掘自己的传统本根，力图显现中国文化生生不息的生命活力与精神价值的新的努力与追求。

经过20年的时间考验，"文化中国"已经成为各种媒体上常见的语汇。就实际的使用情况看，许多时候，人们是把它当做"中国传统文化"或"中国文化传统"的同义表达来理解。例如，有人以"谁来保卫文化中国"为题，讨论在大规模的现代化城市建设过程中，如何保存体现于老城老街老宅之中的历史文化遗产的普遍性

---

[1] 方克立：《现代新儒学与中国现代化》，天津人民出版社1997年版，第507页。
[2] 王元化等：《当代智者对话》，第56页。
[3] 同上。

问题。① 还有人以"文化中国:永恒的话题"为总题,推出大型丛书(济南出版社 2002 年 8 月出版),对大众感兴趣的专制女皇、亡国之君、风流名士、浪漫文人给予历史阐释和文化反思。比这类具体的社会现实问题或历史问题的分析更深刻的是,有学者从理论建构的高度,推进了杜维明等人的观点。著名文化人类学家、台湾清华大学教授李亦园发表专文,题目是"从民间文化看文化中国"②。李亦园认为,杜维明的"文化中国"理念是一个从水平的立场来观察的模型,是一个较着重于上层士大夫或士绅阶级的精致文化所构成的模型。他提出,"我们有理由从另一个角度,也就是垂直的立场来观察'文化中国'的构成,也就是把中国文化看成是由上层的士绅与下层的民间文化所共同构成,而特别从民间文化的角度,或者说从'小传统'的观点,去探讨'文化中国'的意义。"李亦园指出,高层次的抽象文化概念往往是从具体的、通俗的生活事实中提炼而成。就此而论,"文化中国"范畴内的华人,无论他们居住在何地,构成他们日常生活共同特点的,可以归纳为三项,即某种程度的中国饮食习惯、中国式家庭伦理以及其延伸的人际行为准则、以命相与风水为主体的宇宙观。在完成了自己的长篇详尽论证之后,他总结道:

> 这三个特征实是与传统民间文化的追求三层面均衡和谐的观念有关,而追求三层面的均衡和谐的最高目标又是要达到整体的均衡与和谐。然而这整体的均衡和谐却也正是传统

---

① 见《民间文化》2000 年第 9 期。
② 李亦园:《从民间文化看文化中国》,《中国文化》1994 年第 1 期(总第 9 期)。

中国古典文化所强调的基础价值"致中和"的通俗版本,在这里小传统的民间文化与大传统的士绅文化就密切地勾连在一起了,应该也就是由于这种大小传统共通的基本价值理念之所寄,所以会形成为各地华人在生活文化上共通的特征。

关于"致中和"这一"文化中国"的核心价值如何转换为现代社会之所需的精神资源,李亦园认为,中国传统的"一天人,合知行,同真善,兼内外"的"和谐",不能仅仅看做是一种工具,而应该看做是一种境界或目标。我们要考虑到和谐之前的种种可能冲突,进而寻求冲突双方的互相理解,互为主体地为他人设身处地着想,并且寻求在合理的程序,甚至制度化之下得到妥协与协调,然后获得更高层次的和谐。"我想只有这样才能将传统文化中的和谐,引导转化成为现代社会之所需。也许这样的阐释与发展,将是今后所有文化中国观念的鼓吹者共同努力之处。"笔者以为,李亦园对杜维明的补充,进一步凸显了文化保守主义努力从中国传统中吸取营养以应对现代化社会变迁的理论诉求,是"文化中国"本质意义的全面表达。简言之,"文化中国"是中国文化保守主义在21世纪的新的思想旗帜。笔者认同萧萐父先生的如下见解,并将它引作本章的结语:

> 从文化的角度看,世界华人过去和现在始终面临着东西(东方文化与西方文化)、古今(传统观念与现代意识)之间文化思潮的矛盾冲突,面临着如何正确解决传统文化与现代化的历史接合的难题和中国文化与西方文化的互补交融的难题,正是这样共同的时代课题,吸引着世界华人有可能同心协

力促进中华文化的自我振兴及其各个部分的互相整合,也激励着东西方中华文化的珍爱者和研究者,奋起探讨中西文化精华可能交融互补的前景。可以相信,中华文化的自我振兴和中西文化的互补交融,二者将互为条件,同步进行。经过这番历史的熔铸,"文化中国"将闪耀出新的光华,必将对人类文化的新发展作出应有的贡献。[①]

[①] 萧箑父:《"文化中国"的范围与文化包容意识》,《江海学刊》1994年第1期。

第三章 "纲常名教"与"富强之术"

一般地说,文化保守主义是本土文化与异域文化发生碰撞、交融的产物。特殊地说,近代中国文化保守主义是以儒家文化为主干的中国传统农耕文化与以基督教文化为精神支柱的西方资本主义工业文化相互碰撞交融的产物。从历史上看,中国文化与基督教文化的最初接触,可以追溯到很早的岁月。公元7世纪初,源于基督教异端聂斯脱里派的景教,就曾在唐都长安立足,两百年后,到唐武宗时才被取缔。14世纪初,罗马公教正宗的法兰西斯修会在北京出现①,七十余年后,因其信徒主要是西域来华的色目人,而被"驱除胡虏"的朱元璋排逐。从历史上看,基督教的这两次传入,都没有对于中国文化产生足以引起关注的影响,因而被岁月的风尘所湮没。

一、中西异质文化论争的前奏:"中国礼仪之争"

明末清初,即公元16世纪,基督教再次入华。1552年,号称

---

① 陈垣称其为"也里可温教"。

"耶稣的连队"的罗马公教修会向中国派出了自己的传教士沙勿略。他以偷渡的方式登陆珠江口外的上川岛,还没来得及开展活动,就病死异乡。30年后,比沙勿略名气大得多的利玛窦来到广州。经过十余年艰苦的布教活动,他成为在京城政界学界十分活跃的"中国通",甚至取得了直接向皇帝贡献礼物的"远臣"的高贵身份。关于以利玛窦为代表的明末清初基督教在华活动所取得的实际成效,学界研究成果相当丰富。例如,朱维铮的归纳就简明而深刻:其一,利氏以后,基督教在中国虽屡受政治打击却没有再度中断传播;其二,利氏在传教过程中开创了许多"寻找本土文化与基督教一致"的新取向;其三,利氏采取"易佛补儒"的新策略,化解了大批中国文化精英对外来基督教的疑虑,并将文化冲突引向与道学家联手操纵官方意识形态的禅净二宗佛教;其四,利氏把介绍西方科技工艺成果作为吸引朝野士绅改宗基督教的手段,并因此引发中西双方对文化交往的重视且互相受惠;其五,利氏等人的传教方式在华、在欧、在基督教内外都遭到批评,并引发争论。①

明末清初耶稣会士来华,其本意是在欧洲以外的广阔区域寻求建立"真教"的净土,谈不上历史意义的"进步"或道德意义的"崇高",但是,它毕竟给古老淳化的中国送来一缕西方文明的清新气息。史载耶稣会士金尼阁来到中国,随船运来"西书七千部"②。这些书籍涉及欧洲文艺复兴以后的神学、哲学、科学、文学、艺术等等门类的广泛知识。中国文化通过耶稣会士们努力凿开的孔道,与西方基督教文化发生了第一次较为深入、影响颇巨的求同存异

---

① 见朱维铮为李天纲著《中国礼仪之争》所写的序言,上海古籍出版社1998年版。
② 此事见于杨廷筠:《代疑篇》、李之藻:《刻〈职方外经〉序》等。

的碰撞与交融。在中国方面,出现了一批像徐光启、杨廷筠、李之藻这样乐意接受西方文化的开明士人;而在西方人士中,也出现了像利玛窦、艾儒略等等赞赏、认同并积极推介中国文化,特别是儒家文化的知识分子。这是双方"求同"的一面。但是,"另一方面,中西方文化之间的巨大差异又是不能回避的。当时无论是天主教士,还是儒家、佛教、道教信徒,只要严格坚持自己的文化标准,马上能发现对方存在许多不合教理教规的'异端'之处。因此,这种异文化之间的冲突也就必然发生。"[1] 这种冲突最终以"中国礼仪之争"的形式在清代康熙年间猛烈地爆发了。

"中国礼仪之争"既是西方基督教系统之内的派别之争,更是中国儒家文化与西方基督教文化之间的思想、观念乃至权利之争。利玛窦、艾儒略等耶稣会士在传教过程中,考虑到中国人的一贯习俗,同意中国的基督徒可以敬天、祭祖、祭孔。但是,此举受到天主教多明我会、方济各会和奥斯定会的坚决反对和猛烈抨击。双方你来我往,反复辩论。耶稣会士认为,中国人敬天、祭祖、祭孔只是传统的习俗,并非将它们当做超自然的神来崇拜。反对者则坚持,中国礼仪是多神教的偶像崇拜,是不可容忍的异端。纠纷一直闹到罗马教廷的宗教裁判所。1645年9月12日,罗马教廷决定禁止祭孔、祭祖等中国礼仪。但是,这个决定并没有得到严格的贯彻。1654年,耶稣会士卫匡国带着四条申诉意见赴罗马,对教皇解释,中国人的祭祀是社会性的礼节,而非宗教迷信。1656年3月23日,教皇决定,如果中国礼仪的意义真如卫匡国所言,中国信徒可以行祭祀之礼。到此,"中国礼仪之争"似乎以耶稣会士的胜利而

---

[1] 李天纲:《中国礼仪之争》,上海古籍出版社1998年版,第7页。

告一段落。但是，法国巴黎大学神学博士阎当的来华，改变了这一态势。1684年，阎当出任教皇驻福建代表。1693年3月20日，阎当发令，在其教区内严禁中国礼仪。为了巩固这一决定的实施成果，阎当积极寻求巴黎红衣主教的支持。1700年，经过数十次讨论，巴黎大学神学院确认中国礼仪为异端。迫于内部压力，1704年，教皇派出铎罗主教为首的使团，来华最终解决"中国礼仪之争"问题。

耶稣会士一方当然也不会消极退让。他们动员康熙皇帝出面，于1700年11月30日签署了请愿书，证明中国礼仪的民间世俗活动性质。"这是一份极给面子的文件，等于是屈中国皇帝之尊，请求罗马教皇允许中国天主教徒举行传统的中国礼仪。"① 就在康熙皇帝热情支持同时力图控制耶稣会士的在华活动之时，铎罗使团于1705年4月抵达澳门。1705年底和1706年中，康熙两次会见铎罗。他请铎罗转告教皇：一，中国人不能改变祖传的礼仪；二，中国礼仪并不违背天主教教义。如果教皇执意要在中国禁止祭祖祭孔，那么所有的西方传教士就很难在中国待下去了。不久，铎罗离开北京，其使命由阎当继任。康熙对于阎当非常反感，两人的会面很不愉快。康熙认为，"愚不识字，胆敢妄论中国之道。""这等人敢谈中国经书之道，像站在门外，从未进屋的人，讨论屋中之事，说话没有一点根据。"② 他下令驱逐阎当。与此同时，康熙规定，所有来华传教士都要由他亲自审查，必须得到朝廷的许可证才能留在中国。正在南京的铎罗得知消息，知道事情已不可

---

① 李天纲：《中国礼仪之争》，上海古籍出版社1998年版，第51页。
② 转引自李天纲：《中国礼仪之争》，第65页。

挽回，便于1707年1月25日，向全国信徒发出"南京命令"，公开了教皇于1704年11月20日发布的禁止中国礼仪的裁决。"命令"称："中国的传教士，都应该按教皇谕令上面的指示去答复康熙皇帝和地方官员关于中国礼仪的问题。敢有自作主张、不按指示去答复的，马上受弃绝的重罚。弃绝重罚的赦免权，由圣座和特使加以保留。"事已至此，康熙当然也不再讲客气，给面子，命人从铎罗手中收回给罗马教皇的礼物，表示与之完全断绝来往。自此以后一百多年，曾经颇有成效的西方传教活动，基本陷于瘫痪。[①]

"中国礼仪之争"以中国向西方基督教基本关闭大门而告结束。表面上看，双方都维护了自己的面子，双方都是"胜利者"。不过，从基督教力图扩展自己的势力版图的初衷看，西方文化无疑是大大地受挫了。但是，如果我们转换一个角度，从对于中西文化交流的影响看，"中国礼仪之争"大大加强了西方对于中国传统儒家文化的了解和研究，相比之下，中国方面通过这一争论对于西方基督教文化的了解和研究，则欠缺得多。一个基本的事实是，18世纪初年以后，德国的莱布尼茨、沃尔夫，法国的伏尔泰、孟德斯鸠等人通过传教士们的译介，对于中国儒家文化发生浓厚的兴趣，并进行了许多中西比较意义上的研究。例如，伏尔泰的《路易十四时代》就专门讨论了"关于中国礼仪的争论，这些争论怎样促使中国

[①] 罗马教廷方面关于"中国礼仪之争"的最后结论迟至1939年才作出。这一年12月8日，传信部公布了教宗庇护十二世于前一天批准的关于中国礼仪的有关仪式与宣誓的指令。指令申明，1.天主教徒参加尊孔活动是合法的；2.天主教学校中可以挂孔子像、放孔子牌位，并对之行礼；3.天主教徒可以被动的态度参加带有迷信色彩的民间礼仪活动；4.祭奠祖先是合法的、适当的。这个指令被认为是中国"解放的教令"。见〔美〕苏尔等编，沈保义等译：《中国礼仪之争——西文文献一百篇》；上海古籍出版社2001年版，第175页。

取缔基督教"问题。他指出:"对中国礼仪的极大误会,产生于我们以我们的习俗为标准来评判他们的习俗。"① 而同类型的中国方面对于基督教以及一般意义上的"西学"的认识与研究,则十分罕见。关于"中国礼仪之争"的结局对于清代以后中国思想文化的影响,有研究者指出,"由于'中国礼仪之争',西洋人减少了翻译、介绍科学、哲学的活动,渐渐退出中国一般学术界。也由于'中国礼仪之争',康熙驱逐传教士,传教士被迫退出朝廷。这使处于'西学'与'汉学'竞争之中的江南学者能够脱颖而出,占据了清代学术界,完成了日后所谓的'乾嘉学派'。"② "乾嘉学派"的形成,是否可归结于"中国礼仪之争",恐怕不宜下如此直接的结论。不过,"中国礼仪之争"的结局中断了本来正在顺利进行的中国儒家文化与基督教文化的较为全面的交流,确实不能不说是中国方面的一大遗憾。这种遗憾的意义,在康熙当年是感觉不到的。只有到了19世纪中叶,当基督教伴随着鸦片和炮舰一起卷土重来时,中国人才对于140年以前的那一场似乎"胜利"了的文化争论,有了重新的品味。

二、新变局下的"条约口岸知识分子"

驱逐了西方来的传教士,中华帝国在千年故道上继续演绎着"落日的辉煌"。而在地球的另一边,新兴的资本主义丝毫也没有因为在"中国礼仪之争"问题上的受挫而放弃自己向着东方、向着

---

① 〔法〕伏尔泰著,梁守锵译:《风俗论》,商务印书馆1996年版,第221页。
② 李天纲:《中国礼仪之争》,第310页。

一切可能的区域开拓商品市场、传播发财与快乐理念、建立世界新秩序的不懈努力。

1840年,这个对于古老的中国来说具有刻骨铭心的特殊意义的年份悄悄地来到了。为了解决日益严重的鸦片走私问题,道光皇帝派出干练得力的钦差大臣林则徐到广东禁烟。在同时代人中,林钦差是对于西方、对于英国有较多了解的开明人士。但是,他在几个非常重要的问题上犯了错误。第一,他没有意识到,英国驻华商务总监督义律代表鸦片商人缴出鸦片,并不意味着将遵循中国的法令,而是将鸦片由商人的私货变为英国政府的财产,图谋以此为由,向中国发动战争;第二,更严重的是,他根据自己对各方面情况的了解,认为英国方面没有必要、也不可能对中国发动战争。"即其船坚炮利,亦只能取胜于外洋,而不能施技于内港。"①"彼万不敢以侵凌他国之术窥伺中华。"珠江口外炮弹上膛的英国军舰,"未奉国主调遣,擅自粤洋游奕,虚张声势。"② 作为清政府的前方主帅,林则徐将英国蓄谋已久的侵略战争,判断为一次大规模的鸦片武装走私。③

战争就在一方精心策划、另一方茫然不觉的形势下爆发。割地、赔款、出让国家主权的结局惨痛至极。但是,问题的严重性还不仅于此。"鸦片战争的军事失败还不是民族的致命伤。失败以后还不明了失败的理由,力图改革,那才是民族的致命伤。……直到咸丰末年,英、法联军攻进了北京,然后有少数人觉悟了,知道非

---

① 杨国桢编:《林则徐书简》增订本,福建人民出版社1985年版,第49页。
② 陈锡祺等编:《林则徐集》,奏稿中,中华书局1965年版,第676—677页。
③ 茅海建:《天朝的崩溃》,三联书店1995年版,第116页。

学西洋不可。所以我们说,中华民族丧失了二十年宝贵光阴。"①蒋廷黻于1938年发表的这一番评论,与其后几十年史学界所谓鸦片战争开始了中国人"开眼看世界"的普遍观点颇不合调,但却更接近历史的真实。将近60年后,茅海建的扎实研究印证了蒋廷黻的评点:鸦片战争的失败并未使清朝从"天朝"的迷梦中醒来,"勇敢地进入全新的世界,而是依然如故,就像一切都没有发生。"②在鸦片战争中负有重大责任的政治人物或者极力维护"天朝"体制,保持民"夷"相安;或者不惜为阻止"夷人"入城而轻率动武,或者仍然怀抱"非我族类"的传统观念,以种种"阴招"来对付强悍的"夷人",图谋回到战前闭关自守的老路上去。③ 即便是像提出"师夷长技以制夷"的魏源,也压根没有意识到,其一,仅仅学会了战舰、火器、养兵练兵之法这些"长技",并不能"制夷",鸦片战争以后发生的一系列中外军事冲突就雄辩地证明了这一点;其二,更重要的是,在"天朝"已然崩溃的新的"天下"格局中,仍旧立足于"制夷"的认识去与西方列强打交道,本身就陷入了绝大的误区。

中国人依然故我,西方人却没有"不思进取"。19世纪40年代到60年代,他们凭借一个又一个不平等条约,将中国更深地裹挟进了资本主义的世界新秩序之中。继英国之后,美国、法国、葡萄牙、比利时、荷兰、西班牙等也纷至沓来,要求种种经济的、政治的特权。清政府"一视同仁","照样施恩"。值得注意的是,与此同时,与中华传统文化格格不入、当年被康熙驱逐的基督教文化,在坚船利炮的护送下,卷土重来。中法《黄埔条约》特别规定中国人

---

① 蒋廷黻:《中国近代史》,岳麓书社1987年重印本,第24页。
② 茅海建:《天朝的崩溃》,第560页。
③ 同上,第565—574页。

不得"触犯毁坏"教堂,违者"严拘重惩"。对于中国来说,条约签订的最重要的意义,也许还不在于它们掠夺、损害了多少现实的国家和民族权益,而是在于"条约制度"对于传统的中华社会生活的方方面面所产生的带有根本性的影响。"虽然通商口岸在开始时只是沿海贸易及对外交往的边缘地带的中心,可是在挑战与应战的过程中它们成了斗争的主要焦点,因此,必须把19世纪40年代和50年代条约制度形成的时期,看成是外国对中国生活施加错综复杂和惊人影响的起始阶段,尽管这一有着外国影响、特权、控制和最终是掠夺的时代,在中国人民的历史长河中只不过是一个小小的插曲。"① 在政治上,中国的领土完整被破坏,列强攫取了领事裁判权、关税协定权、片面最惠国待遇;在经济上,关税壁垒被突破,外国商品潮水般涌入,传统的自给自足自然经济体系开始解体;在意识形态上,西方文化全面渗入。特别是在宗教活动方面,耶稣会士在上海等地重新活跃,新教教徒也来到中国。"同穿着汉服、过着中国式生活而深入到中国内地的天主教神甫相比,这批典型的新教徒带有家眷,并保持着许多西方生活方式。……保持更多个人主义色彩的新教徒带来了更多的物质文化,也与外侨团体保持更密切的联系。这到头来使他们对中国的传统更具破坏性。"②

    如果说,两年间发生于东南沿海少数几个地点的军事冲突,确实不容易使惯于"天朝上国"思维的中国人看出外"夷"为什么如此厉害、并进而问问自己是否应该改弦更张的话,那么看了二十年间

---

① 〔美〕费正清编:《剑桥中国晚清史》上卷,中国社会科学出版社1985年版,第231页。

② 同上,第247页。

发生在身边的种种变化,并不迟钝的民族头脑,渐渐发现问题之所在。

最先发现问题的人,是所谓"条约口岸知识分子"[①],即生活在最早开埠的通商口岸、且与西方文化发生密切接触的士人,如李善兰、华蘅芳、管嗣复、蒋敦复、张福僖、周白山等人,而冯桂芬、王韬、郑观应则是其中尤具代表性的人物。开埠以后的通商口岸,是形形色色、光怪陆离但充满生机的西方文化在中国的展览橱窗。以上海为例,1842年开埠,1845年建立租界,"浦滨一带,率皆西人舍宇。"[②] 外国侨民的人数从1843年的26人增至1860年的569人。[③] 机制棉纺织品、肥皂、自鸣钟、缝纫机、洋钉、玻璃制品、望远镜、显微镜、寒暑表、火轮机器、照相术、西医西药、书馆印厂、藏书楼、跑马场、新公园、新学校、报纸杂志乃至西历节庆、新式婚礼,纷纷登陆沪上且影响民间。大批传教士在这里从事翻译、著述活动,与相当一部分中国士人时相往还。这些"条约口岸知识分子"不仅"得风气之先",而且"开风气之先"[④],成为中国文化系统中率先自觉的"思变"者。

以王韬为例。1849—1862年,他在英国传教士马礼逊、麦都思创办的墨海书馆工作,编译了多种西方科技著作,进而认识到"西洋奇器,俱因天地自然之理创立新法,巧不可阶"。[⑤] 他曾在1858

---

① 〔美〕柯文:《在传统与现代性之间——王韬与晚清改革》,江苏人民出版社1995年版,第18页。外国学者首创的这一说法,虽然拗口,但是含义却相当精确。
② 王韬:《漫游随录》,岳麓书社1985年版,第58页。
③ 邹依仁:《旧上海人口变迁的研究》,上海人民出版社1980年版,第141页。
④ 见童淮平:《"得风气之先"与"开风气之先"——郑观应早期思想演变与上海》,《学术月刊》1997年第10期。
⑤ 王韬:《瀛壖杂志》卷二,岳麓书社1988年版,第36页。

年11月27日的日记中记录了友人孙次公对于印刷机、缝纫机的新奇感受:"车翻墨海转轮圆,百种奇编宇内传。怔煞老牛浑不解,不耕禾垄种书田。鹊口衔丝双穗开,铜盘乍转铁轮回。纤纤顷刻成千缕,亲见针神手制来。"① 1862年,他又"航海至粤,旅居香海"②,亲身体察西式政教。1867年后的旅欧经历,更令他"眼界顿开,几若别一世宙"。③ 耳闻目睹的亲身感受,他体会出"西人于学有实际"④,"以天文、地理、电学、火学、气学、光学、化学、重学为实学,弗尚诗赋词章"⑤。当然,在传统观念的支配下,他也反感西方的政教风俗,指斥"西国政之大谬者,曰男女并嗣也;君民同治也;政教一体也"。对此,传教士伟烈亚力当即辩驳:"是不然。泰西之政,下悦而上行,不敢以一人揽其权,而乾纲仍弗替焉。……今中国政事壅于上闻,国家有所兴作,小民不得而知,何不仿行新闻月报,上可达天听,下可通民意,况泰西善政颇多,苟能效而行之,则国治不难。"王韬继续申辩:"泰西列国,地小民聚,一日可以遍告。中国则不能也。"他还分析,因中国的道路、土质不同,西洋的车辆"决然难行"。至于"农家田具种刈利器",虽有事半功倍之效,但是,"中国贫乏者甚多,皆借富户以养其身家,一行此法,数千万贫民无所得食,有不生意外之变乎?"他的结论是:"中国所重者,礼义廉耻而已。上增其德,下懋其修,以求复于太古之风尔。奇技淫巧凿破其天者,摈之不谈,亦未可为陋也。"⑥ 王韬在欣羡西方物质

---

① 王韬:《王韬日记》,中华书局1987年版,第47页。
② 王韬:《弢园文录外编》,中华书局1959年版,第328页。
③ 王韬:《漫游随录》,第99页。
④ 王韬:《王韬日记》,第82页。
⑤ 王韬:《漫游随录》,第116页。
⑥ 王韬:《王韬日记》,第113页。

文明的先进成就的同时,更忧心忡忡,"日复一日,华风将浸成西俗,此实名教之大坏也。"①

又如郑观应。他17岁到上海洋行当学徒,从传教士傅兰雅学习英语,且"究心泰西政治、实业之学"。20余岁即已开始自己的买办生涯,19世纪60年代写《救时揭要》,于1873年刊印。该书本传统经世致用的路数,几乎每篇都引用古训以作立论依据,分析社会问题,以求匡时救世。后又写作《易言》,称:"洋人之到中华,不远数万里,统计十余国,不外通商、传教两端。通商则渐夺中国之利权,并侵中国之地;传教则侦探华人之情事,欲服华人之心。"②他自述:"客游四方,日与异国人相接。……窃闻时论,多关大计。以为由今之道,变今之俗,宜览往古,法自然,诹远情,师长技,攻其所短,而夺其所恃。而泰西人久居中国,亦时时申论其说,作局外之旁观。……不必谓言出于谁某,而但问合于时宜与否。"③他承认西方列国"富强有由,洵非一朝一夕之故也"④,同时,又保留着非常鲜明的"卫道"意识:"庶几圣人之道施及蛮貊,凡有血气者,莫不尊亲。文教之敷,于是乎远矣。"⑤

发生在人们身边的日常事情,比民族之间的战争和国家之间的条约,更能改变有识者关于时局的看法。魏源、林则徐们从鸦片战争的惨痛结局中没有看出的中华民族面临的天下"新变局",却被"条约口岸知识分子"从身边的西方人、事、物中逐渐看个明白。

---

① 王韬:《弢园尺牍》,中华书局1959年版,第27页。
② 郑观应:《论传教》,《郑观应集》上册,上海人民出版社1982年版,第121页。
③ 郑观应:《易言》自序。
④ 郑观应:《郑观应集》上册,第175页。
⑤ 郑观应:《论公法》,《郑观应集》上册,第67页。

50年代末,王韬即看出,"西洋通商中国,其志在利不在土地"[①]。60、70年代以后,他们更不断地发出世界已然大变的呼喊。王韬指出,"三代之时,天下犹囿于一隅,今日之时,天下将极乎一致。"[②] "开辟以来,至尧舜而一变,以荒陋之天下而为文明之天下;至秦汉而一变,以封建之天下而为郡县之天下;至今日而又一变,以中国独治之天下而为四洲相通之天下。"[③] 郑观应也说:"今泰西数十邦叩关互市,与我中国立约通商,入居内地。此乃中国一大变局,三千余年来未之有也。"[④] 他批评政府官员不懂敌势洋情,外交上"随则病国,激则兴戎"[⑤],总之,未能把握天下大势的国策,必然是进退失据。

这些"条约口岸知识分子"的心态,矛盾而苦涩。表面上,他们与外邦人士时相往还,其中不少人还在洋人手下谋差讨食。但内心里,他们的情感忧愤交集。且听王韬的表白:

> 西人隆准深目,思深而虑远,其性外刚狠而内阴鸷。待我华民甚薄,佣其家者,驾驭之如犬马,奔走疲困,毫不加以痛惜。见我文士,亦藐视傲睨而不为礼,而华人犹为其所用者,虽迫于衣食计,亦以见中国财力之凋敝,民生之穷蹙也。故西人之轻我中国也日益甚,而中国人士亦甘受其轻而莫可如何。

---

① 王韬:《弢园尺牍》,第37页。
② 《申报》同治十三年十一月十五日。
③ 《申报》光绪元年十月初一日。
④ 郑观应:《论出使》,《郑观应集》上册,第125页。
⑤ 郑观应:《论交涉》,《郑观应集》上册,第119页。

他更忧虑的是,"夫谋食于西人舍者,虽乏端人,而沈落光耀之士,隐沦其间者,未可谓竟无之也。乃瀚于数年来所见者,皆役于饥寒,但知目前,从未有规察事理,默稔夷情,以备他日之用;而为其出死力者,反不乏人,可谓中国之无人矣。"①

王韬担忧"中国无人",实际上他自己与其同伴已经在自觉地"规察事理,默稔夷情",而且不仅仅是"以备他日之用"了。

三、冯桂芬迈出小心的第一步

在中国近代文化保守主义的发生史上,冯桂芬是有特殊意义的人物。可惜这一事实长期以来为研究者所忽视。前文所引蒋廷黻的"直到咸丰末年,英、法联军攻进了北京,然后有少数人觉悟了,知道非学西洋不可"。这里所谓"咸丰以后"率先"觉悟"的"少数人"中,就包括冯桂芬。他在1861年撰写的《校邠庐抗议》中提出"以中国之伦常名教为原本,辅以诸国富强之术"②,将近代中国文化保守主义的精髓首次明确示人。

冯桂芬,江苏吴县人,1809年出生在一个富裕的地主之家,从小受到良好的传统教育,23岁中举,31岁时更取得会试一甲第二名,高登"榜眼",一时名声大振。冯桂芬在科场上一帆风顺,但他并不是呆读经典的腐儒。他治学"不屑以章句自囿,举凡天文、舆地、兵制、刑法、盐铁、河渠、钱漕、食货诸书,靡不极虑专精,务欲推究其本原,洞彻其微奥,隐然负拨乱澄清之志"。③ 19世纪30年代

---

① 王韬:《王韬日记》,1859年2月27日,第83页。
② 冯桂芬:《校邠庐抗议·采西学议》。
③ 冯桂芬:《显志堂集》,清光绪二年刻本,吴云序。

林则徐任江苏巡抚时,他曾侍饮左右,以学生兼幕僚的身份参与处理政务,并得到林的赞许。1853年,太平军攻占江宁,改称天京。冯桂芬在家乡组织团练与太平军对抗。1860年,李秀成占领苏州,冯桂芬不得不避居上海。此时的上海,正如前文所述,是传统与现代、东方与西方文化碰撞交融的迅激之区。时间不长的"出入夷场"的经历,使得素有经世之志的冯桂芬于"华洋杂处,岌岌不可终日"的动乱时世中,痛感振颓起衰的责任重大。尤其是咸丰皇帝为躲避英法联军的兵锋,仓皇离京"西狩",更令他血气冲冠。"有天地开辟以来未有之奇愤,凡有心知血气莫不冲冠发上指者,则今日之以广运万里地球中第一大国而受制于小夷也。"① 正是在这样的环境和情绪中,他撰写了《校邠庐抗议》。

《校邠庐抗议》全书初为四十篇,后加入旧作两篇,共四十二篇,分为卷上、卷下两个部分。全书论及了当时社会政治、经济、军事、财政、水利、漕运、宗法、户籍、教育等方面的问题。全面分析《校邠庐抗议》及冯桂芬的思想不是本书的任务,这里只就与文化保守主义有关的内容,略作展开。

《校邠庐抗议》对于当时社会存在的诸多方面的严重问题提出了警告和建策,其中相当一部分是传统中国士大夫经世济民、匡救时弊的襟怀与眼光的简单再版。但是,在《制洋器议》、《善驭夷议》、《采西学议》等少数篇章中,冯桂芬对于如何处理中外关系以及传统文化如何应对变局,提出了独到的见解。

冯桂芬将"制洋器"提到"自强之道,实在乎是"的高度来认识。他认为,我中华幅员十倍甚至百倍于俄、美、法、英,但"屈于四国之

---

① 冯桂芬:《校邠庐抗议·制洋器议》。

下者,则非天时、地利、物产之不如也,人实不如也。……非天赋人以不如也,人自不如耳"。对于这方面的差距,"忌嫉之无益,文饰之不能,勉强之无庸。"在制器问题上,中国过去是"愿为者不能为,能为者不屑为",这才让外国人占了上风。他建议国家从政策上诱导、吸引聪明智巧之士,以外人为师,切实钻研,像科举制一样,给这方面的杰出人才以优厚待遇。他相信,"中华之聪明智巧,必在诸夷之上,往时特不之用耳。上好下甚,风行响应,当有殊尤异敏,出新意于西洋之外者。始则师而法之,继则比而齐之,终则驾而上之。"他强调,制器之术必须自己掌握,不可用"购船雇人"之类的简便办法取巧。"能造、能修、能用,则我之利器也;不能造、不能修、不能用,则仍人之利器也。"①

针对当时清政府面临的内忧外患齐集的困境,冯桂芬明确指出,"今国家以夷务为第一要政,而剿贼次之,何也? 贼可灭,夷不可灭也。"他批评当局不明大势,"宜战反和,宜和反战,而夷务坏;忽和忽战,而夷务坏;战不一于战,和不一于和,而夷务更坏。"他建议运用国际公法的工具,维护国家权益。"诸夷不知三纲,而尚知一信;非真能信也,一不信而百国群起而攻之,钳制之,使不得不信也。"②

与政治、外交上口口声声鄙称"夷务"形成鲜明对比,冯桂芬明确倡言采纳"西学"。对于"西学",他分辩道:"耶稣教者,率猥鄙不足道,此外如算学、重学、视学、光学、化学等,皆得格物至理,舆地书备列百国山川厄塞风土物产,多中人所不及。"他十分鄙视当时

---

① 冯桂芬:《校邠庐抗议·制洋器议》。
② 冯桂芬:《校邠庐抗议·善驭夷议》。

一般"习于夷者"的"通事"(翻译),认为他们质鲁、识浅、心术又鄙,"安望其留心学问乎?"他建议设立专门的翻译公所,选年轻俊才入学,不仅学习外国语言,而且学习算术、历法、河工、经史,"凡有益于国计民生者皆是。"冯桂芬郑重论道:

> 夫学问者,经济所从出也。太史公论治曰:"法后王为其近己而俗变相类,议卑而易行也。"愚以为在今日又宜曰:"鉴诸国。"诸国同时并域,独能自至富强,岂非相类而易行之尤大彰明较著者?如以中国之伦常名教为原本,辅以诸国富强之术,不更善之善者哉?[1]

请注意,这是《校邠庐抗议》全书中最重要、最有价值的一段话,也是近代中国文化保守主义发生发展史上具有里程碑意义的一段话。

在这一段话里,"夷务"之类的意气虚骄之论不见了,代之以"诸国富强之术"这样平实的肯定之辞。但是,这里的肯定有明确的前提,即将肯定的对象限制在"辅以"即次要的、第二位的、补充的地位上。与"辅以"相对,居于"原本"即主要的、第一位的、根本的地位上的,是中国传统文化的核心价值部分——伦常名教。作为一种理论主张,思想的成分如此简明,价值判断如此清晰,逻辑层次如此干净利落,不仅在近代,而且在古往今来整个中国思想史上,都是少见的。它实际上揭示了近代中国文化保守主义全部理论宗旨的核心和要害。其后一个半世纪,中国文化保守主义的种

---

[1] 冯桂芬:《校邠庐抗议·采西学议》。

种发展形态,无不继承了它的血脉,打上它的印记。

冯桂芬的"以中国之伦常名教为原本,辅以诸国富强之术"面世后,得到了持续、广泛的响应。同样意思的话语,反复出现在同时代人的著述之中。如王韬为郑观应《易言》写的跋语:"器则取诸西国,道则备自当躬,盖万世不变者,孔子之道也,儒道也,亦人道也。""夫形而上者道也,形而下者器也。杞忧生欲变者器也,而非道也。"又如薛福成的"今诚取西人器数之学,以卫吾尧、舜、禹、汤、文、武、周、孔之道"。① 这就表明,这一思想不是个人的一孔之见,一思之得,而是一个时代的认识成就和一代精英的思想趋向。

仔细分析,"以中国之伦常名教为原本,辅以诸国富强之术"的思想其实还潜藏着这样的隐忧,即中国传统的道德伦理及其制度化的、世俗化的种种成就,已经不能解决中华民族面临的所有难题了,必须"鉴诸国",取众长,才能"更善之善",渡过难关,走向未来。在冯桂芬强烈的"卫道"意绪中,人们也清楚地意识到,中国传统文化的变革,已经是不可避免的大势所趋了。关于这一点,西方学者可谓"旁观者清":"西方科学在十七、八世纪只在观念上对儒家构成潜在的威胁,而没有构成实际的威胁。""鸦片战争以后,欧洲的工业主义和商业事业开始成为传统的中国社会的催化剂。""中国思想的有用性受到了挑战,而且一旦它的有用性问题被提了出来,对它的真理性的疑问也就不可避免了。中国思想的所有派别现在有了一个名副其实的、须认真对待的西方对手。"②

---

① 薛福成:《薛福成选集》,上海人民出版社1987年版,第256页。
② 〔美〕列文森著,郑大华等译:《儒教中国及其现代命运》,中国社会科学出版社2000年版,第42—43页。

第四章 第一面旗帜：
"中体西用"

19世纪60年代以后,洋务运动(历史学界部分学者将其称为中国早期现代化运动)在中国兴起,文化保守主义思想得到了检验和发展的适宜机会。这是从实践对于理论的基础关系而言。如果我们从理论对于实践的指导作用分析,那么,"中体西用"论作为近代中国文化保守主义的第一面思想旗帜,在中国早期现代化运动中,实际上起到了文化纲领的作用。

一、思想家与实行家的结合

通观19世纪60年代以后洋务运动的全过程①,我们可以发现一个显著的事实:运动是思想家与实行家结合的产物。这里的所谓实行家,是指手握行政权力的曾国藩、左宗棠、李鸿章、张之洞等封疆大吏;这里的所谓思想家,是指在19世纪60年代至90年代以幕僚身份活跃在曾、左、李、张身边,出谋划策,以"中体西用"的思路和策略影响幕主,为运动提供决策依据和具体措施建议的冯

---

① 学术界多以甲午战争的失败作为洋务运动的终结。其实,19世纪90年代直至20世纪初年,张之洞在湖北地区的一系列运作,不仅仍然是这一运动的延续,而且是其相当精彩的篇章。

桂芬、王韬、郑观应、薛福成、马建忠、容闳以及周腾虎、赵烈文、王德钧、冯浚光、钱鼎铭、丁日昌、李风苞、钱勋等人。

中国的幕府制度起源于春秋战国时代的贵族养士之风，以后各代不绝如缕，到了晚清，更是出现了一个高峰。其形式主要是地方大员延聘才学之士入幕，担任参谋、咨询、秘书等项工作。这些人被称为"幕宾"、"幕僚"、"幕友"，而民间则一般称其为"师爷"。1840年以后，随着外国资本主义势力的入侵，地方政府、特别是通商口岸所在的地方政府面临的事务范围大大扩充，不仅包括传统的军政、民政事务，而且新出现了涉及外交、通商等领域的种种交涉。各封疆大吏为了应付焦头烂额的内外职事，一般都要聘请相当数量的幕僚。曾国藩出山之初，就广募才士，"倘有血性男子，号召义旅，助我征剿者，本部堂引为心腹，酌给口粮；倘有抱道君子，痛天主教横行中原，赫然奋怒，以卫吾道者，本部堂礼之幕府，待以宾师。"[①] 有研究者统计，曾国藩的幕僚多达400余人，其中重要者就有100余人[②]。曾先后担任曾国藩、李鸿章幕僚的薛福成，将这一时期的幕僚区分为四大类，即"治军书，涉危难，遇事赞画者"、"或骤至大用，或甫入旋出，散之四方者"、"从容讽议，往来不常，或招致书局，不责于公事者"、"凡刑名、钱谷、盐法、河工及中外通商诸大端，或以专家成名，下逮一艺一能，各效所长者"[③]。

洋务大吏身边的幕僚数量庞大，各人的情况不同，所擅长的方面也林林总总。出于本书主题的需要，这里只对具有文化保守主义倾向的幕僚以自己的思想认识影响幕主，并实际推动洋务运动

---

① 曾国藩：《讨粤匪檄》。
② 成晓军：《试论曾国藩幕府盛况空前的原因》，《长白学刊》，2001年4期。
③ 薛福成：《叙曾文正公幕府宾僚》。

进展的事实,作一简要分析。

冯桂芬、王韬、郑观应、薛福成、马建忠、容闳等人入幕的机缘各异。但是,总起来看,一方是满腹经纶切盼用武之地,一方则急需安邦定国的智力支撑。中国士人经世致用的传统,于此处大放光彩。

思想家们的见解,对于实行家们的影响是显而易见的。例如,本书前章论及的冯、王、郑、薛关于时代"变局"的认识,就很得洋务大吏的认同。如薛福成所论:"今日泰西诸国,以其气数之学勃兴海外,履垓埏若户庭,御风霆如指臂,环大地九万里,罔不通使互市。……于是华夷隔绝之天下,一变而为中外联属之天下。"① 这样的观点就完全被李鸿章等所接受:"各国通商传教,来往自如","一国生事,诸国构煽,实为数千年未有之变局。轮船电报之速,瞬息千里,军器机事之精,工力百倍,炮弹所到,无坚不摧,水路关隘,不足限制,又为数千年来未有之强敌。"② 1861 年,"博览群书,留心时务"的赵烈文被曾国藩招至幕下。赵烈文对曾国藩分析国际时事:"西夷政修国治,民力富强",列强觊觎中国已久,"其志不在小,国家之患无甚于是者。"相比之下,发、捻之乱或"足以病我而不足以倾我",或"足以乱我而不足以病我"。为了认清形势,他向曾国藩提出三条建议,一是"求通夷言,习夷字数人,置之左右,再求曾至外洋,其人通晓明白者,叩其底蕴,庶几十得其五矣";二是在各口海关安排数人,"使每日每事汇报,耳目既广,更以深心察之,而后夷事可大略尽也";三是派员游历各国,"遍求其政治、风俗、记

---

① 薛福成:《筹洋刍议·变法》。
② 李鸿章语,《同治朝筹办夷务始末》卷九十六。

第四章 第一面旗帜:"中体西用"

载、简籍、山川险易、赋入多寡,所以强弱之故,以出入参校,则见闻必真。"① 在赵烈文、周腾虎等人的影响下,曾国藩得以在紧张万分的军务中更加关注长远之道,"目前资夷力以助剿济远,得行一时之忧;将来师夷智以造炮制船,尤可期永远之利。"② 而这一认识,正是曾国藩迈步洋务事业的基础。从整个洋务运动的发展阶段看,60、70年代以"求强"为重心,主要建设军工。这一时期,洋务大吏们一门心思想的是"自强以练兵为要,练兵又以制器为先",③"欲求自强之道,……以学作炸炮造轮舟等具为下手工夫",④"中国欲自强,则莫如学习外国利器。"⑤ 70年代以后他们则更重视"求富",涉及国计民生的工商诸业才发展起来。其间转换的原因,既有形势方面的变迁,更有认识方面的深化。就后者而言,薛福成申论的"中国地博物阜,甲于五大洲。欲图自治,先谋自强;欲谋自强,先谋致富。致富之术,莫如兴利除弊"⑥;以及郑观应极力鼓吹的"商战"论,"欲制西人以自强,莫如振兴商务"⑦,其理由是,"兵之并吞,祸人易觉;商之掊克,敝国无形。我之商务一日不兴,则彼之贪谋亦一日不辍。纵令猛将如云,舟师林立,而彼族谈笑而来,鼓舞而去,称心餍欲,孰得而谁何之哉! 吾故得以一言断之曰:习兵战不如习商战。"⑧ 应该说都是颇具启发性的思想

---

① 太平天国历史博物馆编:《太平天国史料丛编简辑》,第三册,中华书局1963年版,第191、192页。
② 曾国藩:《曾国藩全集·奏稿》,第二册,岳麓书社1987年版,第1272页。
③ 奕䜣语,《筹办夷务始末》,同治朝卷二十五,第1页。
④ 曾国藩语,《曾文正公日记》,同治元年五月初七日。
⑤ 李鸿章语,《同治朝筹办夷务始末》,卷二十五。
⑥ 薛福成:《筹洋刍议·商政》。
⑦ 郑观应:《盛世危言·商务》。
⑧ 郑观应:《盛世危言·商战》。

导引。

实行家对于思想家十分倚重。李鸿章欣赏冯桂芬的识见,认为他"喜为经世之学,……洋务机要研究亦深"[1]。1862年,总理衙门设立京师同文馆。冯桂芬认为,"通商纲领,虽在总理衙门,而中外交涉事件则二海口(上海、广州)尤多",建议在两地创办外交学堂,培养专门人才。[2] 李鸿章采纳了这一建议,并指示他代拟奏折,上报清廷。得到准许后,1863年上海建立的广方言馆,就由冯本人主持。薛福成在北洋幕府十余年,不仅参与谋划内外大计,"于时局多所斡旋"[3],而且多次直接捉刀为李鸿章起草重要文稿、书牍。例如,1881年,他为李鸿章代拟关于华商集股设立对外贸易公司的奏折,内中写道:"窃惟西洋富强之策,商务与船务互相表里,以兵船之力卫商船,必先以商船之税养兵船,则整顿通商,尤为急务。""故当今商务未兴之前,各国原可闭关自治。迨风气大开,既不能拒之使不来,惟有自扩利源。"[4] 其实就是将他自己《筹洋刍议》中《商政》一篇的观点略作发挥。为了方便与幕僚商议,李鸿章在自己的签押房外独辟一室,供马建忠和盛宣怀居住,"以应不时之召"[5]。

在具体的学习、采纳西洋"富强之术"的问题上,幕僚的作用也十分明显。1863年,由于张斯桂、李善兰、华蘅芳、徐寿等人的介绍(这些人本身也是技术专家),曾国藩会见了从美国留学归国的

---

[1] 李鸿章:《覆保冯桂芬片》,同治四年七月二十二日,《李文忠公全集》奏稿卷九。
[2] 冯桂芬:《校邠庐抗议·上海设立同文馆议》。
[3] 闵尔昌:《碑传集补》卷十三。
[4] 薛福成:《庸庵文别集》卷一,《代李相伯招集华商闯设公司往英贸易疏》。
[5] 刘体智:《异辞录》,中华书局1988年版,第124页。

容闳。容闳在总督大营住了两周,看到聚集于此的"有候补官员、学者、法学家、数学家、天文学家和机械师"。关于与曾国藩的会见情形,容闳这样记载:

> 在谈话中,他问我按目前情况来看,应该怎么做才能对中国最有利。……我的回答似乎恰恰符合他的已经具体化、并即可付诸实行的意图。随之我也就把我的教育计划束之高阁,而把机器厂的事放在首要地位了。我和总督所谈的,还是照我以前和朋友所谈的一样,谈到先建立机器母厂,然后再生产其他类似的分厂等等,我特别提到制造来福枪问题,这种武器是由许多零件所组成,而且我认为现在所需要的不是一个只适于制造来福枪的机器厂,而是能适用于制造来福枪、大炮、弹药或其他的各种专用机械的机器厂。
>
> "可是关于这类问题,我完全不了解。"他说,"你最好去和华、徐二人商议一下,他们在这方面比我熟悉。你们研究以后,我们再做出决定。"①

两星期以后,曾国藩"决定派我出国,购买专门机械师认为的最适合于中国用的优良机器。同时还由我决定究竟应该到什么地方去采购,是英国、法国还是美国"。容闳不辱使命,从美国购回首批机器,为江南制造总局这个"好望角以东的最大兵工厂之一"的建设,立下头功。容闳认为,"应该把这个厂视为纪念曾国藩的一个永久

---

① 容闳:《我在美国和在中国生活的追忆》(旧译名为《西学东渐记》),中华书局1991年版,第85—86页。

的纪念碑,追念他在中国兴建一座西洋机器厂的宏伟远见。"①

在派遣近代中国第一批留学生的问题上,容闳首倡,曾国藩则有促成之功。1868年,容闳为推进"洋务",提出四项建议,请时任江苏巡抚的丁日昌转呈总理衙门大臣文祥,内容是:一,组织轮船股份公司,且不许外人参股;二,选派青年往外国留学,接受完善之教育;三,开发矿产资源,以间接提倡铁路事业;四,禁止传教士对教民行使任何审判权。容闳表白,在四项建议中,"我真正注重的是第二项,这是我唯一希望得到采纳的一项。"建议送出后,如泥牛入海。容闳"心情不安地等待了至少三年","一直盯住丁日昌,促使他经常向曾国藩提起这个问题。"直到1870年春天,曾国藩到天津处理教案,容闳终于通过丁日昌说服曾国藩等几位钦差,同意联名奏请朝廷采纳自己的建议。迟迟延宕之后,这一年冬天,朝廷"着照所请",曾国藩亲自将好消息告诉了容闳。容闳高兴异常,"这实在是个令人兴奋的消息,对中国教育的设想终于成为事实,在中国历史上开创了一个新纪元。曾国藩召我前往南京,我们见面后作了派遣留学生的各项重要决定:建立一所预备学校;规定留学生的名额;筹划留学生在国外所需经费;规定留学年限。"② 几经周折后,1872年,120名留学生中的第一批30人赴美求学。此时,曾国藩已去世一年了。容闳深情地写道:"所有伟大事业的奠基者,往往由于自然规律的不许可,不能永年,在世时不能亲眼目睹自己所致力的事业的顺利发展。但是,由个人行为和品德所产生的影响在他去世后却留存下来,并将永远存在。"③

---

① 容闳:《我在美国和在中国生活的追忆》,第85—86页。
② 同上,第97—103页。
③ 同上,第105页。

二、"西学中源"说

虽然实行家和思想家已经认清了19世纪中叶以后在中国土地上大张旗鼓地学"夷人"、行"洋务"的必要性与紧迫性,但是数千年声名文物之邦的惯性优势心态毕竟难得一下子放下架子。为了进一步求得自身的心理平衡,同时也借以排除来自顽固守旧派和社会习惯势力的抵制,"中体西用"论者在特别强调中学对于西学的优势和统驭地位时,煞费苦心地发明了"西学中源"说。

从学理上讲,"西学中源"说之所以问世,其实是要解决"中体西用"论在演化过程中遇到的自相矛盾的难题。

"中体西用"命题中的体、用,与道、器一样,是中国传统学术体系中的一对重要范畴。先秦时代的荀子就说:"万物同宇而异体,无宜而有用。"[①] 宋儒程颐以"理"为体,以"象"为用。"至微者,理也;至著者,象也。体用一源,显微无间。"[②] 明清之际的王夫之则以存在为体,以功能为用:"天下之用,皆其有者也。吾从其用而知其体之有,岂待疑哉?"[③] 概而言之,体,指形体、实体、本体;用,指作用、功能、属性。体是第一位的,基本的;用是第二位的,从属的。"中体西用"论正是从中学为基本,西学为补充的含义上来运用体、用概念的。而且,"中体西用"论者多将体、用与道、器配套使用。中学为体,就是坚持形而上的中国孔孟之道;西学为用,就是采纳形而下的西方科技之器。这样做的理由是:

---

① 《荀子·富国》。
② 程颐:《易传序》。
③ 王夫之:《周易外传》卷二。

自形而上者言之,则中国先儒阐发已无余蕴;自形而下者言之,则泰西新理日出不穷。盖中国重道而轻艺,故其格致专以义理为重,西国重艺而轻道,故其格致偏于物理为多,此中西所由分也。然其实言道而艺未尝不赅其中,言艺而道亦究莫能外。其源流固无不合也。[1]

当"中体西用"的思想尚处萌芽状态时,"西用"的含义比较单薄,基本上局限于严格的形下意义,专指工艺、器制。但是,越到后来,随着人们对西方文化了解的深入,"西用"包括的内容便越多。例如,议院的设立,显然与君主专制的"中体"直接对立。陈炽就认为:泰西议院"合君民为一体,通上下为一心",此为"英美各邦所以强兵富国,纵横四海之根源也"。[2] 张之洞的"新学为用"并不仅仅指坚船利炮,也包括"学校、地理、度支、赋税、武备、律例、劝工、通商"等一系列"西政"。实际上,"中体西用"论者大多已经程度不同地看出,"西洋立国,有本有末,其本在朝廷政教,其末在商贾。造船、制器,相辅以益其强,又末中之一节也。"[3] 西洋之末胜于中国之末,其根据还在朝廷政教之本。冯桂芬的"君民不隔不如人",就已经隐约道出其中的道理。

一方面不得不承认西方政教确有优长之处,另一方面又固守孔孟的精义不后退半步。如何消解这一矛盾,"中体西用"论者发明了"西学中源"的理论。其典型的说法是:"所有西法罔不衍我余绪,因我规矩。""余若天学、物学、化学、气学、光学、电学、重学、矿

---

[1] 钟天纬:《刖足集·外篇》。
[2] 陈炽:《庸书·议院》。
[3] 郭嵩焘:《条陈海防事宜折》。

学、兵学、法学、水学、声学、医学、文字、制造等学,皆见我中国载籍。……试取管、墨、关、列、淮南等书,以类求之,根原具在。"①这种看法在当时有相当的普遍性。较早在冯桂芬的《校邠庐抗议》中,即有"中华扶舆灵秀,磅礴而郁积,巢、燧、羲、轩数神圣,前民利用所创始,诸夷晚出,何尝不窃我绪余"。②王韬认为:"中国天下之宗邦也,不独为文字之始祖,即礼乐制度天算器艺,无不由中国而流传及外。"③陈炽则对"流传及外"的具体原因作如下解释:"名物象数之烦,器也,而道亦寓焉。中国大乱,抱器者无所容,转徙而至西域。……阅二千载,久假焉,而不能不归也。"既然如此,"知西法本出于中,则无俟概行拒绝。"④薛福成甚至一一指出西人技艺出自哪一部中国经典:"如《尧典》之定四时,《周髀》之传算术,西人星算之学,未始不权舆于此。""《墨子》一书导西学之先者甚多……如第九卷《经说下》篇,光学、重学之所自出也。第十三卷《鲁问》、《公翰》数篇,机器、船械之所自出也。"⑤郑观应分析"抱器者无所容,转徙而至西域"以后,中西学术的分途:"自大学亡格致一篇,周礼缺冬官一册,古人名物象数之学,流徙而入泰西,其工艺之精,遂远非中国所及,盖我务其本,彼逐其末,我晰其精,彼得其粗,我穷万事之理,彼研万物之质。秦汉以还,中原板荡,文物无存。学人莫窥制作之原,循空文而高谈性理,于是我堕于虚,彼证诸实,不知虚中有实,实者道也。实中有虚,虚者器也。合之则本

---

① 汤震:《论中学西学》,《危言》,光绪十六年本,卷一。
② 冯桂芬:《校邠庐抗议·制洋器议》。
③ 王韬:《原学》,《弢园文录外编》。
④ 陈炽:《庸书·自强》。
⑤ 薛福成:《出使四国日记》,湖南人民出版社1981年版,第68、190页。

末兼赅,分之则放卷无具。"①

以上是关于西学中技艺部分的"中源"解释。至于西学中的政教部分,则被认为主要来自中国的《周礼》。陈炽说:"公法睦邻,犹秉周礼。"② 汤震亦认为,"大抵西人政教泰半本之《周官》。"③ 此外,薛福成还指出,西国之设立议院,还得之于《管子》、《淮南子》中某些篇章的启发。"《管子》云:'量民力,则无不成。不强民以其所恶,则诈伪不生。不欺其民,则下亲其上。'西国之设上议院,颇得此意。""《淮南子》《主术训》曰:'众智所为,则无不成也。千人之群无绝梁,万人之聚无废功。'西国各学各事之所以能胜人者,率用此术,即其用人行政之有议院,工商诸务之有公司,亦合众智以为智,众能以为能,所以鲜有败事也。"④

经过这样一番理论上的弥缝补苴,"西学"之中那些显然难以归纳于形下意义的、关乎政教人心的"西体"方面的内容,便被变相地塞进"中学"那固有的框架之中。这具有双重的意义:其一,它通过曲折的方式,表达了社会思潮对于近代西方资本主义技艺、政教的肯定评价和对社会进行全面变革的初步要求;其二,它以有限度的开放态度,在适合民族文化心理承受能力的考虑之下,将仿效西方、变革社会的方案限制在不根本突破中国传统文化本体这样一种温和的、不彻底的基本构想模式之内。

"西学中源"说的内在逻辑指向非常明白:第一,既然包括西艺、西政的所有"西学"都是从中国传出去的,可见它并没有什么了

---

① 郑观应:《盛世危言·道器》。
② 陈炽:《盛世危言》序。
③ 汤震:《危言》。
④ 薛福成:《出使四国日记》,第191、190页。

第四章 第一面旗帜:"中体西用"

不起,对中学只能居于从属地位;第二,既然西学是中学的后裔,那么采纳西学就不会有丢丑卖国之嫌,无非是"礼失而求诸野"罢了;第三,有了以上理由的铺垫,在"中体"的旗号下学习"西用",就不必羞羞答答,缩手缩脚。对于这样的逻辑结论,薛福成的表达是:"昔者宇宙尚无制作,中国圣人仰视俯察,而西人渐效之。今者西人因中国圣人之制作而踵事增华,中国又何尝不可因之?"[①] 与这段文绉绉的话相比,李鸿章的断语则率直、有力得多:西人"竭其智慧不出中国之范围,已可概见。特其制造之巧,得于西方金行之性,又专精推算,发为新奇,遂几于不可及。中国亦务求实用,焉往不学?"[②] 思想家与实行家的截然风格差异,跃然纸上。

从思想的起源看,"西学中源"的观点最早出现在明末清初[③]。面对耶稣会传教士宣示的近代科学,中国士人即有"西学中源"的说法。如黄宗羲就认为,"勾股之术,乃周公、商高之遗,而后人失之,使西人得以窃其传。"[④] "中国礼仪之争"以后,清廷闭关,此说自然销声匿迹。到了19世纪60年代以后,随着"中体西用"思想的萌生,"西学中源"的观点日见推广。不仅洋务派信奉它,就是维新派的康有为、梁启超等人,也屡屡申发其论。康有为称:"世官为诸子之制,可见选举实为孔子所创"[⑤],"孟子言治天下,皆曰'与民

---

① 薛福成:《西学源出中国》,《薛福成选集》,上海人民出版社1987年版,第581—582页。

② 李鸿章语,见台湾中央研究院近代史研究所编《海防档·机器局(一)》,第14页。

③ 更详细的论述可参见邓建华:《明清之际"西学中源"说考析》,《河南社会科学》1998年第5期。

④ 凌扬藻:《蠡勺编》卷三一。

⑤ 康有为:《孔子改制考》。

同之'。此真非常异义,全与西人议院民主之制同。"① 梁启超认为:议院"虽创于泰西,实吾五经诸子传记随举一义,多有其义者"。"《洪范》之卿士,《孟子》之诸大夫,上议院也;《洪范》之庶人,《孟子》之国人,下议院也。"② 唐才常感叹:"噫!就朱子而言格致,既为西学中之阿卢力士、托德乐、苟精而求之,安知无贝根、达尔文其人者乎? 至西人论性情、脑气、灵魂诸用,亦多与《语类》印合。"③ 耐人寻味的是,到了"中体西用"论退出历史舞台后的20世纪初年,"国粹派"中的刘师培依然在其《中国民约精义》中极力论证,以卢梭《民约论》为代表的西方近代民主思想,在中国古代典籍中都可以找到。由是观之,将"西学中源"说概括为晚清思想界认知中西文化关系的主流观点,是符合历史实际的。④

"西学中源"说的论证方式是典型的中国式非实证性直觉思维。它不是从具体的思想材料的来源和演变分析入手,而是仅仅凭借简单的意义比附和内容关联,就作出断语,因此,类似的大量申述,今天看来都不具备真正的学术史价值。但是,若就一般意义上的中外文化交流的学理探讨,"西学中源"说还是有它的积极意义在。正如有研究者所指出的,第一,它说明了无论古代还是近代,各民族各地区的文化发展,都不是孤立进行的,而是一个互相交流、传播的过程。第二,它说明了具有不同特性的民族文化或地区文化之间,是完全可以而且必然会互相汲取乃至融会的。第三,

---

① 康有为:《孟子微》。
② 梁启超:《古议院考》。
③ 唐才常:《朱子语类已有西人格致之理条证》。
④ 1896年,王仁俊出版了八万余字篇幅的《格致古微》一书,可视为19世纪中叶以降的"中学西源"说的集大成之作。参见曾建立:《〈格致古微〉与晚清"西学中源"说》,《中州学刊》2000年第6期。

它说明了文化交流的主导倾向,是先进的文化向落后的文化的传播。①

在结束本节讨论之前,笔者要强调的是,"西学中源"说服务于"中体西用"论,其文化保守主义倾向非常鲜明。在这一点上,郑观应的如下期望是完全真诚的:

> 今西人由外而归中,正所谓由博返约,五方俱入中土,斯即同轨同文同伦之见端也。由是本末具,虚实备,理与数合,物与理融,屈计数百年后,其分歧之教必浸衰,而折入与孔孟之正趋;象数之学必研精,而潜通乎性命之枢纽,直可操券而卜之矣!②

三、中国早期现代化的文化纲领

中国人初识现代化的必要性与必然性,是从本土古已有之的仁义道德在异域番邦的坚船利炮面前一败涂地开始的。因此,在认同现代化的文化思路方面,中国人必须要同时完成两层意义上的跨越。其一,在古今关系上,要跨越传统的"天不变,道亦不变"的僵化历史观;其二,在中外关系上,要跨越传统的"非我族类,其心必异"的狭隘"夷夏"观。而这两层意义上的跨越,都不得不面对政治保守派与民间习惯势力的顽强阻碍。从这个意义上讲,"中体

---

① 见丁伟志、陈崧:《中西体用之间》,中国社会科学出版社 1995 年版,第 153—154 页。需要说明的是,以上三条,丁、陈二位先生用的是"证实了",而笔者以为用"说明了"更为精确。

② 郑观应:《盛世危言·道器》。

西用"论正是思想观念方面力图打破坚冰、开辟航路的产物。

鸦片战争时期,林则徐、魏源等虽然已经认识到"有用之物,即奇器而非淫巧",主张"师夷长技",但是,他们对"夷"之"长技"看得过于简单,以为只须闽粤两省派些能工巧匠,"一年而可习,二年而可精。"① 更重要的是,当时即使是思想较为激进的有识之士提出的社会振刷措施,也不过如龚自珍自己所评价的:"何敢自矜医国手,药方只贩古时丹"②,思想依然停留在中古时代的水平。20 年后的冯桂芬,对于中西文化的比较,明显比林则徐、魏源有了质的深入。不仅承认船坚炮利不如人,而且承认"人无弃才不如人,地无遗利不如人,君民不隔不如人,名实必符不如人"。在提出"改科举"、"制洋器"、"采西学"等具体建策的基础上,他把自己的主张归纳为"以中国之伦常名教为原本,辅以诸国富强之术"。冯桂芬虽然没有揭示"体"、"用"的字汇,但是已经十分明确地表示了移花接木地将西方近代资本主义文化之"用"与中国传统文化之"体"相嫁接的思想。70 年代以后,王韬、郑观应、薛福成、马建忠等人沿着冯桂芬的思路继续推进,一方面呼吁发展工艺科技,振兴外贸商务,建立新式学堂,甚至提出仿行西方议会制度,另一方面仍坚持"器则取诸西国,道则备自当躬"。他们超出冯桂芬之处,在于运用了中国传统学术范畴中的道、器、本、末、形而上、形而下等概念来辩明中西文化的优劣、主从关系,理论思辨色彩更加鲜明。"形而上者中国也,以道胜;形而下者西人也,以器胜。如徒颂西人,而贬

---

① 魏源:《海国图志》卷二。
② 龚自珍:《己亥杂诗》之四十四,《龚自珍诗文选》,人民文学出版社 1993 年版,第 185 页。

己所守,未窥为治之本原者也。"①

进入20世纪90年代,中国的现代化在内忧日甚、外患日迫的局势下艰难前行。中西文化在军事、政治、经济等领域内发生更加深入的碰撞与融会。尖锐的矛盾、紧迫的时局促使士林中人试图提出更具纲领性的理论主张,以导引现代化的路径。"中体西用"说应运而生。梁启超这样描述它的问世情形:

> 甲午丧师,举国震动,年少气盛之士疾首扼腕言"维新变法",而疆吏李鸿章、张之洞辈亦稍和之。而其流行语,则有所谓"中学为体,西学为用"者,张之洞最乐道之,而举国以为至言。②

梁启超所谓的"流行语"、"举国以为至言",正说明"中体西用"之说的广泛传播和深刻影响,说明它当时确实起到了文化纲领的作用。

人们一般误将张之洞认作"中体西用"说的首倡者。其实,在他之前,这一提法已屡见报章。1893年,郑观应的《盛世危言》问世,其中的《西学》篇就说:"中学其本也,西学其末也。主以中学,辅以西学。"1896年,沈寿康在《匡时策》中也说:"中西学问本自互有得失,……宜以中学为体,西学为用。"同年8月,孙家鼐在《遵议开办京师大学堂折》中,将"中体西用"说阐发得更加明白:

> 今中国创立京师大学堂,自应以中学为主,西学为辅,中

---

① 王韬:《弢园尺牍》。
② 梁启超:《清代学术概论》二十九,《梁启超史学论著四种》,岳麓书社1985年版,第92—93页。

学为体,西学为用;中学有未备者,以西学补之;中学有失传者,以西学还之;以中学包罗西学,不能以西学凌驾中学。

在这种舆论背景下,1898年5月,张之洞撰成《劝学篇》,其《设学》一章中提出"学堂之法约有五要",第一条就是:

新旧兼学,四书五经、中国史事、政书、地图为旧学;西政、西艺、西史为新学。旧学为体,新学为用,不使偏废。

这一段话与光绪皇帝"诏定国是"中的"自王公至于士庶,各宜发愤为雄,以圣贤之学植其根本,兼博采西学之切时务者,实力讲求,以成通达济变之才"[①] 要旨十分吻合,因此得以"颁行天下",广为传播。

毋庸讳言,同是信奉"中体西用"说的人,各自的直接目的并不一致。冯桂芬、王韬、郑观应、薛福成、马建忠等人探讨"中体西用",是为了在传统文化的一统天下之中,为新思想的立足打进一个楔子,为的是让"西用"得以在"中体"内存身。洋务大吏们以"中体西用"为旗号,本意却是以"西用"来捍卫"中体",这其中既包括用西方的先进火炮来镇压太平天国农民军,以扶正摇摇欲坠的专制朝廷,又包括面对咄咄逼人的西方列强,有必要用"西艺"、"西技"来增强清廷的力量,保全"天朝上国"的脸面。至于维新派也对"中体西用"表现出强烈的兴趣,那是机敏地将这一现成口号服务于自己的变法活动。康有为的"托古改制"论与"西学中源"说异曲

[①] 朱寿朋编:《光绪朝东华录》第四册,中华书局1958年版,第78页。

同工,且又有所发展。为了改铸孔子的形象,使之成为"素王改制"、"布衣变法"的保护神,康有为一再鼓吹"近年西政西学日新不已,实则中国圣经、古子先发其端,即历代史书、百家著述,多有与之暗合者"。① 将中国的"至圣先师"孔子,打扮成资产阶级的"圣人",正是典型的纳"西用"入"中体"的套路,只不过手法更加高明而已。

时至今日,我们已有充分的理由和依据来批评"中体西用"论在理论上、逻辑上的种种缺失。其中最突出的,就是它违背了传统的体用相关、体用不二的基本精华,将文化本体与其功能属性、物质文化与精神文化割裂开来,正如严复所引证批评的:"体用者,即一物而言之也。有牛之体,则有负重之用;有马之体,则有致远之用。未闻以牛为体,以马为用者也。中西学之为异也,如其种人之面目然,不可强谓似也。故中学有中学之体用,西学有西学之体用,分之则并立,合之则两亡。议者必欲合之而以为一物。且一体而一用之,斯其文义违舛,固已名之不可言矣,乌望言之而可行乎!"② 但是,这并不妨碍我们对于"中体西用"论的认识价值和历史意义做出实事求是的评价。作为中国早期现代化的文化纲领,它毕竟为古老的中华文化汲纳现代西方文化的营养,创造了当时条件下可能的理论模式。我们今天可以批评"中体西用"论的浅薄、机械和似是而非,但是却无法否认它适合民族文化心理的承受能力,代表民族文化自觉变革图强的求索精神,积极谋求中西文化的建设性交融,在实际推动中国早期现代化方面,起到了筚路蓝

---

① 康有为:《上海强学会章程》。
② 严复:《与外交报主人书》,《严复集》第三册,中华书局 1986 年版,第 558—559 页。

缕、以启山林的作用。

四、是非功过张之洞

在洋务运动的发展史上,张之洞是殿军式人物。19世纪90年代以后,曾国藩、左宗棠已经离开这个世界,李鸿章也日渐从个人威望的顶峰上跌落,唯有张之洞继续将"洋务"新政推向前进,在他久任疆寄的湖北地区,励精图治,以一系列的重大建树,掀起了这一运动后期的辉煌高潮。他排除万难,百折不回,在鄂建立起包括冶金、矿业、军工、纺织等行业的门类比较齐全的近代大工业体系。亚洲第一家大型钢铁联合企业汉阳炼铁厂,晚清最先进的大型军工企业湖北枪炮厂,以及华中近代纺织工业的奠基石湖北丝麻四局相继屹立在九省通衢的武汉。他一手督建的1200公里卢汉铁路(卢沟桥至汉口)大大推动了全国铁路事业的拓展。民营工商业蓬勃振兴。新式教育初步形成实业教育、普通教育、师范教育和留学教育相配套的完整系列。他编练的湖北新军,是晚清仅次于北洋六镇的精锐之师。

张之洞不仅是精明干练的"能吏",而且是风流博雅的"儒臣"[1]。梁启超评论他是"中体西用"论的"最乐道之"者,其主要依据,就是他于1898年撰成的、在近代中国文化保守主义发生史上有重要影响的《劝学篇》。《劝学篇》一经问世,立即激起巨大的社会反响。光绪帝认为它"持论平正通达,于学术人心大有裨益",命

---

[1] 关于张之洞集儒臣与能吏于一身的政治风格,详见冯天瑜、何晓明:《张之洞评传》,南京大学出版社1991年版,第223—259页。

令军机处转发此书,各省督抚、学政人手一册。同时要求各地广为刊布。有研究者估计,总刊印量不下200万册①。这在19世纪末年,不啻为一个天文数字。后来,它还被译成英、法两种文字,在欧、美出版。在《劝学篇》中,张之洞立足于自己的洋务实践,论列了"中学为内学,西学为外学,中学治身心,西学应世事"②的系统理论,将"中学为体,西学为用"的思想,以学术专著的形式明白晓畅地表达出来。关于本书的写作动因,张之洞宣示如下:

> 今日之世变,岂特春秋所未有,抑秦、汉以至元、明所未有也。……海内志士,发愤扼腕。于是图救时者言新学,虑害道者守旧学,莫衷于一。旧者因噎而食废,新者歧多而羊亡。旧者不知通,新者不知本。不知通则无应敌制变之术,不知本则有非薄名教之心。夫如是,则旧者愈病新,新者愈厌旧,交相为愈,而恢诡倾危乱名改作之流遂杂出其说以荡众心。学者摇摇,中无所主,邪说暴行,横流天下。……乃规时势,综本末,著论二十四篇,以告两湖之士。海内君子,与我同志,亦所不隐。③

在此之前,"中体西用"的信奉者,或者以鼓吹为能事,或者以实行为表态。以理论与实践的结合论,张之洞及其《劝学篇》,不仅在当时,而且在以后数十年间,都罕有出其右者。

张之洞能够写出《劝学篇》,一方面有赖于丰富的实际经验作

---

① 见陈山榜:《张之洞劝学篇评注》,大连出版社1990年版,第13页。
② 张之洞:《劝学篇·会通》。
③ 张之洞:《劝学篇·序》。

材料,另一方面更有赖于自身厚重的学术根基和文化人格作构架。

张之洞具有自觉的儒家续统意识,向以"儒臣"自居,"余当官为政,一以儒术施之"[1]。儒家的创始人孔子的基本学理思路是,将外在的社会公正、历史传统,内化为个人自觉的道德精神,从整顿社会关系中最基本的家庭人伦入手,并以家国同构原则推而广之,最终实现个体与群体的人格完善,从而达到社会的和谐。这一思路深刻启发了后世儒者,推衍出一整套正心诚意、修身齐家、治国平天下的理论。孔子的"仁"学,也随之深化为内在的伦理论(内圣之学)与外在的政治论(外王之学)二者相辅相成的完整体系。相随张之洞20余年的幕僚辜鸿铭评论道:

> 三公论道,此儒臣事也;计天下之安危,论行政之得失,此大臣事也。国无大臣则无政,国无儒臣则无教。政之有无关国家之兴亡,教之有无关人类之存灭。……文襄之效西法,非慕欧化也;文襄之图富强,志不在富强也。盖欲借富强以保中国,保中国即所以保名教。吾谓文襄儒臣者以此。[2]

儒臣一语,正是对张之洞"内圣"与"外王"统一的文化人格的精辟概括。

在"内圣"方面,张之洞笃信"修己以安人"[3] 的先儒教诲。他一生清廉,"自居外任,所到各省,从不用门丁,不收门包,不收馈赠

---

[1] 张之洞:《张文襄公全集》卷二一三,傅鲁堂诗集序。
[2] 辜鸿铭:《张文襄幕府纪闻·清流党》。
[3] 《论语·宪问》。

礼物。"[①] 辞世之时,连治丧费用,都是出自门人、僚属的赙襚。张之洞一生政敌不少,但对其品行德性,却未见攻讦之词传世。《清史稿》载"一时称贤"[②],是大致公正的评价。

在"外王"方面,张之洞也确有独到之处。他曾颇为自得地对僚属归纳自己的行事规则,"总不外中庸勉强而行四字"[③]。他以"中庸"行政,"事欲常行必先从暂行起,欲停办必先从缓办起,百事皆然,历历不爽"[④];他以"中庸"治吏,"水清者无鱼,人察者无徒"[⑤];他以"中庸"谏主,"高论不启蒙,强谏不悟主"[⑥]。他甚至这样总结为臣之道:"不聪不明不能为王,不痴不聋不能为公"[⑦]。话说到这个份上,实在令人叹为观止。

"外王"之学,本质上体现的是一种中国传统政治文化特有的实用理性。在不违背"先王之道"基本精神的前提下,如何实现政治举措的最佳事功效果,是"外王"之学的终极目标。就此而论,张之洞超越于一般"陋儒"的卓绝之处,正在于他主张"守道之儒"须"兼为识时之俊"[⑧],并以"识时"为基准,充实、完善自己的"外王"之术。从1882年出任晋督开始,他逐渐向洋务派转化,建设近代机器工业以增强经济实力,购置先进武器、组建新式军队以巩固统治秩序,开办新学堂以培育社会急需人才,在所辖境内,以超乎同

---

① 张之洞:《张文襄公全集·抱冰堂弟子记》。
② 赵尔巽:《清史稿》卷四三七。
③ 张之洞:《张文襄公全集·抱冰堂弟子记》。
④ 张之洞:《张文襄公全集》卷二二〇,致张野秋。
⑤ 张之洞:《张文襄公全集》卷二二六,连珠诗之九。
⑥ 张之洞:《张文襄公全集》卷二二六,连珠诗之十二。
⑦ 张之洞:《张文襄公全集》卷二二六,连珠诗之二十六。
⑧ 张之洞:《张文襄公全集》,奏议四十七。

侪的政绩,取得令世人瞩目的"外王"成功。

张之洞追求"内圣"与"外王"相统一的主观努力毕生不懈,但在操作过程中涉及具体价值判断与抉择的诸多场合,他的文化人格又呈现明显的内在矛盾。道德与功利、心与物、本与末、形而上与形而下,在他的心理—行为系统中,经常处于一种不相协调的两难对立状态。这正是新旧、中西文化在他思想中激烈冲突的反映。

新旧异质文化在同一个体脑海里冲撞并深刻影响他的文化人格及现实行为,是历史大变革时期屡见不鲜的社会现象。"在文化快速变迁的情境中,传统用以穿越迷津的方式可能不再适用;新的目标出现了,而通向目标的道路虽可揣测但还窒碍难行。个人可能变得有点同时受两个文化的影响,可能利用传统的价值与伦理肯定新的行为策略。不然两种生活方式可能会被隔开,让个人在其间游走。这就需要在认知上有一次复杂的重组,让个人重新构思新的世界观,构思应付世界的新策略以及新道路。"[1]

张之洞承认,"沧海横流,外侮洊至,不讲新学则势不行"[2],但他同时又强调,"物曲虽博取,王制乃常宗"[3]。他一方面批评守旧者"不知通"、"因噎而食废",另一方面又批评开新者"不知本"、"歧多而羊亡"。如何将中学与西学、旧学与新学的相互关系处理得恰如其分,是张之洞时时萦怀于心的绝大题目。他的结论是:"枢纽只在此化新旧之见五字"[4]。上升到文化纲领、文化人格上,他将这一认识表述为"旧学为体,新学为用"。

---

[1] 基辛语,转引自高瑞泉等:《人格论》,上海文化出版社1989年版,第249页。
[2] 张之洞:《劝学篇·守约》。
[3] 张之洞:《张文襄公全集》卷二二六,连珠诗之十三。
[4] 张之洞:《张文襄公全集》卷一七一,致江宁刘制台等。

据此,张之洞声明,他处理"世事"、"身心"的文化原则是双重的:"中学治身心,西学应世事"①。治身心以理、德为准,应世事以势、力为准。"夫理之用谓之德,势之用谓之力。忠信、笃敬,德也,此中国之所长也;大舰、巨炮,力也,此西洋各国之所长也","于是踌躇满志而得一两全之法,曰:为国则舍理而言势,为人则舍势而言理。"② "为人则舍势而言理",即弘扬中国传统德行以正人心,亦即"内圣"的光大;"为国则舍理而言势",即学习西方科技工艺以维国势,亦即"外王"的发展。依本前者,张之洞不仅身体力行忠孝节义的纲常名教,而且竭力对抗民权理论、立宪政治等资本主义文化精华的传入。遵循后者,他又力辟视西艺西技为洪水猛兽的顽愚观念,大力引进机器产业,发展交通邮电,开办近代学堂,编练新式武装。对他的前一面,西太后赞赏有加,而革命党人则视其为死敌;对他的后一面,维新派引为同道,而顽固派却痛心疾首,斥责为"徒资逆用","殊堪浩叹"。

要而言之,处理"世事"的"身心"的双重原则,铸就了张之洞文化性格的"两面人"形象。"两面人"在这里丝毫不意味着道德评价的贬义。因为无论哪一面,张之洞都是真诚的,并无老于世故的狡诈,而是"公忠体国"的率真流露。对于"中学治身心",他是将其提到"圣人所以为圣人,中国所以为中国"③的命根所系的高度来认识;同样,他鼓吹"西学应世事",也是迫于外患日逼,如抱残守缺,"顽固如故,虚骄如故,老团未出之说如故","贪昏如故,废弛如故,

---

① 张之洞:《劝学篇·会通》。
② 辜鸿铭:《张文襄幕府纪闻·权》。
③ 张之洞:《劝学篇·明纲》。

蒙蔽如故",则"中国断不能支矣"①。左右为难之间,张之洞精心铸造出"旧学为体,新学为用"的双刃剑,一面对付"旧者不知通",一面对付"新者不知本"。这在当时就受到来自两方面的尖锐批评:

> 公之初至鄂也,购机制械,提倡西艺,日不暇给,士夫之守旧者,以此病公,拟为变法之王安石。及庚子后,朝野昌言变法,异说飙起,言新者又诋公未窥西学途径。②

两面作战从来就是困难的事业,但并非绝无成功的可能。问题的关键在于,张之洞所持双刃剑的"开新"与"卫道"两锋面之间,无法形成有机的整体,而是依靠"西学中源"说的铆钉生硬地铆接在一起。为了论证"圣经之奥义,而可以通西法之要指",以期说明"开新"与"卫道"的逻辑一致性,张之洞提出,《中庸》讲尽物之性,是西学格致之义;《论语》讲工利其器,是取新式机器之义;《尚书》讲谋及卿士及庶人,是上下议院互相维持之义;《大学》讲生之者众,食之者寡,是西人富国策之义。如此简单比附,不仅阉割了新学,而且也歪曲了旧学本身。

如果以中国传统的儒家文化人格标准来衡量,张之洞可以说实现了立德(不仅口碑在民,而且有抱冰堂、风度楼等纪念性建筑遗世③)、立功(毛泽东曾说,讲到中国近代重工业的发展,"不能忘

---

① 张之洞:《张文襄公全集》卷一七一,致江宁刘制台等。
② 张继煦:《张文襄公治鄂记》,湖北通志馆1947年版,第54页。
③ 1907年,张之洞奉旨入京,授大学士。为纪念其在鄂政绩,湖北军界建抱冰堂,学界建风度楼。风度楼因建设长江大桥而拆除,抱冰堂现恢复于蛇山。

记张之洞")、立言(有《张文襄公全集》等数百万言著述传世)的人生"三不朽"。但是,发人深省的是,在一定意义上讲,正是他苦心孤诣开创的功业,恰恰促成了他所极力防范的政治革命的爆发。

张之洞辞世后两年,在他"久任疆寄"的湖北省城武昌,爆发了震惊中外的辛亥首义,中国大地上存在两千余年的君主专制制度因此而寿终正寝。人们探讨"辛亥革命曷为成功于武昌乎?"发现答案竟然与张之洞有关:

> 抑知武汉所以成为重镇,实公(指张之洞——引注)二十年缔造之力也。其时工厂林立,江汉殷赈,一隅之地,足以耸动中外之视听。有官钱局、铸币厂,控制全省之金融,则起事不虞军用之缺乏。有枪炮厂可供战事之源源供给。成立新军,多富于知识思想,能了解革命之旨趣。而领导革命者,又多素所培植之学生也。精神上,物质上,皆较彼时他省为优。以是之故,能成大功。虽为公所不及料,而事机凑泊,种豆得瓜。①

"事机凑泊,种豆得瓜"之语,既注意了历史进程的必然性与偶然性的统一,又挑明了历史人物的主观动机和客观效果的关系。这种主观与客观的背离,正是文化保守主义思想的内在矛盾在张之洞文化人格中的体现。

文化保守主义既不同于顽固抵制一切进步变革的抱残守缺主义,又不同于主张快变、全变的文化激进主义。在文化变革的力度

---

① 张继煦:《张文襄公治鄂记》,第7页。

和速度方面,它主张缓变、渐变;在文化变革的内涵方面,它主张变与不变的统一,认为民族传统文化的某些层面(如器用层面及制度层面的外沿部分)是可以变、必须变的,而另一些层面(如伦常层面及制度层面的核心部分),则是不可变、不当变的;在文化变革的趋向方面,它不一般地肯定文化的世界性、人类性,而是强调文化的民族性、国度性。就主张中华文化的器用层面及制度层面的外沿部分(如教育制度、军事制度)必须追随现代化潮流而变化的紧迫感而言,张之洞的文化人格体现出与时代发展的同步性,在当时起到了开风气之先的积极作用。而就中华文化的伦常层面及制度层面的核心部分(即君主专制政体)万万不可变,变之将"国将不国"的忧心忡忡而言,他的文化人格又体现出时代的滞后性。尤其是当19、20世纪之交,新旧社会制度的更替已接近临界点之际,他仍然"知其不可而为之",力图通过变"用"不变"体"、换汤不换药的"新政"来拯救专制制度的最终败亡,在完成"公忠体国"的儒臣形象的塑造的同时,也就确立了自身旧时代的终结者、而非新社会的开创者的根本定位。

第五章 历史的"怪圈"

中国近代思想文化史上有一个近乎规律的"怪圈":许多曾经激进的思想斗士,后来却"倒退"成为"保守"力量的中坚。在中西文化关系方面,一度鼓吹学习西方的积极分子,甚至完全由西方文化培育出来的饱学之士,到头来却成了极力捍卫中国传统文化的"卫道士"。这一历史的"怪圈"在康有为、严复、辜鸿铭的思想进程中都有鲜明的显现。

一、康有为的"倒退"

在近代思想文化史研究中,认为康有为晚年"倒退"甚至"堕落"是比较有代表性的观点。例如,汤志钧的《戊戌变法人物传稿》就认为,"至政变以还,有为渐趋沉沦,终且蜕变,亦有其过程,不得谓甫遭株连,即形堕落也。"尤其是"辛亥革命,有为无皇可保,又煽'虚君共和'之邪说,鼓尊孔崇教之诐辞,欲'弭暴乱'以'复秩序','尊国粹'而'整纪纲',遂致应机复辟,祸始京邑,鱼烂四方,先进之中国人,转为'复辟之祖师爷'矣。"[①]

[①] 汤志钧:《戊戌变法人物传稿》(增订本)上册,中华书局1982年版,第24至25页。汤先生还有《论康有为和保皇会》一文,"对康有为的'由好变坏',进行初步探索。"见《康有为与戊戌变法》,中华书局1984年版,第80—95页。

在康有为的思想体系中,君主情结和孔教情结始终纠缠在一起。前者主导了他的"保皇"立场,后者则主导了他的"保教"立场。归结到一起,即文化保守主义的思想倾向非常鲜明,且一以贯之。就此而论,也就无所谓"倒退"甚至"堕落"。

戊戌失败以后,康有为被迫流亡海外。在十余年的颠沛流离生活中,他一直坚持"救圣主而救中国"① 的努力,把光绪皇帝和变法联系起来,本质上就是把"忠君"和"救国"联系起来。他坚决反对激进的暴力流血革命,"屡引法国大革命为鉴",认为"今日但当开民智,不当言兴民权"。对他的这种态度,梁启超"不禁讶其与张之洞之言甚相类也"②。进入 20 世纪,当革命形势已成人心所向,康有为的许多门人弟子如梁启超等人的"保皇"立场也发生动摇之际,他的说法有所修正,称"今欧、美各国所以致富强,人民所以得自立,穷其治法,不过行立宪法,立君民之权而止,为治法之极则矣"。他提醒时人,"戊戌时,皇上即欲开议院,行立宪以予民权";而"今天之言革命者,其极亦不过欲得成立宪政治,民有议政权耳。若皇上复辟,则自然而得之,不待兵革"。③ 为此,康有为不惜修正戊戌以前精心构筑的大同"三世"说,改称两千年的中国一直是"据乱世",只有经过"公议立宪",才能进入"升平世"。至于"太平世"(大同世界)的实现,今日还不具备条件,"万无一跃超飞之理,凡君主专制、立宪、民主之法,必当一一循序行之,若紊其序

---

① 1899 年《告各埠保皇会书》,转引自《康有为与戊戌变法》,中华书局 1984 年版,第 82 页。

② 梁启超:《致南海夫子大人书》,《梁任公先生年谱长编初稿》。

③ 康有为:《致罗璪云书》,光绪二十八年四月二十七日。转引自《康有为与戊戌变法》,中华书局 1984 年版,第 85 页。

则必大乱。"① 而在此前,他以为当时的中国已经是"升平世"(小康),通过维新变法,就可以进入"太平世"(大同世界)了。1906年9月,清政府宣布"预备立宪",康有为大受鼓舞,以为"今上不危,无待于保"。1907年3月,他将保皇会改为帝国宪政会,其章程申明:"本会名为宪政,以君主立宪为宗旨,鉴于法国革命之乱,及中美民主之害,以民主立宪万不能行于中国,故我会仍坚守戊戌旧说,并以君民共治、满汉不分为本义。"② 这里特别值得注意的是"仍坚守戊戌旧说"一语。1898年的康有为主张君主立宪,十年以后的康有为,主张依然不变。但此时的康有为对于君主立宪的认识,较之戊戌年代,已有新的体悟。去国之后,他游历美、欧、亚洲诸国,特别留心考察各国宪政,比较其优劣短长,结论是德国最善:"今欧洲骤强之国,武备、文学、政治、工艺、农商并冠大地者,莫如德矣。"康有为特别欣赏德国"惟既立宪法之后而又一君专制","盖有议院立法以维之,故大经大法不紊;有地方自治分之,故事理纤悉皆举;有铁路、电线、电话佐之,故用意神而举事速。此各国所同,而德独加一明察勇敏之专制君主,操纵而妙用之。"③ 他既羡慕德国的一君专制,"百政皆行",俾斯麦才得以做了20年宰相,完成了国家的统一;更希望有朝一日,自己能成为中国的俾斯麦。"吾游欧美,各国人士多谓君他日当为东方俾斯麦,则吾岂敢。然政略之美,平生所慕。"④ 由此观之,在康有为看来,以德为师不仅

---

① 康有为:《答南北美洲诸华侨议中国可行立宪不可行革命书》。
② 康有为:《与任勉博三子书》,光绪三十三年九月二十九日。转引自《康有为与戊戌变法》,第89页。
③ 康有为:《康有为遗稿——列国游记·德国游记》,上海人民出版社1995年版,第154页。
④ 同上,第101页。

是中国政治的合理选择,而且也是实现个人政治抱负的绝好机遇。实事求是地说,这时的康、梁,与朝廷的立场也并非完全相同。立宪派的利益决定了他们也有自己的政治要求。但是,在考虑政治对手时,他们的主要矛头所向十分明确。用梁启超的话说:"今者我党与政府死战,犹是第二义;与革党死战,乃是第一义。"①

范文澜先生有一个著名的观点,即"辛亥革命是资产阶级革命派立宪派共同的行动"。"武昌首义,立宪派加入了革命阵营。革命派声势大,立宪派实力大,因而形成这样的局面,即革命派打先锋,立宪派接收政权。……形式上是革命派获得胜利,实际上是立宪派获得胜利。立宪派参加革命同时又破坏革命,而革命果实,立宪派所得比革命派多得多。它需要袁世凯式的大总统代替清朝的皇帝,全国政权终于落在袁世凯手里,立宪派是出了力的。"② 这一精辟论断,对于我们分析、评价康有为从戊戌到辛亥的思想进程,有重要的启发作用。

君主立宪是资产阶级政治的基本形式之一。从戊戌到辛亥,康有为始终为之奔走呼号,在其过程中,既与清廷斗,也与革命派斗;其利益动机,既有阶级的,也有派别的。其学理依据,则是一以贯之的渐进式、非暴力的温和政治改良。就此而论,他的文化保守主义的立场并无根本转移,政治运作的策略也没有本质变化。所以,在这里使用"进步"、"倒退"之类的判语,似有隔靴搔痒之嫌。有论者可能会以"时代变了,思想也应与时俱进",否则就是"落后"、"倒退"来辩驳。问题在于,康有为心目中的君主立宪,是他对

---

① 梁启超:《与夫子大人书》,光绪三十二年十一月,《梁任公先生年谱长编初稿》。
② 范文澜:《范文澜历史论文选集》,中国社会科学出版社 1979 年版,第 139 页。

中国现实分析之后得出的政治结论和政治理想。而且,就当时的中国而言,无论19世纪末还是20世纪初,相对于现存的君主专制来讲,争取实现君主立宪毕竟是一种合理的、符合历史前进方向的政治要求。他毕竟代表了相当一部分社会成员的政治选择。范文澜所谓的"立宪派实力大",就是对这一历史真实的肯定。分析晚清政治舞台上的三股主要力量——顽固派、立宪派、革命派之间的错综复杂关系时,我们应把握的一条基本原则是:从代表历史前进的方向看,立宪派、革命派之间虽有争斗,有时甚至语言十分激烈,如上文所揭的"我党与政府死战,犹是第二义;与革党死战,乃是第一义"等等,[1]但是,这些都不能成为否定他们之间的政治同盟军基本性质的理由。革命派与立宪派的论战,说到底,是政治路线和策略的辩论,而不是阶级利益的根本冲突。从思想路线上看,革命派奉行的是文化激进主义,而立宪派奉行的则是文化保守主义。孙中山是前者的领袖,康有为是后者的代表。他们是同时代人,对社会矛盾与社会性质的基本认识也在同一水平线上。

长期以来,对康有为的更严厉的批评集中在他辛亥以后反对共和、鼓吹尊孔读经、拥戴袁世凯称帝的言行方面。这也需作具体分析。

1911年10月武昌首义发生后,康有为立即写了《救亡论》,承认革命大潮不可阻挡,但革命后将会遇到外认难、拒外难、割据难、立主难、内讧难的"五难"。经过了从"国为君有"到"国为公有,君

---

[1] 其实,革命派方面,类似的言论也不少。例如,《汉帜》上发表的刘道一的文章《驱满酋必先杀汉奸论》中,就有"杀汉奸必杀康有为、梁启超","杀汉奸必杀庆祝立宪党"的段落。见《辛亥革命前十年间时论选集》第二卷,下册,三联书店1963年版,第857—858页。

民共之"的革命,中国应建立什么样的国家?康有为的主张是虚君共和国。"虽有君主,不过虚位、虚名而已"。谁来当这个"虚君"呢?最佳选择是"公立孔氏之衍圣公",由孔子后裔来担任。显然,"虚君共和"不过是康有为的一厢情愿罢了。袁世凯就任大总统,北京政府成立,康有为只得接受共和的现实,转而将自己的主要力量投入到鼓吹孔教方面。"欲存中国,先救人心"①,"欲不亡中国乎,必然自至诚至敬尊孔教为教主始也。"② 他希望在共和制下保存更多的"国粹","中国之旧法,经累圣群贤的测验,阅百十千年之变迁",其中最宝贵的就是孔子的学说。如按孔学"以治共和之世,吾国人正可欢欣恭敬",不仅国人可享受"大同之乐",而且还可"推之大地与万国共乐之","中国之强可计日而待也。"③ 他竭力呼吁:"诸君子而有意保中国,则不可不先保中国魂也,中国之魂维何? 孔子之教是也。"④

康有为所言,明显表露了他对共和现实的不满。"自共和以来,教化衰息,纪纲扫荡,……盖自羲、轩、尧、舜、禹、汤、文、武、周、孔之道化,一旦而尽,人心风俗之害,五千年未有斯极。"⑤ 这里需要分析的是,康有为的这股怨气不能说完全没有根据。他既表露了对政治革命方式的一贯敌视,也不排除对于民国之初社会动荡不安、党争乌烟瘴气以及袁世凯"新贵族"集团种种劣迹的愤懑之情。正如有研究者所指出的:"民国建立以后种种不如人意之处,

---

① 康有为:《孔教会序》,《不忍》杂志第 2 期。
② 康有为:《中华救国论》,《不忍》杂志第 1 期。
③ 同上。
④ 康有为:《中国学会报题词》,《不忍》杂志第 2 期。
⑤ 康有为:《中华救国论》,《不忍》杂志第 1 期。

特别是袁世凯及北洋政府对内对外的倒行逆施,使共和变味、变质,极大地伤害了康有为的爱国主义感情,是否也对他迅速放弃附和共和主张产生了一定作用呢?这是值得考虑的。"①

此时,康有为的思想完全为文化保守主义所支配。追寻"传统",固守"权威"是他的基本立场和行事准则。长期以来,对民初康有为的尊孔言行,学界多以其襄助袁世凯复辟为批判根由,给予全盘、彻底的否定。这是不公允的,起码是不全面的。康有为在民初极力鼓吹尊孔读经,既是针对现实政治的策略选择,更是他文化人格的本质显现。梁启超曾说:"先生为进步主义之人,夫人而知之。虽然,彼又富于保守性质之人也,爱质最重,恋旧最切。……其于中国思想界也,谆谆以保存国粹为言。盖先生之学,以历史为根柢,其外貌似激进派,其精神实渐进派也。吾知自今以往,新学小生,必愈益笑先生为守旧矣。虽然,苟如是,是中国之福也。"②

其实,康有为推崇孔子学说,争取将其立为"国教"的努力,并不自民初始。早在戊戌以前的1895年,他在《上清帝第二书》中,便提出"今宜亟立道学一科,其有讲学大儒,发明孔子之道者,不论资格,并加征礼,量授国子之官,或备学政之选"。"并令乡落淫祠,悉改为孔子庙,其各善堂会馆俱令独祀孔子,庶以化导愚民,扶圣教而塞异端。"③这一年成立的强学会,宗旨之一便是"以孔子经

---

① 冯祖贻:《从〈不忍〉杂志看康有为民初的政治主张》,《近代史研究》1994年第3期。

② 梁启超:《康有为传》,《康南海自编年谱》(外二种),中华书局1992年版,第269页。

③ 康有为:《康有为政论集》上册,中华书局1981年版,第132页。

学为本","上以广先圣孔子之教,下以成国家有用之才"①。两年以后,康有为成立于桂林的圣学会,不仅定尊孔宗旨,而且创尊孔仪式,宗教意味十足。1898年,在百日维新的高潮中,康有为不失时机地向光绪帝上《请商定教案法律,厘正科举文体,听天下乡邑增设文庙,以尊圣师而保大教折》,试图将奉立孔教作为维新变法的文化基础建设,确立起来。戊戌失败之后,康有为亡命海外,亲见西方文明的优势与弊端,对照发明,更感"国粹"孔教之不可易。他检讨自己:"吾昔者视欧美过高,以为可渐至大同,由今按之,则升平尚未至也,孔子于今日,犹为大医王,无有能易之者。"②

进入民国,康有为虽然还在政坛出没,但是戊戌年代的风光不再。当中国的俾斯麦显然已没有指望,帝王师也作不成了,但是当代圣人、"素王"、孔教教主的期冀尚未破灭。政治方面的抱负屡遭挫折,文化方面的追求依然如挥之不去的梦魇,萦怀于胸。梁启超为康有为作传,不称其为政治家,而称其为教育家、宗教家,比喻其师为"孔教之马丁路德也",实有深意在焉。康有为"以为生于中国,当先救中国,欲救中国,不可不因中国人之历史习惯而利导之。又以为中国人公德缺乏,团体涣散,将不可以立于大地,欲从而统一之,非择一举国人所同戴而诚服者,则不足以结合其感情,而光大其本性,于是乎以孔教复原为第一著手"。③戊戌时代这一思想即已萌发,只不过当时康有为的急务是政治变革,"复原孔教"还排不上第一日程。及至辛亥以后,康有为已脱

---

① 《上海强学会章程》,《戊戌变法》(资料丛刊)第四册,神州国光社1953年版,第389页。
② 康有为:《欧洲十一国游记》之《意大利游记》,上海广智书局版,第65页。
③ 梁启超:《康有为传》,《康南海自编年谱》(外二种),第247页。

离现实政治斗争的中心旋涡,其"宗教家"的自觉意识自然抬头。加之以其唯心主义的思想方法,民国初年社会的种种不如意现象,均可归因于世风日下,人心不古。在这种情形下,倾其全力"以孔教复原为第一著手",以图实现"当代圣人"的文化追求,就是再合理不过的选择了。

1912年,以"昌明孔教,救济社会"为宗旨的孔教会在上海成立。以此为标志,康有为的"纳儒入教"进入高潮期。1913年,《不忍》杂志创刊,康有为在发刊辞中铺陈自己对于当下社会"民生之多艰"、"国土之沦丧"、"人心之堕落"、"纪纲之亡绝"、"政治之窳败"、"教化之陵夷"、"法律之蹂躏"、"政党之争乱"、"国粹之丧失"、"国命之分亡"的十"不忍"①。其矛头所向,不仅是对共和制度本身,也包括这一制度建立之初不可避免的动荡与混乱、袁世凯集团在共和旗号之下以售其奸的种种劣迹。同时,他还撰写了《中国颠危误在全法欧美而尽弃国粹说》,斥责"凡欧美之政治风俗法律,殆无不力追极模,如影之随形,如弟之从师矣。凡中国数千年所留之政教风俗法度典章,不论得失,不揣是非,扫之弃之,芟之除之,惟恐其易种于新邑矣"②。这以后的四五年间,康有为全力以赴,试图从弘扬孔教入手,"救人心,善风俗,拒诐行,放淫辞"。他极力申论:"中国数千年来奉为国教者,孔子也。大哉孔子之道,配天地,本神明,育万物,四通六辟,其道无乎不在。故在中古,改制立法,而为教主。其所为经传,立于学官,国民诵之,以为率由,朝廷奉之,以为宪法,省刑法,薄赋敛,废封建,罢世及,国人免奴而可仕

---

① 康有为:《〈不忍〉杂志序》,《不忍》杂志第一期。
② 康有为:《中国颠危误在全法欧美而尽弃国粹说》,《康有为政论集》下册,中华书局1981年版,第890—891页。

宦,贵贱同罪而法平等,集合言论出版皆自由,及好释、道之说者,皆听其信教自由。凡法国革命所争之大也,吾中国皆以孔子之经说先得之二千年矣。"① 他不遗余力地争取通过立法手段将儒家学说国教化,并为此不惜与当道者达成某种默契。这里需要强调的是,康有为的尊孔和其时袁世凯集团的尊孔,本意有根本性质的区别。正如有研究者所指出:"如果说军阀们对儒家重新制度化的努力是出于寻求对于自己权势的合法性依据的话",那么"康有为建立孔教会的活动完全是出于他重新解释儒家思想努力的一部分"②。"康有为比那些仅仅只注意到儒教与中国之间的政治和历史关系的人,更深刻地意识到了二者之间的这种思想和文化的关系。由于他相信法律和哲学不足以约束那些任性的民众,因此,他真正希望通过定国教来增进人们的美德。"③

康有为辛亥以后纳儒入教的积极活动,历来受到学界的批评。尤其是其后段,配合了袁世凯复辟帝制的需要,似乎更为千夫所指。将文化活动与政治活动截然分开固然不可取,但是以政治批评根本取代文化批评,也不是科学的态度。就政治层面而论,康有为的纳儒入教支持、配合了袁世凯复辟帝制,与他一贯的君主情结和"开明专制"政治理想模式之间,存在清晰的逻辑关系;就文化层面而论,康有为以纳儒入教的最后努力作为自己"经营天下"人生抱负的谢幕演出,更是与他几十年来迷恋传统、珍惜"国粹"、崇信权威、慨然经世的文化保守主义人生信条完全一致。

---

① 康有为:《孔教会序》。
② 干春松:《康有为和孔教会:民国初年儒家复兴努力及其挫折》,《求是学刊》2002年7月,总第29卷第4期。
③ 〔美〕列文森著,郑大华等译:《儒教中国及其现代命运》,第162页。

依此而论,"倒退"甚至"堕落"一类的评判,显然是未着边际的无的放矢了。①

二、晚年严复的忧患

在中国近代思想文化史、尤其是启蒙思想史上,严复是占有特殊地位的大师级人物。鲁迅称他"的确与众不同",是"十九世纪末年中国感觉锐敏的人"②。毛泽东则赞扬他是"中国共产党出世以前向西方寻找真理的一派人物"③的出类拔萃者。与康有为、梁启超不同,严复幼年就学于新式学堂④,成年后又留学英国,观察资本主义社会制度,研读资产阶级政治学说,其造诣之深,康有为尊之为"中国西学第一者"⑤。在戊戌时代的风云激荡中,严复敏锐地觉察到中华民族深重危机的根源,并不在于缺乏近代西方的声光电化、坚船利炮之"末",而更在于腐朽不堪的专制制度之

---

① 在这一问题上,有研究者认为,康有为的纳儒入教"希图重振儒学雄风,解释和解决中华民族的精神问题","开导了现代新儒家的先河",是有一定道理的。见胡维革、张昭君:《纳儒入教——康有为对传统儒学的改造与重构》,《长白学刊》,1995年第2期。

② 鲁迅:《热风·随感录二十五》,《鲁迅全集》第一卷,人民文学出版社1957年版,第375页。

③ 毛泽东:《论人民民主专政》,《毛泽东选集》第四卷,人民出版社1991年版,第1469页。

④ 严璩:《侯官严先生年谱》载:"府君十五岁,入马江学堂肄业。所习者为英文、算术、几何、代数、解析几何、割锥、平三角、弧三角、代积微、动静重学、水重学、电磁学、光学、音学、热学、化学、地质学、天文学、航海术,计五年而卒业。"《严复集》第五册,中华书局1986年版,第1546页。

⑤ 神州国光社编:《戊戌变法》(资料丛刊)第二册,神州国光社1953年版,第525页。

"本"。改变这种制度的前提是用先进的资产阶级意识形态去唤醒民族精神的觉醒。他认为,中华民族"一旦幡然悟旧法陈义之不足殉,而知成见积习之实为吾害,尽去腐秽,惟强之求,真五洲无此国也,何贫弱奴隶之足忧哉"。① 正是基于对民族前途的乐观、坚定的信心,严复满腔激情地在十分广阔的领域内,以前无古人、后少来者的气魄和水平,进行资产阶级思想文化启蒙,筚路蓝缕,功不可没。

　　严复率先突破时人以朴素人本主义的"民主"对抗"君主"的水平,提出"以自由为体,以民主为用"② 的深刻命题。他大力宣扬资产阶级的自由、平等观,"侵人自由者,斯为逆天理,贼人道"③,"义务者,与权利相对待而有之词也。故民有可据之权利,而后应尽之义务生焉。无权利,而责民以义务者,非义务也,直奴分尔"④。他揭露在毫无平等自由的纲常名教支撑下的"中国之治制,运隆则为有法之君主,道丧则为专制之乱朝,故其中谈治之策,经世之文,皆为本君主之精神而观之,而后知其言之至善。脱以民主之义绳之,则大谬矣"。⑤ 他驳斥陈腐的义利分裂论,"民智既开之后,则知非明道则无以计功,非正谊则无以谋利,功利何足病,问所以致之之道何如耳。"⑥ 作为中国学习近代自然科学出身的第一代学人,严复极力宣扬以实验和实用为价值特征的科学方法论,

---

① 严复:《社会通诠·按语》,《严复集》第四册,中华书局 1986 年版,第 933—934 页。
② 严复:《原强》,《严复集》第一册,第 11 页。
③ 严复:《论世变之亟》,《严复集》第一册,第 3 页。
④ 严复:《孟德斯鸠法意·按语》,《严复集》第四册,第 1006 页。
⑤ 严复:《孟德斯鸠法意》按语,商务印书馆 1981 年版,第 100 页。
⑥ 严复:《天演论·按语》,《严复集》第五册,第 1395 页。

批评"中国士人经三千年文教,其心习之成至多",师心自用,闭门造车,"其为祸也,始于学术,终于国家"①。他宣传经验论,提倡归纳法,讲求逻辑学,开创了一代学风。

严复最伟大的文化贡献,是翻译、介绍、宣传了近代科学形态的生物进化论,并将它运用于社会历史领域。他一方面赞同斯宾塞"以天演自然言化,著书造论,贯天地人而一理之",另一方面又用赫胥黎的"与天争胜"论来补救斯氏"任天为治之末流","且于自强保种之事,反复三致意焉"②。"自严氏之书出,而物竞天择之理,厘然当于人心,中国民气为之一变。"③ 千千万万不甘沦落的炎黄子孙始而愕然,继而欣然地接受了严复宣传的进化论,终而奋然地踏上了挽救民族危亡的艰苦征途,谱写了民族复兴的辉煌史诗。

就是这样一位空前的文化巨人,其晚年思想,却表现出非常明显的向传统文化回归的"保守"、"倒退"趋向。多年来,学界对此基本持否定的评价。如李泽厚认为,晚年严复"背弃了他早年曾热情相信过、宣传介绍过的'新学''西学',而完全回到封建主义怀抱中去了。数千年中国封建主义经常把好些'向西方学习'的先进分子又逐渐吞噬、消化进去了。严复不过是一个典型例子"④。事情真是如此吗?我们应该怎样评价严复晚年的思想变迁?

从一定意义上讲,中国近代启蒙思想是中国知识分子传统的忧患意识吸收了西方文明的民主、科学精神营养之后于19世纪中

---

① 严复:《救亡决论》,《严复集》第一册,第45页。
② 严复:《天演论·自序》,《严复集》第五册,第1321页。
③ 《述侯官严氏最近政见》,《民报》第二号。
④ 李泽厚:《论严复》,《中国近代思想史论》,人民出版社1979年版,第284页。

后期产生的新形态①。作为一代启蒙大师,严复出于对国家民族的拳拳之心,其深厚的忧患情怀伴随了他生命的始终。在他的晚年,这种深情的忧患更到了无以复加的地步。我们可以批评他因为思想方法的偏执和对事对人的成见而影响到认识的科学程度,但是却不能抹杀他完全真诚的文化追求和爱国之心。1911年底,严复在给张元济的信中坦言,身为"中国人中之汉族,而敢曰吾人之程度不合于民主,而敢曰中国之至于贫弱腐败如今日者,此其过不尽在满清,而吾汉族亦不得为无罪;则其言一出口,必将蒙首恶之诛,公敌之指","然而仆亦爱国之一男子","事已至此,诚不敢爱死而更欺吾同胞故也。"②

晚年严复对于时政之忧患,不在于反对革命、反对民主共和本身,而是反对"一切外缘内因,举不具备,骤用新制"③,建设未行,混乱已不可收拾。他厌恶"无论帝制、共和两派,蜂起愤争,而迹其行事,诛其居心,要皆以国为戏"。"参众两院之捣乱,靡所不为,致国民寒心。"④"共和政体名存而已"⑤。这一批评不能说毫无根据。就中国的现实而论,他与康有为同样以为开明专制是唯一选择。"居今而言救亡,学惟申韩,庶几可用,除却综名核实,岂有他途可行"⑥。困难的是没有真正合适的人选。"以不佞私见言之,

---

① 关于中国知识分子传统的忧患意识,详见笔者所著《百年忧患——知识分子命运与中国现代化进程》,东方出版中心1997年版,第32—41页的"人间正道的忧患之思",此处不赘。
② 严复:《与张元济书·十九》,《严复集》第三册,中华书局1986年版,第556页。
③ 严复:《说党》,《严复集》第二册,第299页。
④ 严复:《与熊纯如书·三十》,《严复集》第三册,第630—631页。
⑤ 严复:《与熊纯如书·十三》,《严复集》第三册,第613页。
⑥ 严复:《与熊纯如书·二十一》,《严复集》第三册,第620页。

天下仍须定于专制,不然,则秩序恢复之不能,尚何富强之可跂乎?旧清政府,去如刍狗,不足重陈,而应运之才,不知生于何地,以云隐忧,真可忧耳!"① 对于袁世凯,"吾与袁公交垂三十年",严复确有知遇之情感,但也有所批评。"大总统固为一时之杰,然极其能事,不过旧日帝制时,一才督抚耳!欲与列强君相抗衡,则太乏科哲知识,太无世界眼光,又过欲以人从己,不欲以己从人,其用人行政,使人不满意处甚多。望其转移风俗,奠固邦基,呜呼!非其选耳。"总之,袁世凯不过是无人之人,无选之选,"此固事之所以重可叹也"②。袁世凯被迫取消帝制后,严复仍不赞成其退出总统之位,"项城此时一去,则天下必乱,而必至于覆亡",因此,"吾之不劝项城退位,非有爱于项城也。无他,所重在国故耳。夫项城非不可去,然必先为其可去。……而他日既为可去之后,又万万不可以留。"③ 从戊戌到辛亥再到民初,严复的政治主张一直是君主立宪,从未改变。张勋复辟的次日,严复在给陈宝琛的信中说:"既复辟矣,而继今所刻不容缓者,扎实立宪而已。朝廷明降德音,首议宪法,次集国会,务使南北之民,知此事名复旧制,实则不过使元首之位定于一尊,而无继续选举总统之烦扰,于以休养生息,遏乱萌,至于其余,则与共和国体等耳。"④ 这封信表面上看是严复确实赞成张勋复辟,但是,显而易见,严复所谓的"复辟",其实仍是当年的君主立宪,并无"倒退"可言。从根本的意义上,严复始终坚信,一日民智未开则一日民主共和不可行。1895年,他在《辟韩》中说:

---

① 严复:《与熊纯如书·一》,《严复集》第三册,第603页。
② 严复:《与熊纯如书·二十四》,《严复集》第三册,第624页。
③ 严复:《与熊纯如书·三十》,《严复集》第三册,第631页。
④ 严复:《与陈宝琛书·五》,《严复集》第三册,第504页。

"然则及今而弃君臣乎? 曰:是大不可。何则? 其时未至,其俗未成,其民不足以自治也"①;1901年,他依然认为"民智不开,不变亡,即变亦亡"②;1904年,他与孙中山在伦敦辩论,"以中国民品之劣,民智之卑,即有改革,害之除于甲者将见于乙,泯于丙者将发之于丁。为今之计,惟急从教育上着手,庶几逐渐更新乎!"孙中山没有正面反驳,只是回答:"俟河之清,人寿几何! 君为思想家,鄙人乃实行家也。"③ 1913年,他仍"以革命为深忧","非有爱于觉罗氏","所以晓晓者,即以亿兆程度必不可以强为。"④ 要而言之,"世间一切法,举皆有弊,而福利多寡,仍以民德民智高下为归。使其德智果高,将不徒新法可行,即旧者亦何尝遂病。"⑤ 依此思路,严复认为,制度的变革固然重要,但是更根本的急务在于"收拾人心之事,此时在皇室行之已晚,在内阁行之未迟"。⑥ "道德不进,而利器日多,此中国之所以大乱也。"⑦ 他的结论是,"中国目前危难,全由人心之非,而异日一线命根,仍是数千年来先王教化之泽。"⑧

晚年严复对于文化之忧患,既在对于西方文化不作分析的囫囵吞枣,更在对于中国传统文化精华的弃如敝屣。这期间,以欧洲为主战场的第一次世界大战造成的文明灾祸,给他强烈的刺激。

---

① 严复:《辟韩》,《严复集》第一册,第34—35页。
② 严复:《与张元济书·九》,《严复集》第三册,第539页。
③ 见严璩:《侯官严先生年谱》,《严复集》第五册,第1550页。
④ 严复:《与熊纯如书·十》,《严复集》第三册,第610页。
⑤ 严复:《与熊纯如书·六十五》,《严复集》第三册,第680页。
⑥ 严复日记,1911年12月23日,《严复集》第五册,第1513页。
⑦ 严复:《庄子》评语,《严复集》第四册,第1123页。
⑧ 严复:《与熊纯如书·六十二》,《严复集》第三册,第678页。

第五章 历史的"怪圈"

"西国文明,自今番欧战,扫地遂尽"①。"彼族三百年之进化,只做到'利己杀人,寡廉鲜耻'八个字。回观孔孟之道,真量同天地,泽备寰区。此不独吾言为然,即泰西有思想人亦渐觉其为如此矣。"② "文明科学,终效其于人类如此,故不佞今日回观吾国圣哲教化,未必不早见及此,乃所尚与彼族不同耳。"③ 在这种认识基础上,严复遂向中华传统文化回归,倡导尊孔读经。"国于天地,其长存不倾,日跻强盛者,必以其民俗、国性、世道、人心为之要素。"中华先民"坚苦卓绝,蹈义凛然之事,史不绝书"④,继承这一份遗产,"无人格谓之非人,无国性谓之非中国人,故曰经书不可不读也。"这样说绝非完全否定西学,"若夫形、数、质、力诸科学,与夫今日世界之常识,以其待用之殷,不可不治,吾辈岂不知之?但四子五经,字数有限,假此立之课程,支配小、中、大三学年之中,未见中才子弟,坐此而遂困也。"⑤ "读经自应别立一科,而所占时间不宜过多,宁可少读,不宜删节亦不必悉求领悟;至于嘉言懿行,可另列修身课本之中,与读经不妨分为两事。"⑥ 经历了人生世事的曲折磨难,严复的体会是:"鄙人行年将近古稀,窃尝究观哲理,以为耐久无弊,尚是孔子之书。四子五经,固是最富矿藏,惟须改用新式机器发掘淘炼而已"⑦。他并不以为传统精华就是绝对僵化的教

---

① 严复:《与熊纯如书·七十三》,《严复集》第三册,第690页。
② 严复:《与熊纯如书·七十五》,《严复集》第三册,第692页。从欧战中反思西方文化的缺弊,反观中国文化的优长,是当时相当一部分中国知识分子的共同思路。严复如此,梁启超亦复如此。详见本书第七章。
③ 严复:《与熊纯如书·三十六》,《严复集》第三册,第642页。
④ 严复:《导扬中华民国立国精神议》,《严复集》第二册,第342、343页。
⑤ 严复:《读经当积极提倡》,《严复集》第二册,第332页。
⑥ 严复:《与熊纯如书·十六》,《严复集》第三册,第615页。
⑦ 严复:《与熊纯如书·五十二》,《严复集》第三册,第668页。

条,"且孔子绝四,而孟子以为圣之时,使儒者知随时之义,则二三千年以往之礼俗,彼圣人者固未尝责后世以必循也,而客又何议乎?"① 在生命的最后时刻,他告诫后人的是:"须知中国不灭,旧法可损益,必不可叛。"②

概括地说,晚年严复思想的演变,是由积极的启蒙救亡论者,转化为坚定的文化保守主义者。他并非彻底"背弃"了早年热情宣传的"新学"、"西学",也没有完全"回到封建主义怀抱中去"。他一方面强调弘扬传统中学的安身立命之道,尊孔读经,另一方面依然肯定西方文化的技艺优长,尤其主张中学与西学、旧学与新学之间的交流融通。例如,在论及对青少年的教育问题时,严复称:"至于十五以后,则必宜使习西文,英、法、德、意择一皆可。"其理由是,一,"一切科学美术,与夫专门之业,彼族皆以极精,不通其文,吾学断难臻极";二,"中国号无进步,即以其文字与外国大殊,无由互换智识之故。惟通其文字,而后五洲文物事势,可使如在目前,资吾对勘";三,"通西文者,固不必皆人才,而中国后此人才,断无不通西文之理";四,"中文必求进步,与欲读中国古书,知其微言大义者,往往待西文通达之后而后能之"。总之,"西文既通,无异入新世界","大抵二十世纪之中国人,不如是者,不得谓之成学"③。他将这样的主张落实到子女的教育上,"复教子弟,以现时学校之难信,故宁在家延师先治中学,至十四五而后,放手专治西文,一切新学皆用西书,不假译本,而后相时

---

① 严复:《与周同愈书》,《严复集》第三册,第718页。
② 严复:《遗嘱》,《严复集》第二册,第360页。
③ 严复:《论今日教育应以物理科学为当务之急》,《严复集》第二册,第285—286页。

度力,送其出洋。""至于所治何科,所执何业,亦就少年性质之所近而喜好者,无所专尚也。"①

真诚的忧患者总是痛苦的;痛苦的忧患者总是值得尊敬的。从这个意义上讲,晚年严复的思想经历需要的是后人缜密的科学剖析,而非简单的价值批判。

三、辜鸿铭"怪"在何处

在中国近代思想文化史上,还没有谁像辜鸿铭这样赢得中外诸多硕学鸿儒众口一词的"怪"名声。胡适称他"怪物",林语堂称他"怪杰",周作人称他"北大顶古怪的人",影响颇大的《世界范围内的反现代化思潮》的美国学者艾恺,也称他是"极端甚至怪异到不类的文化保守者"②。作为典型的文化保守主义者,他与康有为、严复有着完全不同的学术文化背景。康有为是正宗中国科举出身;严复则是圆满的中西合璧学者③;而辜鸿铭早年连中国话都说不利落。康、严晚年向传统文化的"回归",显然有其早年中学熏陶习染的旧根基,但是辜鸿铭的文化保守立场,却似乎丝毫找不出个人文化素养方面的源头和由来。人们认为他的"怪",除了脾气"怪",行为"怪",这恐怕也是非常重要的根据。

---

① 严复:《与熊纯如书·二十五》,《严复集》第三册,中华书局1986年版,第626页。

② 〔美〕艾恺:《世界范围内的反现代化思潮》,贵州人民出版社1991年版,第133页。

③ 作为"中国西学第一人",严复的中学功底也扎实深厚。当年参加马江船政学堂的入学考试,他便是以一篇漂亮的《大孝终身慕父母论》,博得沈宝桢的青睐,以第一名录取。

辜鸿铭自称"生在南洋,学在西洋,婚在东洋,仕在北洋"。除了"婚在东洋"稍有疑义,确实简约地道出了自己的生平[①]。1857年,辜鸿铭出生于南洋马来半岛西北的槟榔屿。父亲是原籍闽南的华侨,母亲是葡萄牙血统。幼年的辜鸿铭生活在英语和马来语的世界里,十三岁时随义父布朗到苏格兰故都爱丁堡。1877年,他毕业于爱丁堡大学文学院,获硕士学位。随后,又到德国莱比锡大学攻读土木工程。1880年返回槟榔屿之前,辜鸿铭遍游欧陆各国,锤炼了超凡绝伦的语言能力,掌握了英、德、法、意、俄语和拉丁、希腊两门古语。尤其是一口流利典雅的维多利亚风格英语,不仅博得孙中山、林语堂等人的赞誉,更使一般英人自叹不如[②]。1882年,一次偶然的机会,辜鸿铭遇到出使新加坡的马建忠,两人晤谈三日,相与甚洽,这成为他返回故国的重要契机。40年后,辜鸿铭回忆这"一生中的一件大事"时说:"因为正是他——这个马建忠,使我再一次变成一个中国人。尽管我从欧洲回来已经三年多,我还不曾进入和不知道中国的思想和观念世界,……喜欢使自己保留一个假洋鬼子样。"他很快辞去公职,并向家人表示"愿意蓄辫和改穿中国衣服"[③]。此后三年,他来到香港,补习中国文化。1885年,张之洞的僚属杨玉书在由闽至港的旅途中结识了辜鸿铭,见他能"与德国人讲伦理学",确属难得人才,便向张之洞举荐,这促成了辜鸿铭随张20年的幕僚生涯。有人撰文,称张之洞亲自给辜讲

---

① 参见朱维铮:《辜鸿铭和他的〈清流传〉》,《求索真文明》,上海古籍出版社1996年版,第363页。
② 孙中山认为辜鸿铭是近代中国"三个半"英语人才的第一名,林语堂称其英语水平"二百年来,未见其右。"见黄兴涛:《闲话辜鸿铭》,海南出版社1997年版,第30页。
③ 转引自黄兴涛:《文化怪杰辜鸿铭》,中华书局1995年版,第18页。

解《论语》，教他查字典，似不可信[①]。但是，我们可以肯定的是，至少在他回国之前，对于祖国的文化乃至文字，都是非常生疏的。《清史稿》所载"年三十始返而求中国学术，穷四子、五经之奥，兼涉群籍"[②]，当是实录。

如果说受雇于英国殖民当局、西装革履的辜鸿铭决定"改穿中国衣服"是缘于和马建忠的三日晤谈，那么，"年三十始返而求中国学术"的辜鸿铭形成文化保守主义的坚定立场，则显然与他在张之洞幕府的20年经历密切相关。辜鸿铭曾说，文襄于己"虽未敢云以国士相待，然始终礼遇不少衰"[③]，似乎仅比当年冯骥之于孟尝君的怨气稍浅；罗振玉为辜氏《读易草堂文集》作序时也说，文襄仅认为辜"精于别国方言，邃于西学西政者也"，"故客幕下久，温温无所试"[④]。从幕僚作用的发挥来看，满肚皮西学的辜鸿铭当然有"怀才不遇"之感；但是就登堂入室，接触并领悟"中国的思想和观念世界"而论，辜鸿铭对张之洞的引领之恩，显然是铭志不忘的。他的《中国牛津运动》一书，头版扉页上就标明"献给张之洞"。在该书的结尾处，向以乖戾尖刻著称的辜鸿铭真诚地表达了对张之洞的感激之情，"感激他20多年来所给予我的保护。有了这种保护，我不至于在冷酷自私的中国上流社会降低自我去维持一种不稳定的生活。此外，尽管我时常固执任性，他却始终抱以宽容，很

[①] 此文即兆文钧所撰《辜鸿铭先生对我讲述的往事》，载《文史资料选辑》总108辑。朱维铮认为该文"满纸荒唐言"，见《音调未定的传统》，辽宁教育出版社1995年版，第323页。
[②] 赵尔巽：《清史稿》卷四六八，中华书局1977年版，第13449页。
[③] 辜鸿铭：《张文襄幕府纪闻》弁言。《辜鸿铭文集》（上），海南出版社1996年版，第411页。
[④] 《辜鸿铭文集》（下），第211页。

善意和礼貌地待我。而且我还荣幸地学会了作为一名新兵,在他的领导下去为中国的文明事业而战。"① 在日本讲学时,他也特别强调了这一点:"非常幸运的是,我回国后不久,就进入了当时中国的伟人、湖广总督张之洞的幕府。我在那里呆了多年。张之洞是一个很有名气的学者,同时也是一个目光远大的政治家。由于这种契机,使得我能够同中国最有修养的人在一起朝夕相处,从他们那儿,我才对中国文明以及东方文明的本质稍有领悟。"② 在本书的上一章,我们曾专门讨论了作为文化保守主义者的张之洞的文化人格、思想精华和行政建树,可以相信,这一切对于正汲汲于探讨中国文化奥妙的辜鸿铭,无疑是直接的生动教本。辜氏在《张文襄幕府纪闻》中的诸多细致记载,则是其确凿的证据。例如关于张之洞乃"儒臣"而非"大臣"的辨析;关于"傲与逊之间,此圣学纯粹与不纯粹之所由判也"的断语;关于为国为人、重势重理、知经知权的系列推论;等等③。

在文化保守主义的表现方式上,无论是与张之洞比,还是与康有为、严复比,辜鸿铭都有自己的特异之"怪"处。这种"怪",体现在他立足于丰厚西学素养与肤浅中学心得(相对于张、康、严而论)的比较,得出更偏颇的中学远胜于西学的结论,并进而采用非常激烈的表达方式,致力于"东学西渐"。就此而论,张、康、严诸人同为"消极"的防守型文化保守主义者,而辜鸿铭则是"积极"的进攻型文化保守主义者。当着英国大文豪毛姆的面,教训西方文明,这样

---

① 《辜鸿铭文集》(上),第 390 页。
② 转引自黄兴涛:《文化怪杰辜鸿铭》,中华书局 1995 年版,第 35 页。
③ 见《辜鸿铭文集》(上),第 418、422、426 页。

给中国人争"面子"① 的痛快活计,只有辜鸿铭干得出来:

> 你们凭什么理由说你们比我们好呢?你们的艺术或文字比我们的优美吗?我们的思想家不及你们的深奥吗?我们的文化不及你们的精巧,不及你们的繁复,不及你们的细微吗?呶,当你们穴居野处、茹毛饮血的时候,我们已经是进化的人类了。你可晓得我们试过一个在世界的历史上是惟我独尊的实验?我们企图不以武力管理世界,而用智慧。许多世纪以来,我们都成功了。那么为什么白种人会轻视黄种人呢?可要我来告诉你?因为白种人发明了机关枪。那是你们的优点。……你们以为我们要花很长久的时间才学得上吗?当黄种人会造和白种人所造的一样好的枪支,而且也会射得一样直的时候,你们的优点便要怎样了呢?你们喜欢机关枪,你们也将被机关枪判决。②

辜鸿铭对中国传统文化精神的把握,虽谈不上多么精辟、独到,但是基本准确③。当他将其与其他民族文化相比较时,这一点表现得更明显。他归纳中国人的性格和中国文明的三大特征:深沉、博大和淳朴(deep, broad and simple),并以之与西方各国比较:美国人博大、淳朴但不深沉;英国人深沉、淳朴但不博大;德国人深

---

① 林语堂说,辜氏在思想上"最善大言不惭,替吾国争面子",《有不为斋随笔》,载《人间世》1934年第12期。
② 《辜鸿铭文集》(下),第597—598页。
③ 关于辜鸿铭的国学水平,少见专门研究,但肯定不属一流。如钱恂、章太炎就对他很瞧不起。见黄兴涛:《文化怪杰辜鸿铭》,第38页。

沉、博大但不淳朴；法国人既没有德国人天然的深沉，也不如美国人心胸博大和英国人心地淳朴，但是却灵敏。这种灵敏对于认识中国人和中国文明是至关重要的①。他批评西方汉学总体水平低下，根本原因是没有掌握"文学和哲学的原理"，没有把中国传统文化作为一个整体来研究。而根据"文学和哲学的原理"，辜鸿铭认为，中国传统文化的"道"，是精妙绝伦的。罗振玉称其"反而求之我六经子史，爽然曰：'道固在是，无待旁求'"②，是十分传神的描摹。辜鸿铭论道：

> 在中国，把真正的人生哲学称为"道"，道的内容，就是教人怎样才能正当地生活，人怎样才能过上人的生活。……西洋人长时间内为了寻找这真正的人生道路，做出了很大的努力，但至今未果。而中国人依据四书五经，就可以明"道"。很遗憾，欧洲没有这样的东西。欧洲有的是基督教。基督教叫人们怎样去做一个好人，而孔子学说则教人怎样成为一个良好的国民。③

辜鸿铭驳斥欧美的无识之辈认为中国学说缺少"进步"概念的陋见，"我深信，表现在中国古典学说中的中国文化的精髓正是'秩序和进步'。"他依照孔子的教义解释《中庸》里的"致中和，天地位焉，万物育焉"，——文化的目的，不仅在于人类，而且在于使所以被创造的事物都能得到充分的成长和发展。"在这里，难道看不出

---

① 辜鸿铭：《中国人的精神》，《辜鸿铭文集》(下)，第7页。
② 罗振玉：《读易草堂文集序》，载《辜鸿铭文集》(下)，第211页。
③ 《东西文明异同论》，《辜鸿铭文集》(下)，第304页。

真正的发展、进步的精神吗?只有先确立秩序——道德秩序,然后,社会的发展就会自然地发生,在无秩序——无道德秩序的地方,真正的或实际的进步是不可能有的。"① 据此,他教导一向以"民主"自诩的西方人士:"真正的民主,其实质不在于民主的政治,而在于民主的社会。在这样一个社会里,民众即便不了解投票的方法以及内容,未曾有这方面的体验,也能自然地约束自己的行动,即便不依靠政府,也能得到社会文化的精华。"② 他谆谆告诫想研究中国语言、中国文学的欧美人,"你们必须抛弃物质主义的骄傲自大,应该学会透过人的穿着和肤色来认识社会价值和人格价值。上帝创造了四亿中国人,不是为了让到中国的欧美人享乐的,而是让欧美人学习真正社会的、人间的价值。"③

为了让欧美人学到真正的中国文化精华,辜鸿铭积极从事中学西渐的艰难事业。他非常不满意西人理雅各等人的汉学翻译,认为他们或多或少曲解了儒家经典的本来意蕴。他完整地翻译了《论语》、《中庸》和《大学》,并将前两部公开出版④。此外,他还用英文撰写了《尊王篇——一个中国人为中国的良治秩序和真正的文明所作的辩护》、《中国牛津运动故事》、《中国人的精神》(又名《春秋大义》或《原华》)等著作。辜鸿铭深厚的西方学养和文字功力是从事这一工作的质量保证⑤,加之他特别注意到方便西方读

---

① 《辜鸿铭文集》(下),第328页。
② 同上,第319—320页。
③ 同上,第327页。
④ 关于辜鸿铭究竟翻译了哪些儒家经典,说法很多,这里依据的是黄兴涛的研究成果,见《文化怪杰辜鸿铭》,中华书局1995年版,第77页。
⑤ 1910年,清政府列辜氏为"游学专门"一等第二名,仅次于严复,赏文科进士。辜鸿铭对此很不服气,对严译《天演论》也颇多微词。见黄兴涛:《闲话辜鸿铭》,海南出版社1997年版,第69—70页。

者的理解与接受,例如在翻译《论语》时,"努力按照一个受过教育的英国人表达同样思想的方式,来翻译孔子和他子弟的谈话,……为了使读者能彻底到家地理解文本内容,我们还加了一些注释,引用了非常著名的欧洲作家的话。通过征召这些欧洲读者熟悉的思想系列,对于他们或许会有所帮助"[1]。这些作品在欧美世界产生了巨大的反响。罗振玉称他"年愈高,遇愈穷,而气愈壮,日以欧文倡导纲常名教以发蒙振聩,每一文出,各国争相译移。于时欧人鉴于战祸,又习闻君之言,始恍然于富强之不足以图治,而三千年之东方文化乃骎骎有西被之势"。[2] 托尔斯泰、罗曼·罗兰、毛姆以及泰戈尔对辜鸿铭的认可和赞许,既是对他个人工作的肯定,更是对中国文化的尊重。辜鸿铭教导正被欧战折磨的西方人,估价一个文明,不在于它是否建筑了繁华的城市,制造了精致的工具,也不在于学院的建立、艺术的创造和科学的发明,而是看他能够产生什么样的人。"一种文明所生产的男人和女人——人的类型,正好显示出该文明的本质和个性,也即显示出该文明的灵魂。"[3] 在这方面,中国的儒家学说所塑造的中国人精神——不是科学、哲学、神学或任何一种"主义"的、心灵与理智完美结合的道德精神,正好为迷惘的西方人指引了方向。因为,东方人和西方人都已经发现并承认,"在征服和控制人类情欲方面,还有一种比物质力更加强大和更加有效的力量名之曰道德力。"[4] "我的确相信,欧洲人民于

---

[1] 英译《论语》序,《辜鸿铭文集》(下),第 346 页。
[2] 罗振玉:《读易草堂文集序》,载《辜鸿铭文集》(下),第 212 页。
[3] 辜鸿铭:《中国人的精神》,《辜鸿铭文集》(下),海南出版社 1996 年版,第 5 页。
[4] 同上,第 20 页。

这场大战之后,将在中国这儿,找到解决战后文明难题的钥匙。"①

肯定中国人的道德精神,并希图以之解决人类面临的共同难题,在这个问题上,辜鸿铭并无大错,起码出发点是积极的,所作的论证也有历史的依据和切实的道理。但是,因为要为中国人争面子,就连鸦片、辫子、小脚、纳妾等等一并护为至宝,就显然不合情理了。辜鸿铭的这些"怪"论,恐怕只能用个人的非理性来解释。对此,艾恺推测,"说不定辜氏始终要证明他是真正的中国人,他遂借对中国所有事物不分青红皂白的呵护来证明他非'假洋鬼子'"②,笔者以为是不可信的。因为,特立独行的辜鸿铭并不是任何时候都不在乎别人对自己的评价。在日本东京的演讲中,他就特别声明:"因为常常批评西洋文明,所以有人说我是个攘夷论者,其实,我既不是攘夷论者,也不是那种排外思想家。我是希望东西方的长处结合在一起,从而消除东西界限,并以此作为今后最大的奋斗目标的人。"③"我对西方文明的厌弃,不是厌弃其文明所表现出来的物,而是讨厌所有的欧洲人而不仅仅是德国人滥用现代文明的利器这一点"④。说这些话的时候,他可是一点都不"怪"啊。

朱维铮评价辜鸿铭的文化保守主义,"与其说是国粹论或复古论,不如说更接近欧洲的人文主义或托尔斯泰式的道德淑世主

---

① 辜鸿铭:《中国人的精神》,《辜鸿铭文集》(下),第25页。
② 〔美〕艾恺:《世界范围内的反现代化思潮》,贵州人民出版社1991年版,第140页。
③ 辜鸿铭:《东西文明异同论》,《辜鸿铭文集》(下),第303页。
④ 辜鸿铭:《中国文明的复兴与日本》,《辜鸿铭文集》(下),海南出版社1996年版,第279页。

义"①。黄兴涛则指出,风行于18世纪末、19世纪的欧美浪漫主义对资本主义的批评,是辜鸿铭文化保守主义的重要思想源泉②。早在辜鸿铭逝世不久,就有人评论,其"尊崇儒家,提倡中国礼教之道德精神,亦缘一己之思想见解确立以后,返而求之中国学术文明,见此中有与卡莱尔、罗斯金、爱默生之说相类似者,不禁爱不释手,于是钻研之,启发之,孜孜焉,举此吾国固有之宝藏,以炫示西人"③。以上诸家,见仁见智,但有一点是共同的,即辜鸿铭的思想,源而有自,并非无本之木、无花之果式的精神怪物。朱维铮还说,在20世纪开端的一二十年间,辜鸿铭的见解找到了越来越多的"同调":梁启超、章太炎、严复、杜亚泉以及王国维、陈寅恪、吴宓、梁漱溟、梅光迪、柳诒徵、林琴南等等。"有人把文化保守主义称作'世纪末现象',然而在中国却出现在世纪初和民国初,可称做'两初'现象"④。如此看来,辜鸿铭的思想就一点儿也不"怪"——它是那个时代十分合理的精神产物,无论对于东方还是西方,都是如此。

---

① 朱维铮:《音调未定的传统》,辽宁教育出版社1995年版,第328页。
② 见黄兴涛:《文化怪杰辜鸿铭》,中华书局1995年版,第19—27页。
③ 《大公报》1928年5月7日。
④ 朱维铮:《音调未定的传统》,第328页。

第六章　第二面旗帜：
弘扬"国粹"

20世纪初年，中国思想文化领域内一个引人注目的现象是"国粹"思潮的涌起。一时间，朝野上下，政治倾向明显分歧的各色人等，不约而同地举起"国粹"的旗帜，为自己的理论张目。罗志田题为《清季保存国粹的朝野努力及其观念异同》的长文注意到了"庚子以后，清季朝野皆曾有保存国粹的愿望和具体的努力"这一史实，并特别指出："当时各类新旧人物见解实甚纷纭，然既存研究似乎对彼时朝野之间以及各种思想、政治、学术'派别'之间的冲突对立一面强调太过，而相对忽视其相近相通之处。"[1] 与此不同，郑师渠则更为注重"国粹派"的认定："尽管晚清'国粹'说盛行一时，主张保存国粹者比比皆是，但却非持是论者皆得冠之为'国粹派'。"他提出界定"国粹派"的三要素：一，有相对稳定的以保存国粹为共同旨趣的团体与刊物，形成独具特色的理论；二，具有排满革命派的品格；三，其理论与实际具有推动中国传统学术变革的意义[2]。显然，罗说重在"思潮"的辨析，而郑说重在"派别"的研究。

---

[1] 罗志田：《清季保存国粹的朝野努力及其观念异同》，《近代史研究》2001年第2期。

[2] 郑师渠：《晚清国粹派——文化思想研究》，北京师范大学出版社1997年版，第7页。

综合地看,思潮是派别的诞生背景,派别是思潮的理论掘进。就近代中国文化保守主义的总体演进而论,20世纪初年的"国粹"思潮无疑是非常重要的一环。如果说19世纪后期的"中体西用"论是近代中国文化保守主义的第一面旗帜,那么,20世纪初年的"国粹"论,就是第二面旗帜。

一、20世纪初年的"国粹"思潮

从语源学角度分析,"国粹"一词本身并非"国粹",而是源自日本的舶来品。日本明治维新以后,"欧化主义"盛行一时,极端者甚至提出要改变本国人种,废除本国文字。针对如此世风,1888年,三宅雪岭、志贺重昂等人以"国粹保存"为宗旨,发起成立"政教社",极力捍卫本国传统文化的恒久价值:

> 长久以来,大和民族的成长是有目共睹的事实,它玄妙地孕育出自己独有的国粹,此一国粹在日本本土发展,随着环境而有不同的回应。从孕育、出世、成长到发扬,经过不断的传承与琢磨,它已经成为大和民族命脉相系的传国之宝。[①]

19、20世纪之交的中国,思想文化领域受异国影响最大者,当属日本。这其中的原因,一是中日两国同文同种,历史文化有深厚的渊源;二是近代以来两国同受西方列强侵凌,几乎同时走上次生

[①] 《志贺重昂全书》第一册,第1页。转引自傅乐诗等著《近代中国思想人物论——保守主义》,台湾时报文化出版事业有限公司1980年版,第94页。

第六章 第二面旗帜：弘扬"国粹"

外发性的现代化之路①，在此进程中遇到的难题与困惑往往相似甚至相同；三是近代中国留学生首选的留学地是日本②，大批留日学生成为两国思想文化交流的生力军。在此背景下，明治维新以后日本社会的变化以及思想文化领域内的新动向，很快就为中国知识阶层所获知，某些新的流行词汇，也在中国得到了传播与认同。"国粹"一词就是在这种情形下，被引入中国。

据研究，中国人第一次在公开媒体上使用"国粹"一词，是1901年9月梁启超的《中国史叙论》③，其中说道："中国民族固守国粹之性质，欲强使改用耶稣纪年，终属空言耳"④。而第一次在报刊上正面介绍日本国粹主义的文章，是黄节于1902年12月在《政艺通报》上发表的《国粹保存主义》。黄节，广东顺德人，以诗学名世。1902年，他与邓实创办《政艺通报》，介绍西方政教，宣传反清思想。1905年，又共同筹立"国学保存会"，是"国粹派"的中坚人物。1900年至1901年，黄节游历日本，接触到国粹主义思想，认为可作国人借鉴，于是有《国粹保存主义》一文的面世。黄节在文中介绍：

> 夫国粹者，国家特别之精神也。昔者日本维新，欧化主义

---

① 参见本书第一章第二节"不可避免的文化冲突——文化保守主义的历史必然性"。

② 张之洞当年派遣留学生的方针就是"西洋不如东洋"，其理由一是路近费少；二是易于考察、监督、管理；三是日文近于中文，便于求学；四是日人已对大量西书做了译述，便于留学者获取新知。详见冯天瑜、何晓明：《张之洞评传》，南京大学出版社1991年版，第391页。

③ 郑师渠：《晚清国粹派——文化思想研究》，北京师范大学出版社1997年版，第4页。

④ 梁启超：《中国史叙论》，《饮冰室合集》第6册。

> 浩浩滔天,乃于万流澎湃之中,忽焉而生一大反动力焉,则国粹保存主义是也。……其说以为宜取彼之长,补我之短;不宜醉心外国之文物,并其所短而亦取之,并我所长而亦弃之。①

由于日本国粹主义的传入,尤其是经过黄节等认同者的积极鼓吹,20世纪初年的中国,讨论"国粹"问题成为舆论的焦点之一,弘扬"国粹"的呼声遍及朝野。

在官方人士方面,此时的张之洞正位于政治生涯的巅峰,其"中体西用"的一贯主张又在维护"国粹"的文化教育政策思考中顽强地显露出来。1903年,张之洞参与制定《奏定学堂章程》,其中的《学务纲要》在承认西学价值的同时,特别强调对中小学生进行"国粹"教育的重要性。《纲要》规定"中小学堂宜注重读经以存圣教","若学堂不读经书,则是尧舜禹汤文武周公孔子之道,所谓三纲五常者,尽行废绝,中国必不能立国矣。"为了避免小学生"抛荒中学根柢",《纲要》还规定小学堂"以养成国民忠国家尊圣教之心为主,各科均以汉文讲授","必俟中国文义通顺,理解明白,考取入中学堂后,始准兼习洋文。"《纲要》的文字中还直接出现了"国粹"一词,"中国各种文体,历代相承,实为五大洲文化之精华。且必能为中国各体文辞,然后能通解经史古书传述圣贤精理。文学既废,则经籍无人能读矣。外国学堂,最重保存国粹,此即保存国粹之一大端。"② 1907年,张之洞奏请创立存古学堂,"存古"者,保存"国粹"之谓也。他说:

---

① 黄节:《国粹保存主义》,《壬寅政艺丛书》,政学编,卷五。
② 张之洞等:《新定学务纲要》,《东方杂志》第一年第3期,光绪三十年三月二十五日。

第六章 第二面旗帜:弘扬"国粹"

今日环球万国学堂,皆最重国文一门。国文者,本国之文字语言、历古相传之书籍也。即间有时势变迁,不尽适用者,亦必存而传之,断不肯听其澌灭。至本国最为精美擅长之学术技能、礼教风尚,则尤为宝爱护持,名曰国粹,专以保存为主。凡此皆所以养其爱国之心思、乐群之情性。东西洋强国之本原,实在于此。①

对于此时张之洞保存"国粹"的主张,不能简单地斥之为"守旧"和"对抗新学"②。非常重要的一点是,张之洞绝非单单认定中国的"国粹"价值不容抹杀,而是以各国的"国粹"均为其自身"强国之本原"的事实为依据,力图说明在中外文化的大交融中切切不可丧失本民族的文化之根。就此而论,他与民间的国粹论者的基本思路,并无本质的差异。正如有研究者所指出的:"它弥补了中国早期思想中的两大缺憾。第一,它容许以其他的价值观评断传统";"第二,接受国粹的观念,就意味着它已承认这世界上尚有其他不同、但是地位平等的国粹存在"③。

在民间,20世纪初年,关心、探讨"国粹"问题的人士日多,呼声也渐强烈。1902年,梁启超拟办《国学报》,"养成国民,当以保国粹为主义,取旧学磨洗而光大之"。他在给黄遵宪的信中提出这一看法,但黄不表赞同,认为当下最紧迫的是引入新知,国粹主义

---

① 张之洞:《创立存古学堂摺》,《张文襄公全集》中国书店1990年影印本,第2册,第145页。
② 详见罗志田:《清季保存国粹的朝野努力及其观念异同》,《近代史研究》2001年2期,第75—78页。
③ 傅乐诗等著《近代中国思想人物论——保守主义》,台湾时报文化出版事业有限公司1980年版,第97页。

应当缓行①。同年,罗振玉赴日考察教育,在与日方贵族院议员伊泽修二会谈时获知"新知固当启迪,国粹务宜保存"的论说,"深服其言,亦允归为言之当道"②。也就在这一年,黄节的《国粹保存主义》一文发表,有关"国粹"的讨论开始在公开媒体上展开,并得到广泛呼应。"近数年来,中国之号称识者,动则称国粹。环海内外,新刊之报章书籍,或曰保存国粹,或曰发挥国粹,甚者则曰国粹之不讲则中国其真不可救药。"③《晋乘》、《江苏》、《浙江潮》等刊物都发表了讨论"国粹"的文章。1905年,热衷于"国粹"的志同道合者黄节、邓实、刘师培、马叙伦等在上海成立"国学保存会",以"研究国学,保存国粹"为宗旨。次年,章太炎在日本东京发起成立国学讲习会,其《序》称"今之世多能言昌明国学之必要者。顾国学何以须昌明?抑由何道而始获昌明?且昌明之者当属之何人?"④是该会研究的中心。上海国学保存会与东京国学讲习会并无任何组织上的关联,但是同时注目"国学"的行动本身,就已形成舆论方面的呼应之势。

国学保存会的成立标志着有纲领理论、有组织形式的"国粹派"的形成。"国学保存会"的规模不大,截止到1907年8月,正式会员不过21人⑤。这些人多为教育界中下层人士,均受过严格的传统教育,中学功底深厚,又有一定的西学知识。他们对时局感觉

---

① 丁文江、赵丰田:《梁启超年谱长编》,上海人民出版社1983年版,第292页。
② 罗振玉:《集蓼编》,《罗振玉传记汇编》,香港大东图书公司1987年版,第165页。
③ 《国粹之处分》,《新世纪》第44期。
④ 章太炎:《国学讲习会序》,《辛亥革命前十年间时论选集》第二卷,上册,三联书店1978年版,第498页。
⑤ 《国学保存会报告》第12号,《国粹学报》第32期,1907年。

敏锐,观念并不僵化,但是确对西方文化冲击下的中国传统文化的命运表示担忧[1]。"国学保存会"出版了自己的机关刊物《国粹学报》,其发刊辞揭橥"保种、爱国、存学"的旗帜:"立乎地圜而名一国,则必有其立国之精神,且震撼掺杂而不可灭也;灭之则必灭其种族而后可,灭其种族则必灭其国学而后可。"[2]《国粹学报》自1905年创刊,至1911年9月停刊,历时7年,共出82期,撰稿者百余人,除邓实、黄节、章太炎、刘师培、黄侃、马叙伦、陈去病等骨干作者外,王湘绮、廖平、简朝亮、孙诒让、张謇、郑孝胥等也在《国粹学报》上发表文章。国粹派希望以通过类似欧洲文艺复兴的方式,拯救国家、种族和文化面临的严重危机,其改革意图显然与当时蓄势待发的革命派同声相应、同气相求,也正因为如此,章太炎主笔《民报》期间,通过这一革命派的喉舌,也发表了大量鼓吹"国粹"的言论。据郑师渠的研究,章太炎主编《民报》15期,共发文169篇,其中有关"国粹"的57篇,占35%。同期他本人在《民报》发文64篇,其中有关"国粹"的34篇,占53%。有时《民报》甚至成了宣传"国粹"论的专集[3]。

20世纪初年中国的"国粹"热,思想成分复杂,论者的实际宗旨也远非一律。但是就其在民间的主流而言,"作为政治思想来看,国粹主义是民族革命的适时应势的观念形态;作为文化观念来看,国粹主义是中西文化交流过程中必须重视中国传统文化这一

---

[1] 关于"国学保存会"成员的分析,可参见郑师渠:《晚清国粹派——文化思想研究》,北京师范大学出版社1997年版,第12页;以及胡逢祥:《社会变革与文化传统》,上海人民出版社2000年版,第67页。
[2] 《国粹学报叙》,《国粹学报》第1年第1期。
[3] 郑师渠:《晚清国粹派——文化思想研究》,第21页。

合理意图的过度表现;作为学术见解来看,国粹主义则是在新的时代大变局中支撑人们传承和研究民族文化遗产的精神支柱。应当承认,国粹派在国学研究上作过许多有价值的贡献。"①

二、"上天以国粹付余"

章太炎是学贯中西的一流学者。在中国近代思想文化史上,他是与康有为、严复齐肩的重要人物。他既不同于康有为以中国传统公羊今文学和陆(九渊)王(阳明)之学为学问根基,又不同于严复以西方进化论、经验论为思想核心,而是本着"依自不依他"的原则,熔铸古今,荟萃中西,构筑起独具个性特色的思想大厦,不愧为中国近代文化史上"自成宗派的巨人"②。章太炎一生经历曲折,思想体系博大奥衍。囿于本书主题,这里仅就20世纪初年章太炎的"国粹"思想稍作展开。

章太炎并非国学保存会会员,却是20世纪初年国粹派的当然领袖人物。这一地位的取得,既源于他宽厚的学问根基,更源于他对于中西文化关系的深入思考。章太炎明确反对"中体西用"说,认为"彼或未能深抉中西学之藩,其所言适足从世人非驴非马之观,而毫无足以餍两方之意"③。他赞成比较中西文化的短长,但反对全盘否定中学:"中国学说,历代也有盛衰,大势还是向前进步"。他主张学习西方,"至于别国所有中国所无的学说,在教育一

---

① 丁伟志:《晚清国粹主义述论》,《近代史研究》1995年第2期。
② 侯外庐:《近代中国思想学说史》,下册,上海生活书店1947年版,第860页。
③ 章太炎:《国学讲习会序》,《辛亥革命前十年间时论选集》第二卷,上册,三联书店1978年版,第499页。

边,本来应该取来补助,断不可学《格致古微》的口吻,说别国的好学说,中国古来都现成有的。要知道凡事不可弃己所长,也不可攘人之善。弃己所长,攘人之善,都是岛国人的陋见,我们泱泱大国,不该学他们小家模样。"① 要而言之,"今之言国学者,不可不兼求新识"②。章太炎以通信为喻,将西方比作"写信的人",将传播西学者比作"送信的人",将学习西方者比作"接信的人"。他告诫人们不要"总是在送信的地位",而应该"先做送信的人,后来又能够做写信的人",真正做到融会贯通,"才得圆满"③。

章太炎以开放的襟怀,踌躇满志地从事以弘扬"国粹"为核心的新型民族文化的建设工程。他非常自负地写道:

> 上天以国粹付余。自炳麟之初生,迄于今兹,三十有六,凤鸟不至,河不出图,惟余亦不任宅其位。……国故民纪,绝于余手,是则余之罪也。④

章太炎对于养育自己的民族文化怀有炽烈的情感。他矢志弘扬"国粹",正是针对"近来有一种欧化主义的人,总说中国人比西洋人所差甚远,所以自甘暴弃,说中国必定灭亡,黄种必定剿绝。因为他们不晓得中国的长处,见得别无可爱,就把爱国爱种的心,一日衰薄一日。"1906年7月15日,章太炎在东京留学生举行的欢

---

① 章太炎:《论教育的根本要从自国自心发出来》,《章太炎政论选集》上册,中华书局1977年版,第517页。
② 《国学讲习会序》,《辛亥革命前十年间时论选集》第二卷,上册,三联书店1978年版,第499页。
③ 章太炎:《庚戌会演说录》。
④ 章太炎:《癸卯口中漫笔》,《国粹学报》第8期。

迎大会上发表演说,自述"生平的历史和近日办事的方法"。他特别强调两点,一是"因宗教发起信心,增进国民道德",二是"用国粹激励种姓,增进爱国的热肠"[①]。

章太炎所言"国粹",以民族、国家的历史为首要内容,他在《印度人之论国粹》一文中明示:"国粹以历史为主"[②],这也是国粹派的共识。章太炎声明:"为什么要提倡国粹? 不是要人尊信孔教,只是要人爱惜我汉种的历史。这个历史是就广义说的,其中可以分为三项:一是语言文字,二是典章制度,三是人物事迹。"[③] 他以"国粹"为进行民族主义、爱国主义的基本教材:"仆以为民族主义如稼穑然,要以史籍所载人物、制度、地理、风俗之类为之灌溉,则蔚然以兴矣,不然,徒知主义之可贵,而不知民族之可爱,吾恐其渐就萎黄也。"[④] 钱穆曾说,"今论太炎学之精神,其在史学乎。"他将"太炎论史大义"归纳为三条,一是民族主义之史学,二是平民主义之史学,三是文化主义之史学[⑤]。这实质上也是对章太炎"国粹"思想的精辟概括。20 世纪之初,梁启超正力倡"史界革命",章太炎对此心有契契焉。他在《尊史》、《哀焚书》、《哀清史》等文章中批评传统史学,提出建设新史学的理论思考。他规划撰写 100 卷的《中国通史》,又有编撰《后明史》的计划,可惜均未付诸实行。不过他此时完成的《国故论衡》、《庄子解诂》等鸿篇巨著,仍然是解读历史的导引,弘扬"国粹"的经典。

---

① 章太炎:《章太炎政论选集》上册,中华书局 1977 年版,第 272 页。
② 章太炎:《印度人之论国粹》,《民报》第 20 号。
③ 章太炎:《演说录》,《民报》1906 年第 6 期。
④ 章太炎:《答铁铮》,《章太炎全集》(四),上海人民出版社 1985 年版,第 371 页。
⑤ 钱穆:《余杭章氏学别记》,《章太炎生平与学术》,三联书店 1988 年版,第 25—26 页。

第六章 第二面旗帜:弘扬"国粹"

章太炎所言"国粹",不仅只讲爱惜历史,保存传统,同时也十分强调"不因成说",开拓新境。他说:"学名国粹,当研精覃思,钩发沈伏,字字征实,不蹈空言;语语心得,不因成说,斯乃形名相称。若徒摭旧语,或张大其说以自文,盈辞满幅,又何贵哉?"[①] 在长期的文化建设实践中,章太炎身体力行这一思想。他重新评价中国传统文化的首要代表孔子及其学说,主张对于孔教孔学"必以古经学为客体,新思想为主观"[②],开展近代科学意义上的研究;他呼吁"个性解放",批判传统名教对人性的束缚,"宋世言天理,其极至于锢情灭性,烝民常业,几一切废弃之"[③];他揭橥"文学复古"的旗帜,"修辞立诚其首"[④],倡导活泼健康的新一代文风;他致力于汉民族语言文字的近代化建设,正视民族语言的统一问题,提出汉字简写主张,制定汉字注音符号;等等[⑤]。章太炎非守旧而拓新的"国粹"观,在他对国学保存会和《国粹学报》的宗旨日趋"保守",一味"存古"的批评中也体现出来。起初两三年间,国学保存会和《国粹学报》高度重视国学理论的建设,邓实的《国学通论》、《国学今论》、《古学复兴论》、《国学无用辩》,许之衡的《论国粹无阻于欧化》等文章均在这一阶段面世。但是,这一理论倾向后来发生转变。1907年1月,第24期《国粹学报》发布《报告》,称"本会学报发行已满二载,其宗旨在于发明微学,阐扬幽光,于转移学风,保存国粹,不无小补。"《报告》宣布,从明年起,"由华辞而趋重朴学,由议论而

---

① 章太炎:《再与人论国学书》,《太炎文录初编·别录》卷二。
② 章太炎:《中国通史略例》。
③ 章太炎:《四惑论》。
④ 章太炎:《文学总略》,《国故论衡》卷中。
⑤ 详见冯天瑜、何晓明、周积明:《中华文化史》,上海人民出版社1990年版,第1030—1034页。

渐归实际"。表面上看,这一"转向"并无不妥,无可非议,但是,其真实意向是转入以"少发议论"、"皆言学术"旗号下的一味"存古"。这一"转向"清楚地表现在《国粹学报》的用稿标准变化和例目更定上。总第62期《国粹学报》宣布录稿标准:"力避浮华,而趋于朴学,使文有其质,博而皆要,非关于学术源流、有资考古者不录。"关于例目设置,先是增设博物篇和美术篇,专以辑录中国古代文物。第六年第一期(总第63期)又刊登《更定例目》启事,改"社说"为"通论",政篇、史篇、学篇改为经篇、史篇、子篇,文篇保留。经、史、子、集是中国传统的图书分类体系,《国粹学报》的例目更定,明显表现出单纯"存古"的价值指向。章太炎对这一切看得真切,率直提出批评:"国粹学报社者,本以存亡继绝为宗,然笃守旧说,弗能使光辉日新,则览者不无思倦,略有学术者,自谓已知之矣,其思想卓异,不循故常者,又不克使之就范,此盖吾党所深忧也。"他希望《国粹学报》"力图增进,以为光大国学之原"。①

章太炎所言"国粹",要害在"增进爱国的热肠",于列国竞争的时代格局中,拯救国家民族的危亡。"国粹尽亡,不知百年以前事,人与犬马何异哉?人无自觉,即为他人凌轹,无以自生;民族无自觉,即为他族凌轹,无以自存"②。更明白地说,20世纪初年的章太炎大讲"国粹",是与其时他坚定的反清(反满)革命立场分不开的。就在提出"用国粹激励种姓,增进爱国的热肠"的同一次演讲中,章太炎回顾自己自幼开端的痛恨"异种乱华"、立志"保卫汉种"的民族思想形成史,以之鼓动中华热血青年的革命激情。留日学生界

---

① 章太炎:《致国粹学报社书》,《章太炎政论选集》上册,中华书局1977年版,第497、498页。

② 章太炎:《印度人之论国粹》,《民报》第20号。

本来就是孙中山革命党人的重要基地,章太炎刚从清廷的监狱中脱险而出,激情迸发的演说立即使"国粹"革命论风行一时。听讲者"受章氏之感动,激于种族之观念,皆归于民族旗帜之下,风起云涌,各自发行杂志,宣传种族学说,以为革命之武器"①。20世纪初年国粹思潮主流在政治方面革命倾向的确立,章太炎不愧首功。

三、"国粹存则其国存,国粹亡则其国亡"

20世纪初年的国粹派骨干,有邓实、黄节、刘师培等人。他们思想上的共同忧虑,是中华文化在西方文化强劲冲击下失却自己的传统,动摇自身的根基。用邓实的话说,即"欧风东渐,国学几灭,著者抱亡学亡国之惧"②。邓实所谓"夫一国之立必有其所以自立之精神焉,以为一国之粹,精神不灭,则国亦不灭"③,许守微所谓"国粹者,一国精神之所寄也,其为学,本之历史,因乎政俗,齐乎人心所同,而实为立国之根本源泉也。是故国粹存则其国存,国粹亡则其国亡"④,都是希望高扬"国粹"的旗帜,振奋民族精神,挽救民族危亡。这是国粹派全部思想理论的基点。

国粹派具体的学术策略是"古学复兴"。他们援引欧洲"文艺复兴"的成功例证,鼓吹中国传统文化遗产的恒久生命力与现代价值。"吾人今日对于祖国之责任,唯当研求古学,刷垢磨光,钩玄提要,以发见种种之新事理,而大增吾神州古代文学之身价。……安

---

① 胡朴安:《二十年学术与政治之关系》,《东方杂志》第21卷第1号。
② 邓实:《第七年政艺通报题记》,《政艺通报》1908年第1期。
③ 邓实:《鸡鸣风雨楼独立书·语言文字独立》,《政艺通报》1903年第24号。
④ 许守微:《论国粹无阻于欧化》,《国粹学报》第1年第7期。

见欧洲古学复兴于15世纪,而亚洲古学不复兴于20世纪也。"①
"视我神州,则蒙昧久矣,昏瞀久矣,横序之子,不知四礼;衿缨之士,不读群经。盖括帖之学,毒我神州者六百有余年,而今乃一旦廓清,复见天日,古学复兴,此其时矣,此其时矣。"② "古学"即"国粹","国粹"即"古学",两者统一于先秦时代的诸子学而非儒家一派,这是20世纪初年国粹派不同于其时张之洞、康有为、严复等人一味尊孔的重大分野所在。它体现了更宽广的学术视界和更博大的学术襟怀。"学术至大,岂出一途。古学虽微,实吾国粹。孔子之学,其为吾旧社会所信仰者,固当发挥而广大之。诸子之学,湮殁既千余年,其有新理实用者,亦当勤求而搜讨之"③。至于自觉以"文艺复兴"的东方发动者自居,也表现出国粹派更趋进化的时代变革意识。正如欧洲的"文艺复兴"绝非一味"复古"一样,国粹派的"古学复兴"实质上也含有对于传统文化进行改造的旨意。"夫国学即国魂所存,保全国学,诚为最重要之事矣。然尤当亟思改良,不为守旧,俾合于今日情势,而使必不可磨灭。斯真善言国学者矣。"这样说的理由是:"国因时势而迁移,则学亦宜从时势而改变。夫惟其能改变也,故学为可珍,而学乃可以常存。不然,国势已变迁矣,而犹死守固有之学不稍变动,势必为强外族闯入而制其命,而尽废其学。若是不特国学之不能保也,而国亦因保国学而灭绝……顾国学之能自存于宇宙间者,在欢迎新学术以调和之、补助之耳。"④

---

① 邓实:《古学复兴论》,《国粹学报》第9期,1905年10月。
② 许守微:《论国粹无阻于欧化》,《国粹学报》第1年第7期。
③ 邓实:《古学复兴论》,《国粹学报》第9期,1905年。
④ 师蘐:《学术沿革之概论》,《醒狮》1905年第1期。

国粹派心目中的"国粹",并非指中华传统文化的全部内容,而是剔除了其间专制主义的糟粕。黄节给"国粹"下的定义是:"发现于国体,输入于国界,蕴藏于国民之原质,具一种独立之思想者,国粹也;有优美而无粗疏,有壮旺而无稚弱,有开通而无锢蔽,为人群进化之脑髓者国粹也。"①邓实在《国学无用辨》中针对"今之忧世君子,睹神州之不振,悲中夏之沦亡,则疾首痛心于数千年之古学,以为学之无用而至于此也",特别强调了"无用者君学也,而非国学"。他指出,君学服务于专制帝王,国学服务于国家民族,"夫君学者,以人君之是非为是非者也,其言顺而易入;国学者不以人君之是非为是非者也,其言逆而难从"。邓实举近代西方思想史上的例证,肯定孟德斯鸠、卢梭、亚当斯密、达尔文、斯宾塞之学,"不必赖时君之表扬也,而固已飚动云兴,足以转移一世之人心风俗而有余矣"②。这一段话将国粹派以"国学"研究推进政治变革的意图表达得淋漓尽致。就具体的政治目标而言,国粹派基本一致的态度是反对专制,倡导民主。他们努力从中国文化自身的演进中探寻专制主义的源流,批判专制主义的毒害:"溯吾学派之衰,则源于嬴秦。始皇烧诗书百家语,藏书博士,窒塞民智。至于汉武,立博士于学官,罢黜百家。以迄刘歆,则假借君权,窜乱经籍,贼天下后世。然则秦皇汉武之立学也,吾已见专制之剧焉,民族之界夷,专制之统一,而不国,而不学,殆数千年。呜呼!奚至于今而始悲也!"③国粹派认为,中国"古学"的优良传统数千年不绝如缕,其间受到专制"君学"的戕害,

---

① 黄节:《国粹保存主义》,《壬寅政艺丛书》,政学文篇卷5。
② 邓实:《国学无用辨》,《国粹学报》第30期,1907年6月。
③ 黄节:《国粹学报叙》,《国粹学报》第1期,1905年。

"夫中土之学,兴于三代之前。秦汉以还,大师魁儒,纂述尤盛,代有传人,人有传书",可惜为"二千年间专制坏之,小人儒乱之。不病于廓,则病于肤;不病于窒,则病于迂。故训哓哓,多霾大义,明心辨性,理窟迷蒙"。因此,弘扬国粹必须有"破"有"存":"是故二千年之学说,所不得不破之者君尊,而所不得不存之者民德。君尊之说,非尧舜禹汤文武周公孔孟之真传也;民德之说,则尧舜禹汤文武周公孔孟之所恃以为治者也"①。对于国粹派的排满革命倾向,后人固然看得真切,就在当时,也不是什么秘密。《国粹学报》发表"读者感言",就宣称"保全国粹诸子,首以国学为倡,其识诚伟大。读其书,标民族之宏义,发神州之鸿秘。其志可哀,其旨可敬,其文辞尤可感而舞也"②,后人的评论更点明:《国粹学报》"虽注重旧学,而实寓种族革命思想"③。

国粹派捍卫"国学"、"国粹"的根本价值和主流地位,但并非绝对地排拒西学。"国之不强,在于无学,而不在有学;学之有用无用,在乎通大义,知古今,而不在乎新与旧之分。""凡国学微言奥义,均可借晰种之学,参互考验,以观其会通,则施教易而收效远"④。在这方面,刘师培的《中国民约精义》堪称标本。刘师培以卢梭的《民约论》为参照,极力从《周易》以降及至晚清的中国历代圣哲的论述中发掘"民约精义",凡五万余言,"证以卢说,考其得失",其间主观武断、扭曲附会之处不一而足,但是其努力"会通"中西之学的理论追求,却是无可厚非的。也正是出于这种"会通"的

---

① 伍文琛:《群书》,《政艺通报》1906年第19号。
② 许之衡:《读国粹学报感言》,《国粹学报》第6期,1905年。
③ 戈公振:《中国报学史》,三联书店1955年版,第131页。
④ 刘师培:《拟设国粹学堂启》,《国粹学报》第26期,1907年3月。

中外文化观,国粹派不仅声明"国粹者,道德之源泉,功业之归墟,文章之灵奥也。一言以蔽之,国粹也者,助欧化而愈彰,非敌欧化以自防"①,甚至对"国粹"的解释也并非局限在"本国之粹"的狭隘意义上:"是故本我国之所有而适宜焉者,国粹也;取外国之宜于我国而吾足以行焉者,亦国粹也。"② 国粹派极力反对"欧化",并非绝然拒绝西方文化的健康营养,而是认为不作分析、不作研究地简单模仿抄袭,实际上于国家民族的进步有害无益。"夫欧化者,固吾人所祷祠以求者,然返观吾国,则西法之入中国,将三十年,而卒莫收其效,且更弊焉,毋亦其层累曲折之故,有所未莹者乎?语有之,桔逾淮则为枳,今日之欧化,枳之类也,彼之良法善制,一施诸我国而弊愈滋"③。正确的态度是在坚持自身传统的基础上,取人之长,补己之短。"世衰道微,欧化灌注,自宜捃彼菁英,补我阙乏。……达变之士方议沟通释耶,合炉熔铸,岂犹谬袭成见,阻塞新知"④。

国粹派用精神、形质两分法来分析"国粹"与"欧化"的关系。"国粹者,精神之学也;欧化者,形质之学也(欧化亦有精神之学,此就其大端言耳)","是故国粹以精神而存,服左衽之服,无害其国粹也;欧化以物质而昌,行曾史之行,无害其欧化也。"⑤ 这正是近代中国文化保存主义的一贯思路,与以前的"中体西用论"者和以后的"东方文化派"完全一致。上引刘师培的"中国民约精义",便是

---

① 许守微:《论国粹无阻于欧化》,《国粹学报》第1年第7期。
② 黄节:《国粹保存主义》,《政艺通报》壬寅第22期。
③ 许守微:《论国粹无阻于欧化》,《国粹学报》第1年第7期。
④ 李世由:《国粹学报三周年祝词》,《国粹学报》第38期,1907年。
⑤ 许守微:《论国粹无阻于欧化》,《国粹学报》第1年第7期。

在"会通"的姿态下力争"国粹"的"精神之学"丝毫不逊于西方的机巧之作。有研究者认为,从刘师培等人身上可以看到当时知识分子的"两难心态":既痛恨西化,却又想从西方取万灵丹,学习西方的科学、进步,因此,可称之为"反西化的西方主义";同时,他们又有一种既批判传统,又向往某种他们认为更纯粹的传统的倾向,可以称之为"反传统的传统主义"①。国粹派在对待西方文化与传统文化的关系问题上,确实处于这种尴尬的境地。

要而言之,国粹派的保学、保国、保种主张,将文化使命、政治责任与民族感情熔于一炉,激情固然高扬,但其间内在的理论缺隙也是显而易见的。第一,为了强调"排满复汉"的文化根据,"光复""皇汉声名文物",将有清一代的所有文化成绩从中华"国学"系统中开除出去,这本身就不符合历史的实际。第二,表面上看,国粹派似乎是要走西方"文艺复兴"之路,但实际上,他们并不理解"文艺复兴"的实质是新的社会革命的舆论前导。国粹派的"古学复兴"除了政治方面的"反满"意图具有"种族革命"的意义之外,其"反本以言国粹"的文化保守主义的立场决定了他们不仅无力承担新的社会革命先导的角色,而且由于过于浓烈的"国粹"情结,往往不自觉地陷于鲁迅所讽刺的为"粹"所迷惑的窘境②,有的甚至站到了革命的对立面。国粹派诸君的人生轨迹恰恰印证了这一点。如果说刘师培投靠端方、列名"筹安会"还可以从其投机品行方面查找深层原因的话,那么晚年章太炎"身衣学术的华衮,粹然成为

---

① 王汎森:《中国近代思想与学术的系谱》,河北教育出版社2001年版,第197页。
② 见《鲁迅全集》第一卷,人民文学出版社1957年版,第382—383页。

儒宗","和时代隔绝了","既离民众,渐入颓唐"[①],恐怕就只能更多地从其"上天以国粹付余"的文化潜意识中分析根由了。

---

① 鲁迅:《关于太炎先生二三事》,《鲁迅全集》第六卷,人民文学出版社1957年版,第442—444页。

第七章　文明灾祸的教训与启迪

在近代中国文化保守主义的发展史上,第一次世界大战所表现出的资本主义文明的弊端和负面影响,是极其重要的刺激因素。直接而深切感受到这一刺激因素的,是梁启超、张君劢师徒一行7人1918年底至1920年3月的欧洲之行。

一、大战后的师徒欧洲之行

辛亥以后,梁启超依然是政坛上的活跃人物。遗憾的是,袁世凯、段祺瑞式的军阀强权表面上对梁氏礼貌有加,实际上却丝毫不给他实现"宪政"抱负的可能机会。希望破灭后的失落与沮丧令梁启超又一次萌生出弃政从文的念头。1918年5月,他在给友人的信中"郑重相告":"此时宜遵养时晦,勿与闻人家国事,一二年中国非我辈之国,他人之国也。"[①] 同年10月,梁启超会见《申报》记者时表白:"心思才力,不能两用,涉足政治,势必荒著述,吾自觉欲效忠于国家社会,毋宁以全力尽瘁于著述,为能尽吾天职,故毅然中止政治生涯,非俟著述之愿略酬,绝不更为政治活动"[②]。这一年

[①] 梁启超:《与亮兄书》,丁文江等:《梁启超年谱长编》,上海人民出版社1983年版,第862页。

[②] 《申报》,1918年10月26日。

第七章 文明灾祸的教训与启迪

从春至秋,梁启超专心于中国通史的著述,勉力笔耕,其乐陶陶,"自珍敝帚,每日不知其手足之舞蹈也"①。也许是用功太勤,伤及身体,梁启超患肋膜炎及肺炎,不得不中断写作。秋冬之际,他一边休养,一边加紧谋划以私人身份游历欧洲。此时正当第一次世界大战结束,战胜国之间利益再分配的巴黎和会即将举行。关于此次出游的目的,梁启超列举了两条:

> 第一件是想自己求一点学问,而且看看这空前绝后的历史剧怎样收场,拓一拓眼界。第二件也因为正在做正义人道的外交场,以为这次和会真是要把全世界不合理的国际关系根本改造,立个永久和平的基础,想拿私人资格将我们的冤苦向世界舆论申诉申诉,也算尽一二分国民责任。②

这次欧洲之行,准备充分,从酝酿到成行,历时一年③。梁启超本人对之也抱有极大希望,除了政治上向世界舆论申诉"冤苦",维护国家民族的利益,在思想方面也期待着幡然醒悟的收获。从上海出发前夕,梁启超等与张东荪、黄溯初畅谈通宵,"着实将从前迷梦的政治活动忏悔一番,相约以后决然舍弃,要从思想界尽些微力。这一席话要算我们朋辈中换了一个新生命了。"④

1918年12月28日晨,梁启超偕张君劢、蒋百里、刘崇杰及杨

---

① 梁启超:《致陈叔通君书》,《梁启超年谱长编》,第861页。
② 梁启超:《欧游心影录·欧行途中》,《饮冰室合集》第7册,中华书局1989年版,第38页。
③ 见丁文江等:《梁启超年谱长编》,第859页。
④ 梁启超:《欧游心影录·欧行途中》,《饮冰室合集》第7册,第39页。

鼎甫(录事兼服役)乘坐日本邮船横滨丸号离开上海,同行的丁文江和徐新六"因船位缺乏,分道首途"①,另船赴欧。

经过45天的漫长航行,1919年2月,梁启超一行抵达伦敦,与先期到此的丁文江、徐新六会合,休整一周之后,至法国巴黎。"少留观察和会情形,并代表中国为舆论之鼓吹。三月七日自巴黎出发考察各地战地,游毕仍返居法国。六月七日起游英国者一月。……七月末旬游比国。八月初旬游荷兰,末旬游瑞士。九十月间游意大利,游毕仍返巴黎,居两月。十二月十日起游德国者一月。次年一月复返巴黎,便做归国的准备了"②。一年的时间里,梁启超一行考察政治社情,会见各界名流,发表演说谈话,努力实现出游的初衷。在"尽国民责任"方面,梁启超与国内保持密切联系,通报有关巴黎和会的动态,提出自己的建议。四月末,他致电国民外交协会,"对德国事,闻将以青岛直接交还,因日使力争,结果英、法为所动,吾若认此,不啻加绳自缚,请警告政府及国民严责各全权,万勿署名,以示决心。"③ 七月初,梁启超又致电国内政要并转南北当局诸公,速捐私见,以谋统一。"启超在欧数月,每遇彼都人士以内乱情形相质,则若芒刺在背,不知所对。""中国今日如重洋遇飓,远援无补,出生入死,纯恃自力,若更操戈舟中,只有同归于尽,当此存亡俄倾,有何嫌怨之不捐,有何权利之复可恋"④,书生意气之中,更显爱国赤子的拳拳之心。在"求一点学问"方面,梁启超一行遍访贤哲,"惟学者之家有约必到,故所识独多,若再淹留半年,

---

① 梁启超:《欧游心影录·欧行途中》,《饮冰室合集》第7册,第38页。
② 丁文江等:《梁启超年谱长编》,第875页。
③ 同上,第880页。
④ 同上,第886页。

恐全巴黎之书呆子皆成知己矣"①。特别是会见哲学巨子柏格森和大外交家笛尔加莎,"二人皆为十年来梦寐愿见之人,一见皆成良友,最足快也"②,学业精进之乐,溢于言表。

1920年1月17日,梁启超由巴黎赴马赛,22日,离马赛乘法国邮船归国,3月5日抵上海。此次欧洲之行,是梁启超人生轨迹的一大转折。"先生这次归来后,对于国家问题和个人事业完全改变其旧日的方针和态度,所以此后绝对放弃上层的政治活动,惟用全力从事培植国民实际基础的教育事业"③。

二、梁启超的文化反思

历时一年有余的欧洲之行,给梁启超等人的思想以巨大刺激与震撼。1919年6月,梁启超在给其弟的信中报告考察之后的内心感受:

> 至内部心灵界之变化,则殊不能自测其所届。数月以来,晤种种性质差别之人,闻种种派别错综之论,睹种种利害冲突之事,炫以范象通神之图画雕刻,摩以回肠荡气之诗歌音乐,环以恢诡葱郁之社会状态,饫以雄伟矫变之天然风景,以吾之天性富于情感,而志不懈于向上,弟试思之,其感受刺激,宜何如者。吾自觉吾之意境,日在酝酿发酵中,吾之灵府必将其一

---

① 丁文江等:《梁启超年谱长编》,第881页。
② 同上,第881页。
③ 同上,第896页。

绝大之革命,惟革命产儿为何物,今尚在不可知之数耳。[1]

从登陆伦敦开始,世界大战对人类文明造成的深重灾难就给梁启超一行以强烈刺激。"我们才登岸,战后惨淡凄凉景况,已经触目皆是"[2],"所居虽一等旅馆,每日恒不饱,……煤极缺,室中苦寒,战后尚尔,战时可想。"[3] 物质匮乏,物价飞腾,曾经富庶的欧洲各国,居然到了"要煤没煤,要米没米,家家户户开门七件事,都要皱起眉头来"[4] 的地步。就对经济的破坏而言,大战有如一场倾家荡产的大官司,没有赢家:"输家不用说是绞尽脂膏,便赢家也自变成枯腊"[5]。不仅如此,大战暴露出的、且战后依然故我的资本主义社会的尖锐矛盾,也令梁启超忧心忡忡。在德国逗留期间,梁启超就遭遇到"柏林全市饭馆罢业,旅馆也不设食,吃饭问题闹得狼狈万状,闻铁路又将罢工,果尔吾侪将困饿此间矣"[6]。对此,他的感受是,"科学愈昌,工厂愈多,社会偏枯亦愈甚。富者愈富,贫者愈贫","这种现象,都是社会组织不合理生出来,想救济他,就要根本改造"[7]。尤其是亲临战场的考察,更令性情中人梁启超感伤巨痛,刻骨铭心。"路上弥望,别无他物,就只有一簇一簇的丛冢,上头插着千百成群的十字架,和那破残零乱的铁条网互相掩

---

[1] 丁文江等:《梁启超年谱长编》,第880至881页。
[2] 梁启超:《欧游心影录·伦敦初旅》,《饮冰室合集》第7册,第47页。
[3] 梁启超:《与周夫人片》,《梁启超年谱长编》,第878页。
[4] 梁启超:《欧游心影录·欧游中之一般观察及一般感想》,《饮冰室合集》第7册,第3页。
[5] 同上,第5页。
[6] 丁文江等:《梁启超年谱长编》,第892页。
[7] 梁启超:《欧游心影录·欧游中之一般观察及一般感想》,《饮冰室合集》第7册,第7—8页。

第七章 文明灾祸的教训与启迪

映,此外便是破头盔咧,破靴咧,弹壳咧,马蹄铁咧,空罐头咧,东一件西一件,算是这几十里高原的装饰品。我们从总炮台出来的时候,天气本已是阴霾四合,到这时候更下起濛濛丝雨来。我们的车既已迷了路,三番五覆地回旋停顿,我们也就几次下车分头步行。我但觉得四周围色是死的,声是死的,天是死的,地是死的。任凭你怎样热中的人,到此也是兜头一盆冷水。现在所谓光华烂漫的文明,究竟将来作何结果,越想越令人不寒而栗哩。"①

马克思曾经深刻批评了资本主义文化对人类的"异化",即人类被自己的文明创造的成就所左右,甚至因而迷失了自己②。梁启超的欧洲观感印证了马克思的批判,他说:"我们从前自己夸嘴,说道靠科学来征服自然界,如今科学越发昌明,那自然界的威力却越发横暴,我们快要倒被他征服了。"③梁启超感叹:"我想人类这样东西,真是天地间一种怪物:他时时刻刻拿自己的意志,创造自己的地位,变化自己的境遇;却又时时刻刻被他所创所变的地位境遇支配起自己来,他要造什么变什么,非等到造出来变出来,没有人能够事先知道,连那亲手创亲手变的人也不知道。等到创成变成一个新局面,这新局面绝非吾人所能料到,大家只好相顾失色,却又从这新局面的基础上,重新又再创再变起来。"④ 面对大战后的欧洲景象,梁启超有两大感悟,其一,"在物质的组织之下,全社会像个大机器,一个轮子出了毛病,全副机器停摆,那苦痛真说不

---

① 梁启超:《欧游心影录·战地及亚洛二州纪行》,《饮冰室合集》第7册,第110页。
② 参见马克思:《1844年经济学哲学手稿》,人民出版社1985年版,第46—85页。
③ 梁启超:《欧游心影录·欧游中之一般观察及一般感想》,《饮冰室合集》第7册,第14页。
④ 同上,第2—3页。

尽,只怕从今而后,崇拜物质文明的观念,总有些变动罢"①;其二,与此相应,精神文明的作用,道德的作用,应该得到更加的重视。梁启超分析道:在资本的世界里,"除了物质的利害关系外,绝无情感之可言"。科学主义横行天下,"哲学家简直是投降到科学家的旗下了","人类心灵"被解释成"物质运动现象之一种"。他批评这种"纯物质的纯机械的人生观,把一切内部生活外部生活,都归到物质运动的'必然法则'之下",其实是一种"变相的运命前定说"。在其支配下,道德存在的意义甚至其可能性都成了问题。弱肉强食成了天经地义的绝对法则。"近年来,什么军阀,什么财阀,都是从这条路产生出来,这回大战争,便是一个报应"。梁启超指出,"现今思想界最大的危机,就在这一点"②。

第一次世界大战是资本主义世界政治、经济和军事矛盾的空前爆发,它的结局不但引起世界秩序的重组和各国间种种现实利益的再分配,而且激发了世界范围内的关于人类文明路向的深刻反思。科学原理和物质手段在大战中表现出的巨大破坏力量,逼迫着人们认清了一个事实:人类文明的确离不开科学发展与物质进步,但是,"科学万能"的迷信,给人类多么惨痛的报应!梁启超在宣布自己"绝不承认科学破产"的前提下论道:"当时讴歌科学万能的人,满望着科学成功,黄金世界便指日出现,如今功总算成了,一百年物质的进步,比以前三千年所得还加几倍,我们人类不惟没有得着幸福,倒反带来许多灾难。好像沙漠中失路的旅人,远远望见个大黑影,拼命往前赶,以为可以靠他向导;那知赶上几程,影子

---

① 梁启超:《欧游心影录·伦敦初旅》,《饮冰室合集》第7册,第48页。
② 梁启超:《欧游心影录·欧游中之一般观察及一般感想》,《饮冰室合集》第7册,第10—12页。

却不见了,因此无限凄惶失望。影子是谁? 就是这位'科学先生'。欧洲人做了一场科学万能的大梦,到如今却叫起科学破产来。这便是最近思潮变迁的一个大关键了。"①

一年多的欧洲游历,梁启超接触到许多西方人士,这些"身在其中"者关于战争前因后果的真切感受,也引发了梁启超对于中西文化关系的深入思考。某日闲谈,美国记者赛蒙氏问梁:"你回到中国干什么事,是否要把西洋文明带些回去?"梁回答:"这个自然。"赛蒙氏叹一口气说:"唉! 可怜,西洋文明已经破产了!"梁反问他:"你回到美国却干什么?"他说:"我回去就关起大门老等,等你们把中国文明输进来救拔我们。"梁启超初听此言,以为是讽刺奚落,"后来到处听惯了,才知道他们许多先觉之士,着实怀抱无限忧危,总觉得他们那些物质文明,是制造社会险象的种子,倒不如这世外桃源中的中国还有办法。这就是欧洲多数人心理的一斑了。"②

虽然在当时的欧洲,物质界的枯窘、精神界的混乱都是不争的事实,但是,梁启超并不认为"欧洲文明已经破产"。因为,与18世纪以前不同,进入20世纪的欧洲文明,"是靠全社会一般人个个自觉日日创造出来的,所以他的'质'虽有时比前不如,他的'量'却比从前来得丰富,他的'力'却比从前来得连续。"不管现实困境如何,"社会毕竟是向上了"。经过大战的刺激、教训,"在哲学方面,就有人格的唯心论,直觉的创化论种种新学派出来,把从前机械的唯物的人生观,拨开几重云雾。""就学问上而论,不独唯心唯物两派哲

---

① 梁启超:《欧游心影录·欧游中之一般观察及一般感想》,《饮冰室合集》第7册,第12页。

② 同上,第15页。

学有调和余地,连科学和宗教也渐渐有调和的余地了。"因此,他认为欧洲"前途虽然是万难,却断不是堕落"①。至于是否需要用中国文明来"救拔"西方,如何正确处理中西文化关系,梁启超的看法是,中国文明确有自己的优长之处,但也有缺失,"中国旧思想的束缚固然不受,西洋新思想的束缚也是不受","拿孔孟程朱的话当金科玉律,说他神圣不可侵犯,固是不该;拿马克思易卜生的话当金科玉律,说他神圣不可侵犯,难道又是该的吗?我们又须知,现在我们所谓新思想,在欧洲许多已成陈旧,被人驳得个落花流水,就算他果然很新,也不能说'新'便是'真'呀。我们又须知,泰西思想界,现在依然是混沌过渡时代,他们正在那里横冲直撞寻觅曙光,许多先觉之士,正想把中国印度文明输入,图个东西调和,这种大业,只怕要靠我们才得完成哩。"② 梁启超认为,一次大战暴露的西方社会矛盾,证明社会主义是"现代最有价值的学说",但是,"提倡这主义、精神和方法,不可并为一谈。""这种精神,不是外来,原是我所固有。孔子讲的'均无贫和无寡',孟子讲的'恒产恒心',就是这主义最精要的论据,我并没有丝毫的附会。"谈到实行的方法问题,梁启超觉得西方可行而中国暂不可行,理由是"在没有工业的中国,想要把他悉数搬来应用,流弊有无,且不必管,却最苦的是搔不着痒处"。他主张在中国,应"发挥资本和劳动的互助精神","至于太过精辟新奇的学说,只好拿来做学问上解放思想的资料,讲到实行,且慢一步罢。"③

---

① 梁启超:《欧游心影录·欧游中之一般观察及一般感想》,《饮冰室合集》,第 7 册,第 16—19 页。
② 同上,第 27 页。
③ 同上,第 32—34 页。

第七章 文明灾祸的教训与启迪

虽然梁启超不赞成美国记者赛蒙氏的"西洋文明破产"论,但是与赛蒙氏的谈话确实启发了他认真思考"中国人对于世界文明之大责任"的严肃问题。梁启超思考的结论是:"一个人不是把自己的国家弄到富强便了,却是要叫自己国家有功于人类全体,不然,那国家便算白设了。明白了这道理,自然知道我们的国家,有个绝大责任横在前途。什么责任呢?是拿西洋的文明来扩充我的文明,又拿我的文明去补助西洋的文明,叫他化合起来成一种新文明。"他分析道:"从前西洋文明,总不免将理想实际分为两橛,唯心唯物,各走极端。""所以最近提倡的实用哲学,创化哲学,都是要把理想纳到实际里头,图个心物调和。我想我们先秦学术,正是从这条路上发展出来。孔老墨三位大圣,虽然学派各殊,'求理想与实用一致'却是他们共同的归着点。"因此,"我们若是跟着三圣所走的路,求'现代的理想与实用一致',我想不知有多少境界可以辟得出来哩。"梁启超有针对性地批评道:"国中那些老辈,故步自封,说什么西学都是中国所固有,诚然可笑,那沉醉西风的,把中国什么东西说得一钱不值,好像我们几千年来,就像土蛮部落,一无所有,岂不更可笑吗?"他充满激情地号召中国青年:

第一步,要人人存一个爱护本国文化的诚意;第二步,要用那西洋人研究学问的方法去研究他,得他的真相;第三步,把自己的文化综合起来,还拿别人的补助他,叫他起一种化合作用,成了一个新文化系统;第四步,把这新系统往外扩张,叫人类全体都得着他好处。我们人数居全世界人口四分之一,我们对于人类全体的幸福,该负四分之一的责任。不尽这责任,就是对不起祖宗,对不起同时的人类,其实是对不起自己。

我们可爱的青年啊！立正！开步走！大海对岸那边有好几万万人，愁着物质文明破产，哀哀欲绝的喊救命，等着你来超拔他哩。我们在天的祖宗三大圣和许多前辈，眼巴巴盼望你完成他的事业，正在拿他的精神来加佑你哩。①

正视西方文明的危机与弊病，主张发挥中国文明的优长，调和东西方文明，是文化保守主义的基本姿态。梁启超的《欧游心影录》集中表达了一战以后中国知识界中普遍存在的文化保守主义心态，因而被不少研究者认为是稍后"东方文化派"乃至现代新儒家的前驱先路，这当是公允的评判。

三、为"玄学鬼"正名

随同梁启超旅欧的六人中，还有一位在近代中国文化保守主义发展史上占有重要地位的人物，他就是张君劢。长期以来，张君劢是近代思想史、哲学史上的白鼻反派角色，头顶"玄学鬼"的恶谥。之所以如此，是因为在20世纪20年代发生的"科学与人生观"论战（亦称"科玄论战"）中，张君劢身为"人生观"一派的主将，与"科学"派激烈辩论，但终因寡不敌众，"败"下阵来，并被"科学"派贬斥为"玄学鬼"。80年过去了，客观、冷静地反思这一场论战的来龙去脉、是非曲直，还需要从张君劢跟随梁启超访欧谈起。

---

① 梁启超：《欧游心影录·欧游中之一般观察及一般感想》，《饮冰室合集》第7册，第37—38页。

第七章 文明灾祸的教训与启迪

1887年1月,张君劢出生在江苏嘉定一望族世家。12岁那年,少年张君劢考入上海广方言馆求学。广方言馆为洋务大吏李鸿章所设,意在培养洋务人才,所以课程以数学、物理、化学、航海等自然科学为主,且以英语讲授。求学于此,使张君劢了解到"世界上除了做八股及我国固有的国粹外,还有若干学问"①。1898年秋,"百日维新"以失败告终,清廷通缉康有为、梁启超的告示贴到了广方言馆的门口。张君劢看到通缉令上康、梁的照片,思想深受刺激,自此"即有委身国事壮志,亦心仪康梁之言行,为梁启超书报之忠实读者"②。作为从戊戌到辛亥时期思想界的娇子、舆论界的巨擘,梁启超在当时的青年学子中享有盛誉。1903年,17岁的张君劢在《新民丛报》上读到梁启超所撰《祝震旦学院的前途》一文,文中有"中国之有学术,自震旦学院始"的夸饰之辞,"这话非常刺激吾的脑筋"③,尽管每学期需100多两银子的昂贵学费,张君劢还是考入该院。虽然半年后因为实在不堪学费负担而退学,但是张君劢对于梁启超的信赖乃至崇拜,由此可见一斑。1907年,张君劢到日本留学,成为梁启超主笔的《新民丛报》的积极作者,并因此结识梁氏,且深得其赏识。这年秋天,梁启超在东京成立立宪派组织政闻社,邀请张君劢加入,并委任其为评议员。此后20年,张君劢一直追随梁启超,既是忠实学生,又是得力助手。梁启超长张君劢14岁,张曾自称"虽未执贽于任公门下,然其关系是在师友之间"。世人所传张君劢为梁启超私淑弟子,显然有其确实根据。

---

① 张君劢:《我的学生时代》,黄克剑等编:《张君劢集》,群言出版社1993年版,第42页。
② 吴相湘:《民国百人传》第3册,台北《传记文学》杂志社1979年版,第2页。
③ 张君劢:《我的学生时代》,第42页。

"梁任公给予张君劢的影响确是多侧面的:那种对功名和不朽的强烈渴慕,那种学而优则仕、仕不优则学的进退风格,那种以千变(现实手段)求不变(宪政理想)的政治个性,等等。从某种意义上可以这样说,张君劢的一生凝聚着梁任公的灵魂"[1]。正因为有如此亲密的关系,梁启超1919年的欧洲之行选择张君劢为少数随员之一,便是顺理成章的事情。

张君劢随梁启超旅欧之前,已有留学德国,访问荷兰、英国的经历。但是正如他自己所检讨:"在德读书约有二三年,在自己无多大心得",虽然"读书甚勤,但始终站在学问之外,学问与自己尚未打成一片"[2]。1919年以前的张君劢,政治热情极其高涨,他与其师梁启超一道,依附段祺瑞的势力,说服段氏讨伐张勋复辟,以"再造共和"的功臣自居,老师当了财政总长,学生做了总统府秘书,颇为风光了一阵。虽然不久就被迫退出政府,但是对于"政治国"的留念,仍是当时张君劢郁积的心结。正是这一次的欧洲之行,才使得张君劢的精神生活的重心由"政治国"转移到"学问国",并基本形成典型的文化保守主义的思想姿态。关于这一重大转变,张君劢自述道:

> 渡欧以还,将自己生世细细一想,觉十年来为经世一念所误,踯躅政治,至今不得一当。其锲而不舍乎,其弃之而别图安心立命之所乎,此两念往来胸中,不能自决。近月以来痛下工夫,断念吾第二生命之政治一略决定……此念既定,胸境顿

---

[1] 许纪霖:《无穷的困惑》,上海三联书店,1988年版,第36页。
[2] 张君劢:《我从社会科学跳到哲学之经过》,《中西印哲学文集》上册,台湾学生书局1981年版,第64—65页。

然开朗,去了一政治国,又来了一学问国。每日为此学问国之建设作种种打算……请公转达国中同志者,数年来以政治为饮食水火之君劢,已断念政治矣。①

具体而言,欧洲之行促使张君劢舍"政治国"而进入"学问国"的关键,是接触并信服了"一战"前后流行于欧美的"生命哲学",其代表人物,一是德国的倭伊铿,一是法国的柏格森。当然,这其间有一个过程。张君劢自述:"一九一九年寓巴黎之日,任公、百里、振飞激于国内思潮之变,乃访柏格森,乃研究文艺复兴史,而吾处之漠然,何也?吾内心无此冲动也,及访倭伊铿,一见倾心,于是将吾国际政治学书束之高阁。何也?胸中有所触,不发舒不快矣。自是以后,方潜心于西方学术之源流,惟日叹学海之汪洋,吾力之不逮"②。他回忆与梁启超一道于柏林访问倭伊铿的情形:倭氏虽年过70,但"精神矍铄如一少年,待异国之人亲切真挚",张君劢由此感到"平日涵养于哲学工夫者,其人生观自超人一等,视外交家之以权谋术数为唯一法门者,不啻光明黑暗天堂地狱之别"③。"第一次同倭氏见面,这位哲学家诚恳的态度,大大使我发生研究他的哲学兴趣。倭氏替任公做了一篇文章,名曰《新唯心主义与旧唯心主义之异同》。一见之下,慨然对于万里陌生之人,允许这种工作,其殷勤之意,尤为难得"④。他就此决定,不随梁启超回国,

---

① 张君劢:《致林宰平学长函告倭氏晤谈及德国哲学思想要略》,《改造》第3卷第4号,1920年12月15日。
② 张君劢:《再论人生观与科学并答丁在君》,张君劢等著:《科学与人生观》,山东人民出版社1997年版,第119页。
③ 张君劢:《学术方法上之管见》,《改造》第4卷第5号,1922年1月15日。
④ 张君劢:《我从社会科学跳到哲学之经过》,黄克剑等编:《张君劢集》,群言出版社1993年版,第47页。

而移居耶那,师从倭氏,研究哲学。与此同时,他也改变了对于柏格森的"漠然"态度,师从倭氏的三年中,每年一次前往巴黎,求教于柏格森。

倭伊铿、柏格森是"生命哲学"的代表人物。他们强调精神的独立性,主张人生就是自由意志的"战斗",认为生命冲动是唯一的实在,是宇宙万物的本原,只有靠直觉而非理性才能认识实在,发现宇宙的真相。张君劢服膺其学,表面上看是起于与倭氏一面之缘的"直接触动",但实际上,还有更深刻的内在原因。张君劢将其归纳为自身"下意识"中"种种暗潮"所受到的事实与理论两方面的强烈刺激[1]。

关于事实方面的刺激,一是民国建立之后,政治的腐朽黑暗使张君劢痛切地感到,"一国以内,先要人民的智识力、道德力充实,然后才有好政治,如果不然,天天空口希望好政治,是无用的。"二是此次欧洲之行,考察巴黎和会,"已经知道国际上只有强权而无公理了。""我感触国家自己无强大兵力,外交是空话,乃至说国际公法,更是空话。"张君劢决心抛弃无用之书,"探求一民族所以立国之最基本的力量,或者是道德力,或者是智识力,或者是经济力,专在这方面尽我的心力。"

关于理论方面的刺激,张君劢也归纳了两条。一是所谓"科学的分科性"。凡一门科学,在其研究范围内,有其"独立的资格"。正因为如此,"研究科学的人,立在一门科学的立场上,往往以为从本门科学以内可以能解决本门以内的事情。在我最初求学的时

---

[1] 张君劢:《我从社会科学跳到哲学之经过》,黄克剑等编:《张君劢集》,群言出版社1993年版,第47—52页。

候,亦以为读了政治,就可以照书本解决政治;后来与实际生活接触之后,就知道科学是以分科为基本。既以分科为基本,自然只能说到一方面,而忽略其他方面。这是在初期研究学问的人所见不到的一点,因为他们忘了学问的分科性,对于学问,有过分的希望,而且往往抬高学问的价值,以为它可以解决一切实际问题。"二是所谓"各科学中之抽象历程"。各科学术里边,都有一种抽象历程,其"思想背后有一个总潮流,这种潮流,不能求之于各社会科学,而应求之于哲学"。"所以我说从哲学以观察社会或自然界,比较看得清楚。也可以说从哲学方面来看,容易达于社会科学与自然科学之第一原则。"

1922年1月,张君劢学成归国。一年以后,他在清华大学发表了题为"人生观"的演讲。从具体内容上看,这是张君劢几年来师从倭伊铿、柏格森所获心得的一次系统表达,而从更广阔的文化背景上看,它也是"一战"之后"科学破产"论、"精神文明"优越于"物质文明"论的一次公开宣示[1]。张君劢在演讲中比较人生观与科学,指出两者间的明显区别:

第一,科学为客观的,人生观为主观的;

第二,科学为论理的方法所支配,而人生观则起于直觉;

第三,科学可以以分析方法下手,而人生观则为综合的;

第四,科学为因果律所支配,而人生观则为自由意志的;

第五,科学起于对象之相同现象,而人生观起于人格之单一性。

---

[1] 陈先初:《精神自由与民族复兴——张君劢思想综论》,湖南教育出版社1999年版,第23页。

根据以上五点，张君劢得出结论："故科学无论如何发达，而人生观问题之解决，绝非科学所能为力，惟赖之人类之自身而已"①。

张君劢没有料到，他的这次简短演说招致好友丁文江的猛烈批评；张君劢和丁文江都没有料到，两人的争论竟然引发了现代思想文化史上一场影响深远的大论战。

丁文江针对张君劢的演说，在1923年4月的《努力周刊》上发表《玄学与科学》一文，辛辣地讽刺道："玄学真是个无赖鬼——在欧洲鬼混了二千多年，到近来渐渐没有地方混饭吃，忽然装起假幌子，挂起新招牌，大摇大摆地跑到中国来招摇撞骗，你要不相信，请你看看张君劢的《人生观》！张君劢是作者的朋友，玄学却是科学的对头。玄学的鬼附在张君劢的身上，我们学科学的人不能不去打他"②。丁文江的观点是，人生观与科学不能分家，"科学的万能，科学的普遍，科学的贯通，不在他的材料，在他的方法"③。张君劢立即著长文《再论人生观与科学并答丁在君》进行答辩。丁、张之争引起广泛关注，胡适、梁启超、张东荪、范寿康、吴稚晖等人纷纷发文参战。胡适、吴稚晖支持丁文江，形成"科学派"，梁启超则支持张君劢，形成"玄学派"。随后，信奉唯物史观的陈独秀、瞿秋白等也加入论战，他们明显倾向于"科学派"，反对"玄学派"。1923年底，论战基本平息。从当时的态势看，"玄学派"显然处于下风，其原因是"科学主义的精神、态度、方法，更适合于当时中国年轻人的选择"，"处在个体命运与社会前途休戚攸关的危机时代，

---

① 张君劢：《人生观》，张君劢等著：《科学与人生观》，山东人民出版社1997年版，第38页。
② 丁文江：《玄学与科学》，张君劢等著：《科学与人生观》，第41页。
③ 同上，第53页。

倾向于信仰一种有规律可循、有因果可循从而可以具体指导自己行动的宇宙—历史—人生观,是容易理解的事"①。

全面分析"科学与人生观"论战中各家各派的理论主张不是本书的主旨所在,这里仅就张君劢在论战中的言论稍作展开。

简言之,西方的"生命哲学"结合中国的宋明理学,是张君劢在论战中的主要思想武器。1923年底,泰东图书局"集关于科学与人生观论战之文为一书",请张君劢作序,他在序中重申自己的结论:"第一,科学上之因果律,限于物质,而不及于精神。第二,各分科之学之上,应以形上学统其成。第三,人类活动之根源之自由意志问题,非在形上学中,不能了解。"紧接着,张君劢写道:"现世界之代表的思想家,若柏氏倭氏,本此义以发挥精神生活,以阐明人类之责任。推至其极而言之,则一人之意志与行动,可以影响于宇宙实在之变化,此正时代之新精神,而吾侪青年所当服膺者也!"②这里所谓"时代之新精神",是张君劢纵观中西几百年历史后得出的认识。"近三百年之欧洲,以信理智信物质之过度,极于欧战,乃成今日之大反动。吾国自海通以来,物质上以炮利船坚为政策,精神上以科学万能为信仰,以时考之,亦可谓物极将返矣"③。作为体现"时代之新精神"的实际对策,张君劢认为,昌明宋明理学,此其时也。从理论上看,"惟以心为实在也,故勤加拂拭,则努力精进之勇必异乎常人"。在引述了柏格森"生机的冲动"、"道德的生活"论述后,他特别强调,"此言也,与我先圣尽性以赞化育之义相吻合,乃知所谓明明德,吾日三省,克己复礼之修省工夫,皆有至理存

---

① 李泽厚:《中国现代思想史论》,东方出版社1987年版,第59页。
② 黄克剑等编:《张君劢集》,群言出版社1993年版,第72页。
③ 张君劢等著:《科学与人生观》,山东人民出版社1997年版,第101页。

乎其中,不得以空谈目之。"从实际上看,"当此人欲横流之际,号为服国民之公职者,不复知有主义,不复知有廉耻,不复知有出处进退之准则。其以事务为生者,相率于放弃责任;其以政治为生者,朝秦暮楚,苟图饱暖,甚且为一己之私,牺牲国家之命脉而不惜。若此人心风俗,又岂碎义逃难之汉学家所得而矫正之乎?诚欲求发聋振聩之药,惟在新宋学之复活"[1]。丁文江曾批评,"西洋的玄学鬼到了中国,又联合了陆象山、王阳明、陈白沙高谈心性的一班朋友的魂灵,一齐钻进了张君劢的'我'里面。无怪他的人生观是玄而又玄的了"[2]。对此,张君劢答辩道:"吾则以为柏氏倭氏言有与理学足资发明者,此正东西人心之冥合,不必以地理之隔绝而摒弃之。""知礼节而后衣食足,知荣辱而后仓廪实。吾之所以欲提倡宋学者,其微意在此"[3]。

辨析至此,我们可以看出,张君劢在论战中所坚持的反对"科学万能",主张以中国传统的"精神文明"去救赎西方身陷危难的"物质文明"的观点,以及所表现出来的会通中西文化的思维路向,都体现了文化保守主义的典型特征。实事求是地讲,张君劢认为"精神科学,依严格之科学定义,已不能认为科学"[4],以及"因果律"无法解释"道德问题"[5]之类的论说,确有明显的理论破绽,但他极力强调精神世界与物质世界的不同特点,强调自然科学与人文社会科学的内在差异,肯定中国传统心性之学的现代价值与积

---

[1] 张君劢等著:《科学与人生观》,第118页。
[2] 同上,第51—52页。
[3] 同上,第119页。
[4] 同上,第65页。
[5] 同上,第93页。

极意义,也绝非蛮不讲理的信口雌黄。"科玄论战"以后,张君劢继续热忱关注中西文化关系问题,积极致力于建设"以精神自由为基础的民族文化",直至50年代与下一辈的牟宗三、徐复观、唐君毅共同发表《为中国文化敬告世界人士书》,体现了深切的人文关怀和真诚的学术探索精神。从这个意义上讲,张君劢头上"玄学鬼"的恶谥应当除去,他在现代思想史上的地位,应当受到公正的肯定与尊重。

第八章　对"五四"文化激进主义的反拨

辛亥革命以后,政治专制主义和文化专制主义非但没有退出历史舞台,反而呈愈演愈烈之势。袁世凯、张勋的帝制复辟闹剧和"尊孔读经"的喧嚣刺激了原本已对民初混乱时局不满的革新派人士。陈独秀、梁启超等人同时认识到器物与制度层面的革故鼎新之外,心态层面的"最后之觉悟"、"全人格的觉醒"才是中华民族更根本的时代课题[①]。"五四"新文化运动应运而生。

"五四"新文化运动是近代中国伟大的思想启蒙运动。其时学术的活跃、思想的开放、精神世界的丰富多彩,只有春秋战国时期的"百家争鸣"可以相媲美;而就中华文化与异域文化碰撞交融的深刻程度而论,她更是开天辟地的头一遭。不可否认,"五四"新文化运动的主流是文化激进主义。这一运动的"总司令"(毛泽东语)陈独秀以非此即彼的决然姿态揭示"民主"与"科学"的精神主题:"要拥护那德先生,便不得不反对孔教、礼法、贞节、旧伦理、旧政治。要拥护那赛先生,便不得不反对旧艺术、旧宗教。要拥护德先生又要拥护赛先生,便不得不反对国粹和旧文学。"[②] 长期以来,

---

① 参见冯天瑜、何晓明、周积明:《中华文化史》,上海人民出版社1990年版,第1042—1043页。
② 陈独秀:《本志罪案之答辩书》,《新青年》第6卷第1号,1919年1月。

第八章 对"五四"文化激进主义的反拨

关于"五四"运动的研究存在一个以偏概全的严重误区,即将其激进主义的主流误认为运动的全部思想内容,而将本应隶属其间的非激进主义的、温和的启蒙者,排斥在这一运动的范畴之外,甚至将他们当作新文化运动的对立面给予猛烈批判。"近十年学术界的研究已经表明,五四实际是一个多元的、各种现代性思潮互相冲突的启蒙运动"①。这就是说,"五四"时期思想文化领域内的众声喧哗,既有启蒙、革新派与顽固守旧派的争锋,又有启蒙、革新派内部的思想论战。发生在陈独秀与杜亚泉之间的、激进主义与保守主义的东西文化论战,就是属于后者范畴内的重要事件②。

一、"前进中的保守"③——重新认识杜亚泉

杜亚泉,原名炜孙,字秋帆,号亚泉,又署伧父,精于历算、理化、生物,曾任商务印书馆博物理化部主任和《东方杂志》主编,是20世纪初年中国著名的启蒙学者和科学教育家,是新文化运动"科学"精神的鼓吹者和"科学"事业的实践者。他与陈独秀之间的论战,起于陈氏1918年9月在《新青年》第5卷第3号上发表的《质问东方杂志记者》一文。陈文分16条质疑《东方杂志》刊载的《中西文明之评判》(译者平佚)、《功利主义与学术》(作者钱智修)和《迷乱之现代人心》(作者杜亚泉)三篇文章,其中针对杜文的只

---

① 许纪霖:《杜亚泉与多元的五四启蒙》(代跋),《杜亚泉文存》,上海教育出版社2003年版,第495页。

② 王元化认为,"这场论战就其在文化史上的意义来说,是远远驾凌于以后发生的科玄论战、民族形式问题论战等之上的。"见《杜亚泉与东西文化问题论战》(代序),《杜亚泉文存》,第3页。

③ 吴方:《万山不许一溪奔——杜亚泉及其前进与保守》,《读书》1994年第4期。

有一条,即批评杜氏以儒家思想为"国是"、"国基",来"统整"西方的各种"主义"、"主张"。杜亚泉撰文答辩,坚持"君道臣节及名教纲常诸大端"确为"我国固有文明之基础","共和政体绝非与固有文明不相容者"①。陈独秀不依不饶,将杜氏的观点归纳为三条,并要求作答:一,西洋文明输入,破坏中国固有文明之名教纲常,遂至国是丧失,精神界破产,国家将灭;二,今日国人迷途知返,非保守名教纲常不可;三,欲保守固有文明,非废无君臣之共和制不可。② 因为当时激进主义主流的壮阔声势,杜亚泉只得退避三舍,在张元济等的劝说下,停止辩论,并辞去《东方杂志》主编之职,从此退出政论领域,专事科学教育事业,直至1932年病逝于家乡浙江上虞。

当年的杜亚泉以"失败者"的形象黯然退场,但这并不妨碍,或者说更激发我们今天对他的文化思想的再认识和再评价。考虑到当年杜、陈之争的短促和不充分(正面交锋不到两个回合),这种再认识和再评价也就有了学理探讨的"补课"意义。

杜亚泉是20世纪初年对于东西方文化关系和中国传统文化有着清醒认识的学人。他认为,经过第一次世界大战,"吾人对此时局,自不能不有一种之觉悟,即世界人类经此大决斗与大牺牲以后,于物质精神两方面,必有一种之大改革"③。这种改革,就是新旧文明的递嬗。"今大战终结,实为旧文明死灭,新文明产生之时

---

① 杜亚泉:《答新青年杂志记者之质问》,陈崧编:《五四前后东西文化问题论战文选》(增订本),中国社会科学出版社1989年版,第93页。
② 陈独秀:见《再质问东方杂志记者》,陈崧编:《五四前后东西文化问题论战文选》(增订本),第109页。
③ 杜亚泉:《大战终结后国人之觉悟如何》,《杜亚泉文存》,第205页。

期。旧文明者,即以权利竞争为基础之现代文明,而新文明者,即以正义公道为基础之方来文明也。"论及此,杜亚泉话锋一转:"但此在欧洲言之则然,若就我国言之,则当易为新文明死灭,旧文明复活之转语"①。显然,他的新旧文明递嬗是建立在中国文明与欧洲(或曰西洋)文明的比较研究的基础之上的。在这方面,杜亚泉以"静"、"动"来概括、对比中西文明的特征,是"五四"时期相当流行的观点,如李大钊也有"东洋文明主静,西洋文明主动是也"②的专门论述。不过从发表的时间先后来看,杜亚泉可算是这一观点的始作俑者。

1916年10月,杜亚泉在《东方杂志》撰文,从五个方面论证了西洋是"动"的社会、"动"的文明,而中国是"静"的社会、"静"的文明:一,西洋注重人为,中国注重自然;二,西洋人之生活为向外的,中国人之生活为向内的;三,西洋社会以团体为中心,中国社会以个人为中心;四,西洋社会重竞争轻道德,中国社会重道德轻竞争;五,西洋社会战争为常态,和平为变态,中国社会和平为常态,战争为变态③。在比较了中西文明的特点之后,杜亚泉特别强调,社会的生存和发展应"以静为基础":"当两文明接触之时,固不必排斥欧风侈谈国粹,以与社会之潮流相逆,第其间所宜审慎者,则凡社会之中,不可不以静为基础"④。他这样立论的事实依据,是一次大战充分暴露出的西洋"动的文明"的根本弊端。杜亚泉批判道:

---

① 杜亚泉:《大战终结后国人之觉悟如何》,《杜亚泉文存》,第208页。
② 李大钊:《东西文明根本之异点》,陈崧编:《五四前后东西文化问题论战文选》(增订本),第65页。
③ 杜亚泉:《静的文明与动的文明》,《杜亚泉文存》,第339—341页。
④ 同上,第343页。

"物质主义深入人心以来,宇宙无神,人间无灵,惟物质力之万能是从,复以惨酷无情之竞争淘汰说,鼓吹其间","如此世界,有优劣而无善恶,有胜败而无是非"[1]。他提示国人,正因为近代中国社会变动的"大原因"是"西洋文明之输入"[2],所以我们对于西洋文明的负面影响尤其要正视和警醒。在一般的意义上,杜亚泉承认"平情而论,则东西洋之现代生活,皆不能认为圆满的生活,即东西洋之现代文明,皆不能许为模范的文明"[3],但是一旦进入涉及传统文明的价值判断的层面,他便旗帜鲜明地标明自己的褒贬态度。在浔溪公学开校的演说中,杜亚泉对同学们分析道:"基于科学而发达之形体的文明,即形而下之文明,则东固输一筹于西;若属于思想道义界之精神的文明,即形而上之文明,东西之孰优孰劣,固未易遽判也。"[4] 针对西洋文明的重竞争轻道德,他坚信"吾社会中固有之道德观念,为最纯粹最中正者"[5],"中国道德之大体,当然可以不变,不特今日不变,即再历千百年而亦可以不变",同时又指出"若其小端及其应用之倾向,绝不能不因时因势,有所损益于其间"[6]。正是在受到陈独秀猛烈抨击的《迷乱之现代人心》一文中,杜亚泉将"属于思想道义界之精神的文明"的中国传统"道德之大体"提升到"国是"的高度,"故我国之有国是,乃经无数先民之经营缔造而成,此实先民精神上之产物,为吾国文化之结晶体。吾国

---

[1] 杜亚泉:《精神救国论》,《杜亚泉文存》,第 36、37 页。
[2] 杜亚泉:《论社会变动之趋势与吾人处世之方针》,《杜亚泉文存》,第 284 页。
[3] 杜亚泉:《战后东西文明之调和》,《杜亚泉文存》,第 345—346 页。
[4] 杜亚泉:《浔溪公学开校之演说》,《杜亚泉文存》,第 328 页。
[5] 杜亚泉:《战后东西文明之调和》,《杜亚泉文存》,第 350 页。
[6] 杜亚泉:《国民今后之道德》,《杜亚泉文存》,第 291 页。

第八章 对"五四"文化激进主义的反拨

所以致同文同伦之盛,而为东洋文明之中心者,盖由于此。"① 他以第一次世界大战为例,"西洋人于物质上虽获成功,得致富强之效,而其精神上之烦闷殊甚",所以,解决当下"迷乱"的人心问题,"绝不能希望于自外输入之西洋文明,而当希望于己国固有之文明,此为吾人所深信不疑者。盖产生西洋文明之西洋人,方自陷于混乱矛盾之中,而亟亟有待于救济。吾人乃希望借西洋文明以救济吾人,斯真问道于盲矣。"② 坚持激进的全盘反传统主张的陈独秀看到这样的论述,当然不能赞同,必欲驳之而后快,这便是陈、杜之间辩论的由来。

显然,在陈独秀眼中,杜亚泉是不折不扣的守旧派;但是,杜亚泉看自己,却是稳健的革新派,或者说革新的稳健派。关于守旧与革新的判定,杜亚泉曾有如下精辟的分析:

> 盖知识明敏者,不易为旧习惯所缚束,而务致其研究;知识蒙昧者反之。又情感热烈者,每易为新事物所诱引,而深感其兴趣;情感冷淡者反之。职是之故,而知识明敏情感热烈者,常为革新之魁;知识蒙昧情感冷淡者,常为守旧之侣。至知识蒙昧情感热烈者,表面上为革新之先锋,而浅尝浮慕,宗旨恒不坚定,或转为守旧之傀儡,今之暴乱派是已。知识明敏情感冷淡者,实际上为革新之中坚,而徘徊审慎,不肯轻弃旧惯,反似为笃于守旧者,今之所谓稳健派是已。③

---

① 杜亚泉:《迷乱之现代人心》,《杜亚泉文存》,第363页。
② 同上,第366页。
③ 杜亚泉:《再论新旧思想之冲突》,《杜亚泉文存》,第354页。

显然,条分缕析之间,杜亚泉对激进派表现出的明显轻蔑之态,也有意气之争的成分,但他以上对稳健派的分析,以及在其他文章中反复强调的"虽温和急进,手段不同,而其以改革为目的则一也"①,"吾国今日,非奋斗不足自存,已无疑义。然谓一经奋斗,即可拨乱而致治,是又不然;盖颓废因循,固足以取侮,而卤莽凌躐,亦不足以救亡,则奋斗之中,固自有其中正之道,而不容或忽者"②,无疑是典型的文化保守主义者的夫子自道,值得后来的研究者认真对待。

作为一个稳健的革新派,杜亚泉关于文化的"新""旧"之辨有自己不同于激进派主流的独到见解。陈独秀认为,"无论政治学术道德文章,西洋的法子和中国的法子,绝对是两样,断断不可调和牵就的","因为新旧两种法子,好像水火冰炭,断然不能相容"③。杜亚泉不同意如此划然隔绝的中西新旧文化观。他以为,"盖新旧二字,本从时间之观念发生,其间自含有时代关系,时代不同,意义亦异"④,但是无论如何,不能简单地以为"弃旧"即为"图新"。联系到"五四"时期十分流行的以西洋文明为"新"、中国文明为"旧"的观点,杜亚泉明确提出:"西洋文明与吾国固有之文明,乃性质之异,而非程度之差"⑤。他主张立足于民族文化本位的立场,实现两者的调和与折衷:"表面上为奋斗的个人主义,精神上为和平的社会主义","是为中国之古君子,是为世界之新人物"⑥。依此而

---

① 杜亚泉:《个人之改革》,《杜亚泉文存》,第 303 页。
② 杜亚泉:《吾人今后之觉悟》,《杜亚泉文存》,第 299 页。
③ 陈独秀:《独秀文存》,安徽人民出版社 1988 年版,第 152 页。
④ 杜亚泉:《新旧思想之折衷》,《杜亚泉文存》,第 401 页。
⑤ 杜亚泉:《静的文明与动的文明》,《杜亚泉文存》,第 338 页。
⑥ 杜亚泉:《新旧思想之折衷》,《杜亚泉文存》,第 407 页。

第八章 对"五四"文化激进主义的反拨

论,"吾以为今日之主张推倒一切旧习惯者,实因其心意中并未发生新思想之故。"[1] 他的结论是:"以时代关系言之,则不能不以主张刷新中国固有文明,贡献于世界者为新,而以主张革除中国固有文明,同化于西洋者为旧。"换言之,"现时代之新思想,对于固有文明,乃主张科学的刷新,并不主张顽固的保守,对于西洋文明,亦主张相当的吸收,惟不主张完全的仿效而已"[2]。至于具体的操作性策略,杜亚泉建议发挥中国文化的传统优势,"吾固有文明之特长,即在于统整,且经数千年之久未受若何之摧毁,已示世人以文明统整之可以成功","西洋之断片的文明,如满地散钱,以吾固有文明为绳索,一以贯之"[3]。面对此类建设性思考的历史依据和科学成分,人们可以质疑,可以讨论,但是无论如何,杜亚泉其人并非如当年陈独秀所论,涉嫌"复辟",则是没有疑义的。

王元化曾对长期以来人们以陈独秀之是非为是非,误认杜亚泉为顽固派的原因作过如下分析:"我认为把杜亚泉看作是一位反对革新的落伍者,这种误解要归之于长期以来近代中国历史上发生的急骤变化。……百年来不断更迭的改革运动,很容易使人认为每次改革失败的原因,都在于不够彻底,因而普遍形成了一种越彻底越好的急躁心态。在这样的气候之下,杜亚泉就显得过于稳健、过于持重、过于保守了。"[4] 其实,任何时代、任何社会的改革,都有激进与稳健的方略之争论、路线之选择,绝不能简单地以"彻底"与否作为褒贬取舍的圭臬。耐人寻味的是,杜亚泉当年站在文

---
[1] 杜亚泉:《何谓新思想》,《杜亚泉文存》,第411页。
[2] 杜亚泉:《新旧思想之折衷》,《杜亚泉文存》,第402页。
[3] 杜亚泉:《迷乱之现代人心》,《杜亚泉文存》,第367页。
[4] 王元化:《杜亚泉与东西文化问题论战》(代序),《杜亚泉文存》,第4—5页。

化保守主义的立场,对于这种争论与选择的普遍规律性就有清醒的认识:"世界各国,虽于国民性之陶铸,极为尽力,而常有急进与保守之二派,互相对峙,各保平衡。吾国将来,新旧两党,各各进步,则其结果,亦必为急进与保守之二派,惟此二派之知识情感,当较今日之新旧两派,大为接近耳"①。但愿这样的"接近"能够有助于国家民族现代化之路的理性思考,有助于对杜亚泉的"误解"不再继续,类似的"误解"不再发生。

二、《学衡》派:新人文主义的中国版

在对"五四"文化激进主义的反拨中,"学衡派"是非常重要的一支力量。所谓"学衡派",是指围绕在《学衡》杂志② 周围,以自觉批评新文化运动和新文学为职志的一小批知识分子,其核心人物有吴宓、梅光迪、刘伯明、胡先骕、吴芳吉、柳诒徵、汤用彤等人。有研究者认为,"五四"新文化运动以摧枯拉朽之势摧毁传统思想文化及其价值体系,"直到1922年《学衡》杂志出版,几乎没有出现真正的反对派"③。

"学衡派"的宗旨是"论究学术,阐求真理,昌明国粹,融化新知。以中正之眼光,行批评之职事。无偏无党,不激不随"④。他们的文化主张是:"复古固为无用,欧化亦属徒劳。不有创新,终难

---

① 杜亚泉:《再论新旧思想之冲突》,《杜亚泉文存》,第356页。
② 《学衡》是东南大学出版的一份同人杂志,由吴宓主编,1922年创刊,共刊行79期,于1933年停刊。在该刊发文作者一百多人。详细分析可见李刚的《论〈学衡〉的作者群》,载《南京晓庄学院学报》2002年第1期。
③ 旷新年:《学衡派与新人文主义》,《北京大学学报》1994年第6期。
④ 《学衡杂志简章》。

第八章 对"五四"文化激进主义的反拨

继起,然而创新之道,乃在复古、欧化之外"①。学衡派以新人文主义为旗帜,反对新文化运动所依本的"欧化"的进化论、功利主义和浪漫主义。吴宓、梅光迪等留学美国期间,师从新人文主义的大师白璧德(Irving Babbitt),深受其思想影响,"以为白师乃今世之苏格拉底、孔子、耶稣、释迦。我得遇白师,受其教诲,既精神之所感发,复于学术窥其全真,此乃吾生最幸之遭遇"②。白璧德认为,现代社会混乱的根源一是扩张人力、征服自然的功利主义,二是放任情感的浪漫主义。他力主恢复人文主义传统,以道德和文化的力量来救治现代社会的混乱和危机③。作为关注东方的西方学者,白璧德高度评价孔子思想的恒久价值,"孔子以为凡人类所用具者,非如近日感情派人道主义所主张之感情扩张,而为人所以自制之体。此则西方自亚里士多德以下人文主义之哲人,其所见均相契合者也。"白璧德认为,儒家古典人文主义也须改革,如去寻章摘句之烦,补科学机械之缺,"然中国旧学中根本之正义,则务宜保存而无失也。""吾每谓孔子之道有优于吾西方之人道主义者,则因其能认明中庸之道,必先之以克己及知命也"④。吴宓尊随其师,也非常反感激进学者"以专打孔家店为号召",全面否定孔子及儒学。他肯定孔子是"中国国民性及中国文化最高之代表","其教人之学说,至平实而至精微",因此,"凡欲以人文主义救今日世界物质精神之病者",都应以孔子为"最良之导师"⑤。

---

① 吴芳吉:《再论吾人眼中之新旧文学观》,《学衡》1923年第21期。
② 《吴宓日记》,1937年3月30日。
③ 见旷新年:《学衡派与新人文主义》,《北京大学学报》1994年第6期。
④ 吴宓:《白璧德中西人文教育说》,《学衡》1922年第3期。
⑤ 吴宓:《孔子之价值及孔教之精义》,《大公报》1927年9月22日。

立足于新人文主义的立场,学衡派对新文化运动持猛烈批评的态度。吴宓称"近年国内有所谓新文化运动者焉,其持论则务为诡激,专图破坏。然粗浅谬误,与古今东西圣贤之所教导,通人哲士之所述作,历史之实迹,典章制度之精神,以及凡人之良知与常识,悉悖逆抵触而不相合"①。胡先骕认为,"今之批评家,犹有一习尚焉,则立言务求其新奇,务取其偏激,以骇俗为高尚,以激烈为勇敢。此大非国家社会之福,抑亦非新文化前途之福也"②。梅光迪更尖锐指斥"提倡新文化者"非思想家乃诡辩家,非创造家乃模仿家,非学问家乃功名之士,非教育家乃政客③。如此旗帜鲜明、语言尖刻地与新文化运动作对,难怪鲁迅要毫不客气地予以反击:"诸公掊击新文化而张皇旧学问,倘不自相矛盾,倒也不失其为一种主张。可惜的是于旧学并无门径,并主张也还不配。倘使字句未通的人也算是国粹的知己,则国粹更要惭惶煞人!'衡'了一顿,仅仅'衡'出了自己的铢两来,于新文化无伤,于国粹也差得远。"④鲁迅当年的批判是针对《学衡》第一期上刊载的《评提倡新文化者》、《中国提倡社会主义之商榷》、《国学摭谭》等文而发,但是几十年来却似乎成为评价学衡派的盖棺定论⑤。实际上,鲁迅的上述批评之后,《学衡》继续刊行了十余年,学衡派诸人关于新旧文化关系以及中国文化的建设问题,发表了许多符合学理、值得认真研究的意见。因此,科学地认识、评价学衡派及其文化思想,仍然是今

---

① 吴宓:《论新文化运动》,《学衡》1922年第4期。
② 胡先骕:《论批评家之责任》,《学衡》1922年第3期。
③ 梅光迪:《评提倡新文化者》,《学衡》1922年第1期。
④ 鲁迅:《估学衡》,《鲁迅全集》第一卷,人民文学出版社1957年版,第447页。
⑤ 参见张贺敏等:《鲁迅与学衡派》,《中山大学学报》2001年第6期。

天文化保守主义研究中不容忽视的重要课题。

学衡派批评新文化运动,但是自身并不反对建立中国新文化,或者说不反对中国传统文化的更新。吴宓论道:"夫新旧乃对待之称,昨以为新,今日则旧。旧有之物,增之损之,修之琢之,改之补之,乃成新器。举凡典章文物,理论学术,均就已有者,层层改变递嬗而为新,未有无因而至者。故若不知旧物,则绝不能言新"①。他批评"今新文化运动,于中西文化所必当推为精华者,皆排斥而轻鄙之,但采一家一派之说,一时一类之文,以风靡一世,教导全国不能自解。但以新称,此外则皆加以陈旧二字,一笔抹杀。……此于造成新文化,融合东西文明之本旨,实南辕而北辙,……吾惟渴望真正新文化之得以发生,故于今之新文化运动,有所訾评耳"②。与文化激进主义全面反传统不同,学衡派强调优良历史传统的恒久价值。梅光迪说:"我们今天所要的是世界性观念,能够不仅与任一时代的精神相合,而且能与一切时代的精神相合。我们必须了解,拥有通过时间考验的一切真善美的东西,然后才能应付当前和未来的生活。这样一来,历史便成为活的力量。也只有这样,我们才有希望达到某种肯定的标准,用以衡量人类的价值标准,判断真伪,与辨别基本的与暂时性的东西。"③

学衡派诸人不仅有相当的西学功底,而且以中西文化之间交流融通的积极提倡者和实践者自居。"吾人生处今世,与西洋文化接,凡先民所未尝闻见,皆争奇斗妍于吾前。彼土贤哲所惨淡

---

① 吴宓:《论新文化运动》,《学衡》1922年第4期。
② 同上。
③ 《我们这一代的任务》,转引自乐黛云:《昌明国粹,融化新知》,载汤一介编:《国故新知:中国传统文化的再诠释》,北京大学出版社1993年版,第31页。

经营,求之数千年而始得者,吾人乃坐享其成,故今日之机缘,实吾人有史以来所罕睹。促成吾国将来之新文化,以与世界文化齐驱,舍吾人其谁?"① 他们认为,新文化运动并没有全面介绍西学精华,而是偏于肤浅的一孔之见,片面地引入了西学糟粕。梅光迪指责"提倡新文化者":"彼等于欧西文化,无广博精粹之研究,故所知既浅,所取尤谬。以彼等而输进欧化,亦厚诬欧化矣"②。他特别批评有的人,"西文字义未解,亦贸然操翻译之业,讹误潦乱,尽失作者原意,又独取流行作品,遗真正名著于不顾,至于撏拾剿袭,互为模拟,尤其取巧惯习,西洋学术之厄运,未有甚于在今日中国者"③。吴宓认为,近代以降欧美力赞的"物质功利","绝非彼土文明之真谛,西洋文化之精华,惟在希腊之文章哲理艺术"④。因此,《学衡》杂志用了很大的篇幅来介绍柏拉图、亚里士多德等人的著作与思想。针对文化激进派将西学与中学绝然对立的观点,吴宓指出:"盖吾国言新学者,于西洋文明之精要,鲜有贯通而彻悟者。苟虚心多读书籍,深入探幽,则知西洋真正之文化与吾国之国粹,实多互相发明,互相裨益之处,甚可兼蓄并收,相得益彰"⑤。

"文学革命"是新文化运动的关键组成部分,也是学衡派反对激进主义的一个重要批评对象。早在1915年夏天,同在美国留学的梅光迪和胡适就曾围绕这一问题展开激烈的争论。梅在给胡的

---

① 梅光迪:《现今西洋人文主义》,《学衡》1922年第3期。
② 梅光迪:《评提倡新文化者》,《学衡》1922年第1期。
③ 梅光迪:《论今日吾国学术界之需要》,《学衡》1922年第4期。
④ 吴宓:《沃姆中国教育谈》,《学衡》1923年第23期。
⑤ 吴宓:《论新文化运动》,《学衡》1922年第4期。

第八章 对"五四"文化激进主义的反拨

信中说:"足下谓诗国革命始于'作诗如作文',迪颇不以为然。诗文截然两途。"① 他劝胡适不可打破诗文的基本常规和界限,作无谓的努力,并认为文学革命的成功在百年以后,自己是无法看到的②。1916年7月,梅、胡又因对任叔永的四言诗《泛湖即事》的评价不同,发生辩论。"胡适认为自己是被逼上梁山的。也就是说,如果没有梅光迪、任叔永的反对意见,他自己对文学革命的许多问题还无法认识清楚,也就下不了要求文学革命,尤其是诗歌革命的决心。是反对力量的作用,促使他走向文学革命的前沿"③。1917年胡适发表于《新青年》的《文学改良刍议》一文,以及陈独秀呼应该文的《文学革命论》,是学衡派持续猛烈攻击的靶子。吴芳吉以"文学惟有是与不是,而无所谓新与不新"为宗旨,一再撰文,对胡适文中提出的"八不主义"逐条批驳④。胡适的《尝试集》问世后,胡先骕"不惜穷两旬之日力,浇浇然作二万数千言以评之",评语是:"无论以古今中外何种之眼光观之,皆无可取"⑤。陈独秀提出推倒贵族文学,建设国民文学,《学衡》则发表《辟文学分贵族平民之讹》,认为"凡文学之事,未有出此三者。此三者何? 作者也,读者也,所作也。昭昭然其均不可以定文学贵族平民之标准也"⑥。学衡派的这些言辞固然尖锐刻薄,但是认真分析,可以发现他们

---

① 耿云志主编:《胡适遗稿及秘藏书信》,第33册,黄山书社1994年版,第125页。
② 沈卫威:《回眸"学衡派"》,人民文学出版社1999年版,第111页。
③ 沈卫威:《回眸"学衡派"》,第115页。事实上,梅光迪对中国文学的弊端也有所认识,并在与胡适的通信中提出若干改良措施,这些意见对胡适完善自己的文学革命思想也有一定的启发。见沈著第125页。
④ 吴芳吉:《再论吾人眼中的新旧文学观》,《学衡》1923年第21期;《三论吾人眼中的新旧文学观》,《学衡》1924年第31期。
⑤ 胡先骕:《评〈尝试集〉》,《学衡》1922年第1期,第2期。
⑥ 刘朴:《辟文学分贵族平民之讹》,《学衡》1924年第32期。

"其实也在思考新文化和新文学,探讨着文化和文学的时代发展路向,他们并不是一味地反对文学的创新活动,甚至在理论上就不是以'新文化'、'新文学'为论争对手的"[①]。"五四""文学革命"以历史进化论和艺术浪漫主义为指针,破中有立,取得了推动文学进步的丰功伟绩。学衡派尖锐指出"文学革命"的理论与实践中实际存在的割裂传统、激情至上等等缺失,也有真知灼见的科学成分。他们将中国新文学的建设纳入更加宏阔的世界文学背景中,并在"文学革命"的实践者暂时忽略的文学问题的"学术"而非"艺术"的探讨方面,进行了建设性的尝试,这些都是值得充分肯定的[②]。

学衡派以纠正新文化运动的偏颇为己任,但是自己也不自觉地陷入了另一端的偏颇。吴宓等人尖锐批评新文化运动的推行者"所主张之道理,所输入之材料,多属一偏"[③],但是他们自己将20世纪初年美国出现的白璧德新人文主义认作衡量一切文化事物及其变迁的绝对标准,这种做法恰恰犯了同样的毛病。有研究者深刻指出,新文化运动初期,新旧对立基本上是以对中国传统的态度区分,而学衡派出现后,"表面上似仍以对中国传统的态度区分,实际上已成西与西斗,争的是西学的正统"[④]。近代中国文化保守主义是传统的积极辩护者,就此而论,学衡派与"中体西用"派和"国粹"派一脉相承。但是,全力引进一种现代外国思潮作为这一辩护的理论武器,则是学衡派的新思路、新贡献。从实际的思想史、文

---

① 李怡:《论"学衡派"与五四新文学运动》,《中国社会科学》1998年第6期。
② 同上。
③ 吴宓:《论新文化运动》,《学衡》1922年第4期。
④ 罗志田:《西方的分裂:国际风云与五四前后中国思想的演变》,《中国社会科学》1999年第3期。

化史影响而论,"学衡派是激烈和彻底地破坏和否定传统的新文化运动的一个反动,同时也是一种相反而实相成的力量。新文化运动和文学革命也正是得因于这样的一种异质的思维才得以区分和展开的"①。这就是学衡派的真正意义之所在。

三、"中国本位文化论"的出台

在以往关于近代中国文化保守主义思潮的研究中,1935年发生的围绕"中国本位文化论"展开的讨论,是相对薄弱的一环。究其原因,一是这一讨论持续时间不长,而且不像30年代发生的其他文化论争那样,出现观点明显对立的几派,似乎不太"热烈";二是"中国本位文化论"的始作俑者,有一种若显若隐的官方"背景",这一点不仅在当时受到指责,而且在以后的年代里成为思想界、文化界或根本否定、或避而不论其学术价值、意义的重要根由。其实,在对于"五四"文化激进主义的反拨努力中,"中国本位文化论"有其自身的特别意味,值得我们做一番清理与分析的工作。

1935年1月10日,王新命、何炳松、武堉干、孙寒冰、黄文山、陶希圣、章益、陈高佣、樊仲云、萨孟武十位教授在《文化建设》月刊第1卷第4期上发表了《中国本位的文化建设宣言》。1月21日,十教授又召开同样主题的"文化建设座谈会"。《宣言》一经问世,立即引来注目和反响。《申报》、《大公报》、《中央日报》、《新闻报》、《民报》等十余家报纸发表讨论文章,南京、上海、北平等地的文化团体纷纷召开研讨会,蔡元培、胡适、陈序经、潘光旦、漆琪生、梁实

---

① 旷新年:《学衡派与新人文主义》,《北京大学学报》1994年第6期。

秋、陶孟和、王云五、郑振铎、舒新城、张熙若、孙本文等学界名流也踊跃发表意见。半年之中,"中国本位文化建设"成为舆论界的热门话题。正如何炳松所评论:"国内贤达群起讨论,有的说我们的主张太过于新,有的说太过于旧;有的说我们的主张近于调和折衷,有的说可以颠扑不破;一时议论风生,颇成百家争鸣的气象"①。

十教授的《宣言》开篇头一句就是振聋发聩的"在文化的领域中,我们看不见现在的中国了。"之所以"看不见",是因为"中国政治的形态,社会的组织,和思想的内容与形式,已经失去它的特征。由这没有特征的政治、社会和思想所化育的人民,也渐渐地不能算得中国人。"接下来,《宣言》对由古至今的中国文化进程作了"一个总清算":从太古到秦汉之际,是中国文化的"上进"期,其中的春秋战国更是"大放异彩的隆盛期"。汉代以后,文化"停顿"。宋明以后,虽有"发展",终是"因袭"。鸦片战争以后,西方文化传入,中国古老文化发生"动摇",国人因此从"因袭的睡梦中醒觉了"。其表现便是社会变革运动的相继发生。对此,《宣言》的评论是:曾国藩、李鸿章的洋务运动,"完全是技艺的模仿";康有为、梁启超的维新运动,"不过是政治的抄袭";孙中山的革命运动,"主张对中国的社会、政治、经济作彻底的改造"。民国之初,国人以为政治已不足以救国,于是有了"以解放思想束缚为中心"的"五四"文化运动。《宣言》认为,在当前如何建设中国文化的问题上,复古派、仿英美派、仿苏俄派和仿意德派"正在竞走",同时,"各种国际文化侵略的魔手,也正在暗中活跃"。针对思想的混乱局面,《宣言》郑重提出

---

① 马芳若编:《中国文化建设讨论集》序言,龙文书店1935年版,第1页。

"我们怎么办"的五点认识：

一，在时间和空间方面，中国有自己的特殊性。"此时此地的需要，就是中国本位的基础"。

二，徒然赞美或诅咒古代中国文化，都是无用的，必须对其认真检讨，"存其所当存，去其所当去"。

三，吸收欧美文化是必要和应该的，但不可全盘承受，"吸收的标准，当取决于现代中国的需要"。

四，中国本位的文化建设是创造，不能仅满足于与他国并驾齐驱，而且要对世界文化作出"最珍贵的贡献"。

五，建设中国本位文化，并非抛弃大同理想，而是"先建设中国成为一整个健全的单位，在促进世界大同上能有充分的力"。

《宣言》最后归纳道："中国是既要有自我的认识，也要有世界的眼光，既要有不闭关自守的度量，也要有不盲目模仿的决心。"我们的文化建设应当"不守旧，不盲从，根据中国本位，采取批评态度，应用科学方法来检讨过去，把握现在，创造将来"①。

肯定中国文化的"本位"特征、价值与意义是《宣言》着意阐发的思想核心所在，这也就从实际的批评对象定位方面，将恰恰否定中国文化的"本位"特征、价值与意义的"全盘西化"派（以胡适、陈序经为代表）放在了首要的位置。作为被批评的一方，当然不会置之不理。事实也正是如此。胡适发表《试评所谓〈中国本位的文化建设〉》一文，正面迎战。他首先指出，十教授的见解不过是当年张之洞"中学为体，西学为用"论的翻版，他们虽然号称"不守旧"，但

---

① 以上引文，见马芳若编：《中国文化建设讨论集》上编，龙文书店1935年版，第1—6页。

又"舍不得""中国本位",其实正是保守心理在作怪,是"今日一般反动空气的一种最时髦的表现"。胡适认为,十教授的"根本错误在于不认识文化变动的性质"。他在分析了不同文化系统发生交流、融合的一般规律之后,重申自己的意见:"中国的旧文化的惰性实在大得可怕",一切向前看的人们,应该"虚心接受"科学工艺的世界文化及其背后的精神文明,借其朝气锐气来打掉中国旧文化的惰性和暮气,"如果我们的老文化里真有无价之宝,禁得起外来势力的洗涤冲击的,那一部分不可磨灭的文化将来自然会因这一番科学文化的淘汰而格外发挥光大的"[①]。陈序经则不承认"不守旧"、"不盲从"的十教授是中西文化关系问题上的"折衷派"。他批评十教授"忘记了"他们所提倡的固有文化除了为外人所利用以压我民众,或为了好奇心而当作古董欣赏,对于国家人民,没有丝毫的帮助。他认为,"中国文化根本上既不若西洋文化之优美,而又不合于现代的环境与趋势,故不得不彻底与全盘西化。"[②]

　　因为《宣言》所论确实涉及中国文化建设的根本方向与实施原则问题,所以,不仅"全盘西化"派对之作出了强烈的反应,一般的知识阶层也纷纷发表意见,见仁见智,热闹非凡。赞同者有之,质疑者有之,提出补充意见者也有之。从学理的层面上,批评者认为,其一,《宣言》所谓中国本位文化建设的根据是"中国此时此地的需要",但究竟什么是"中国此时此地的需要",十教授却语焉不详。其二,《宣言》在原则上,在抽象的理论上,可谓颠扑不破,"存其所当存,去其所当去"也完全正确,但是"当存"与"当去"的标准

---

① 见马芳若编:《中国文化建设讨论集》中编,第31—35页。
② 陈序经:《关于全盘西化答吴景超先生》,马芳若编:《中国文化建设讨论集》中编,第6—13页。

第八章 对"五四"文化激进主义的反拨

是什么,《宣言》却没有给出明确答案,所以有"凭空辩论"之嫌①。

针对各界的热烈反响,王新命等十教授又于5月10日在《文化建设》第1卷第8期上发表《我们的总答复》一文,就何谓中国本位,何谓不守旧、不盲从,"中国本位"与"中体西用"有何不同,什么是中国此时此地的需要,以及反帝反封的态度问题,进一步阐明自己的观点。《总答复》提出,"我们所主张的中国本位,不是抱残守缺的因袭,不是生吞活剥的模仿,不是中体西用的凑合,而是以此时此地整个民族的需要和准备为条件的创造。"至于什么是"此时此地整个民族的需要",《总答复》列举了三条:充实人民的生活,发展国民的生计,争取民族的生存。总之,"中国本位的文化建设,是一种民族自信力的表现,一种积极的创造,而反帝反封建也就是这种创造过程中的必然使命。"②

《总答复》将讨论推向新的高潮。拥护者称,十教授"鼓着凌厉无前的勇气,努力踏上日新又日新的创造的前程,"希望他们"先在可能的范围内,具体实现这综合的主张"③。批评者怀疑,十教授口口声声反帝反封建,但事实上却有根本取消这两个文化建设运动前提的"危险"④。陈序经认为,与《宣言》相比,《总答复》的态度有所变化,"他们对于全盘西化论,表面上虽加以批评,骨子里已经有意或无意的趋在这条路上。"⑤ 张熙若则尖锐指出,

---

① 蔡元培即持此种看法,见马芳若编:《中国文化建设讨论集》,附录,第1页。
② 见马芳若编:《中国文化建设讨论集》中编,第180至183页。
③ 同上,第185页。
④ 冯智学:《十大教授的总答复》,马芳若编:《中国文化建设讨论集》中编,第186页。
⑤ 陈序经:《读十教授〈我们的总答复〉后》,马芳若编:《中国文化建设讨论集》中编,第192页。

虽然前数月中空洞的"此时此地的需要"现在变得稍微实在了些，但是十教授所列举的"充实人民的生活，发展国民的生计，争取民族的生存"，只有民生主义和民族主义的意义，而没有民权主义的内容，"三民主义"在"此时此地的需要"下，成为"二民主义"①，这样一来，所谓"中国本位文化建设运动"实际上就成为了独裁政治的建设运动。

张熙若的批评，一针见血地指出了十教授"中国本位文化建设论"的政治背景与政治意向问题。20世纪30年代中期，陈立夫等国民党当局要员确实也很热衷于谈论文化建设问题。1934年4月，陈立夫在南京市政府纪念周会上发表题为《文化建设之前夜》的演讲，认为"五四"以来，文化领域"大部分均系破坏工作，以致吾国固有之文化摧毁无余"②。这一年10月，"中国文化建设协会"在上海成立，陈立夫任理事长，同时创办《文化建设》月刊，该刊发刊词称："以科学化运动检讨过去，以新生活运动把握现在，以文化建设运动创造将来，夫然后才有中国的民族复兴"③。三个月后，王新命等十教授的《宣言》也正是在这份《文化建设》杂志上发表，而且文中"检讨过去，把握现在，创造将来"的表述与该刊发刊词完全一致。就在十教授《宣言》面世的同一天，陈立夫也发表《文化与中国文化之建设》的文章，宣称"三民主义者，即以中国为本位之文化建设纲领也，故以如此之信仰建设国家，则国家得以生存，贡献世界，则世界得其进化，中国本位之文化建设之真

---

① 张熙若：《全盘西化与中国本位》，马芳若编：《中国文化建设讨论集》中编，龙文书店1935年版，第254页。
② 陈立夫：《文化建设之前夜》，《华侨半月刊》第46期。
③ 《文化建设》月刊发刊词，《文化建设》第1卷第1期。

第八章 对"五四"文化激进主义的反拨

义,其在斯乎"①。这些并非"巧合"所能解释的内容关联与呼应,更使人们对于十教授《宣言》所提出的文化主张的政治意蕴不得不产生疑窦。

文化与政治,本来就有密切的关联。30年代中期的陈立夫作为当局大员关注文化问题,当然有他的政治目的,但我们同时也不能否认,这种关注确实有他个人对于中国文化的历史与现状的思考与分析的理论含义②;而且,其基本思路大致亦可归于文化保守主义一脉③。以此而论,即便十教授的《宣言》确有这种特殊的政治底色,"不过是对陈立夫的《建设论》的注解和发挥而已"④,也不妨碍研究者认真探讨它的学理价值和文化史、思想史意义。

从立论的事实依据与理论依据两方面看,十教授的"中国本位文化建设"主张,都有确实的基础。他们对中国文化现状和前途的忧虑,体现了知识阶层的社会良知。《宣言》提出的处理中外古今文化关系时应坚持的"不守旧"、"不盲从",也是正确的原则。尤其是对"全盘西化"论的批驳,不仅具有"恢复民族自信心"的积极社会效能,而且在学理逻辑上也比陈序经、胡适等人的"矫枉过正"法更显冷静和平实。当然,"中国本位文化论"者的理论体系也有缺隙,胡适指出其根本还是"中体西用"一路,应该说点明了问题的实

---

① 陈立夫:《文化与中国文化之建设》,《文化与社会》第1卷第8期,1935年5月。
② 关于陈立夫的文化哲学,可参见周德丰:《保守主义文化观的典型范式——评陈立夫三四十年代的文化哲学》,《天津师大学报》,1995年第3期,张珊珍:《陈立夫唯生主义文化观述评》,《中共中央党校学报》,1999年第3期。
③ 方克立认为,"保守主义除了现代新儒家之外,还包括孔教派、国粹派以至国民党戴季陶、陈立夫的哲学。"见《现代新儒学与中国现代化》,天津人民出版社1997年版,第24页。
④ 李妍:《"本位文化"论战刍议》,《求是学刊》1998年第3期。

质。此外,胡适详加论证的"文化变动"的普遍规律①,恰是"本位文化"论者认识方面的"盲区"。简要地说,十教授"过于强调了民族文化的特殊性而忽略了将中国文化的发展纳入世界文明发展大道的普遍性方面,对现代化进程中的文化冲突也实在太缺乏心理承受能力"②。就围绕《中国本位的文化建设宣言》展开的论战而言,应该说取得了积极的认识成果。《宣言》受到的各方质疑,促使十教授进一步梳理自己的认识,使其"中国本位的文化建设"主张由浮泛向沉实深化;而《宣言》对"全盘西化"论的指斥,也逼迫胡适不得不承认"先民的优越成绩",承认"全盘西化"实际上的不可能做到,并且主动修订"全盘西化"的提法,代之以"充分的世界化"③。这一修订的意义,并非如胡适自己所言的"免除许多无谓的文字上或名词上的争论",而是如研究者尖锐指出的,是"全盘西化论""在学理上的全面退却"④。

---

① 见马芳若编:《中国文化建设讨论集》中编,第33—34页。
② 许苏民:《情愫的执着与理性的吊诡》,《福建论坛》1998年第4期。
③ 胡适:《充分世界化与全盘西化》,见马芳若编:《中国文化建设讨论集》中编,第272—274页。
④ 许苏民:《情愫的执着与理性的吊诡》,《福建论坛》1998年第4期。

第九章 现代新儒家

在近代中国文化保守主义的发展史上,20世纪20、30年代现代新儒家的崛起具有特别重要的里程碑意义。就思想本身的逻辑关系而论,我们可以看到从"体用"派到"国粹"派再到新儒家的一条鲜明的演进线索。"体用"派有感于物质层面的中国传统文化确实落后于西方,冲破重重阻力,引进"奇技淫巧",从实质上启动了中国传统文化向现代转型的第一步。但是,对于中国传统文化核心部分的伦理纲常,他们却本能捍卫,"圣人所以为圣人,中国所以为中国,实在于此"①。"国粹"派摒弃了貌似公允而实质上破绽明显的体用模式,不是直接、浅陋地以伦理纲常作为"中国所以为中国"的文化依据,而是从一般文化或种族特性的视角,充分肯定中国固有之"国粹",并对之进行深入的研究,因而显现出更为专精的学术品格和更为厚实的理论分量。现代新儒家则比"国粹"派又前进了一步。他们不是泛泛地褒扬一般意义上的"国粹",而是具体凸显孔儒之学、尤其是宋明理学的文化核心地位。当"国粹"派力图从中华民族的历史特性中、从包括儒学在内的各家各派思想遗产中解析中国文化的生命基因时,现代新儒家却以更高的本体论文化哲学的眼光,以宋明儒家的心性之学会通西学,从中发掘出中

---

① 张之洞:《劝学篇·明纲》,《张文襄公全集》卷二〇二,北京文华斋1928年版。

国文化所独具的超越时空局限的普遍意义与恒久价值。近代中国文化保守主义至此登上了前所未达的理论高峰。

一、"体用不二"熊十力

在现代新儒家诸公中,熊十力是尤具原创力的哲学家。"在西化狂飙吹散中土自家无尽藏的时代里,他直接反求本心,摒除肤泛世俗的杂说以及没有源头活水的曲见,自定方向,以孤往的大勇,终身在学问思索中作冥会'见体'的工夫"[①],成为现代新儒家开宗立派的精神领袖人物[②]。

熊十力,原名继智、升恒、定中,号子真[③],1885 年出生于湖北黄冈一个贫苦农家。早年"阅当时维新派论文与章奏,知世变日剧"[④],后读孟子、王夫之、顾炎武著作,萌生革命之志,投身湖北新军,发起成立黄冈军学界讲习社,并加入日知会,图谋"运动军队",推翻清廷。后事泄被通缉,秘密出逃。辛亥首义后,熊十力出任湖北督军府参谋。他拥护孙中山"三民主义",反对袁世凯复辟及军

---

① 杜维明:《孤往寻求宇宙的真实》,《儒家传统的现代转化》,中国广播电视出版社 1992 年版,第 562 页。

② 关于这一点,有人说熊是"实际的精神领袖",有人说是"中心启导人物",方克立认为,"为现代新儒家构造一套博大谨严的哲学体系的任务,是由熊十力经过多年苦学精思、周察审虑而完成的。他是一位对儒家精神有独特的生命体悟的哲学家,思想和著作极具感召力,对后继者影响甚大。唐君毅、牟宗三等人在哲学上的建树,都是以熊十力为起点的。"见《现代新儒学与中国现代化》,天津人民出版社 1997 年版,第 101 页。

③ 大约 1925 年前后,熊氏为自己更名"十力"。"十力"是佛典《大智度论》中赞扬佛祖释迦牟尼的话,比喻他有超群的智慧、广大的神通和无边的力量。见郭齐勇:《熊十力思想研究》,天津人民出版社 1993 年版,第 9 页。

④ 熊十力:《十力语要》卷四。

阀独裁。1917年至1918年,他参加"护法运动",成为孙中山的幕僚。"护法运动"的可悲结局刺激他深刻反省:"念党人竞权争利,革命终无善果;又目击万里朱殷,时或独自登高,苍茫望天,泪盈盈雨下;以为祸乱起于众昏无知,欲专力于学,导人群以正己见。自是不作革命行动,而虚心探中印两方学问。"① 这一反省对于熊十力人生之路的意义,正如他自己所述:"决志学术一途,时年已三十五矣,此为余一生之大转变,直是再生时期"②。

"决志学术一途"的熊十力,起步是潜心佛学,此即上引的"虚心探中印两方学问"。1920年秋,经梁漱溟介绍,他来到南京内学院,从欧阳竟无大师研习佛学。1922年,熊十力受聘为北京大学特约讲师,主讲法相唯识之学。1923年,他的《唯识学概论》讲义印行,这是他此前由儒转佛的心得见证。讲义共八章,九万余言,内容完全忠实于内学院所学。但是此后不久,他即对佛学精义发生怀疑,并终至背弃师说,返求诸己,服膺儒家大《易》。1926年,正在京西大有庄写《唯识学概论》第三稿的熊十力"忽然"对佛家轮回说产生疑问:按轮回说,一个人的形体尽了,神识可以投胎转世;但依儒家大《易》,并非神识流转,宇宙即一大生命,个体同禀这一大生机而有形,形尽而神灭。"相信轮回,生命界就是交遍的,宇宙中无量生命各自独化,各各遍满而不相妨碍;相信大易,生命界就是同源的,宇宙大生命是众生的根源。两种学说,何去何从?"③在与林宰平的讨论中,熊十力认识到:"说有轮回,不过是将人的生命,上推至于无始,下推至于无终,果然如此,则长劫轮回中,这个

---

① 熊十力:《十力语要》卷四。
② 熊十力:《十力语要》卷三。
③ 李山等:《现代新儒家传》,山东人民出版社2002年版,第144页。

我不知曾幻作多少众生之身。若是没有轮回,则我乃长劫中某一期,更无第二个我,这样我的价值,岂不更重大!我的生活,岂不更优美!"①

"寂灭的佛家人生观终究抓不住熊十力的心,他所以中年向学,就是要讨究正大人生的究竟"②。为了此宏愿,熊十力耗十年之功,逐渐构筑起自己的哲学体系。1930年,他的《唯识论》由公孚印刷所印行,这表明熊十力由主张"众生多元"改变为"众生同源",由赞同轮回说改变为批判轮回说,扬弃佛学的"非人生"倾向,确认"儒家的人本主义"才是"大中至正"③。1932年10月,博大奥衍的《新唯识论》文言本由浙江省立图书馆印行,标志着熊氏"体用不二"哲学大厦的落成。《新唯识论》从根本上动摇了佛学基础,所以一经问世,佛学界便群起而攻之。刘衡如作《破新唯识论》,欧阳竟无大师亲为之序,称"灭弃圣言,唯子真为尤",训斥弟子"应降心猛省以相从"。熊十力据理力争,作《破破新唯识论》。日寇侵华,熊十力避难入川,着手改写《新唯识论》为语体文本。在弟子钱学熙等的协助下,《新唯识论》语体文本三卷九章约37万字于1944年3月由商务印书馆在重庆正式出版。

《新唯识论》"援佛入儒,归本大易,余平生心力在此"④,是熊十力一生心血的最重要结晶。关于此书,历来注家纷纭,繁花似锦,但一片光华灿烂里,最真切的理解把握,还在先生自己的勾玄

---

① 李山等:《现代新儒家传》,第146页。
② 同上。
③ 郭齐勇:《熊十力思想研究》,天津人民出版社1993年版,第9页。
④ 熊十力:《摧惑显宗记》,《现代新儒学的根基》,中国广播电视出版社1996年版,第117页。

提要之中。在与诸生谈《新唯识论》大要时,熊十力论道:

《新论》以体用不二阐明万化根本原理,救正佛家分截法相是生灭,法性是不生灭,将性相打作二片,及西洋哲学家谈实体与现象每欠圆融之痼疾。此当首先注意。……

东方诸大学派谈本体者,证会所至,各有发挥。约举三家:

一,印度佛家唯以空寂显体。佛家大小乘,派别极繁,互相攻难。而印以三法印,一切无诤。三法印者,空寂义也。

二,中土道家则说本体是虚静。虚静,犹空寂也。……中国自汉以后,始则道家阴夺儒者之席,继则道与佛合流,久则佛法普遍深入于社会。二千余年来学术思想与政治社会各方面,一切凝滞不进。此其原因虽不一,道与佛偏彰空寂虚静之本体论,其影响确不良,则不可忽而不加察也。

三,儒家在中国思想界为正统派。……儒家六籍以大易春秋为根本。春秋与大易相较,则大易又为春秋所本。……余于大易,亦曰群经之王,诸子百家之母。真知中国学术源流者,当不忽吾言。易之谈本体,则从其刚健纯粹,流行不息,生化不测之德用,而显示之,此与佛道二家谈本体,显然不同。惜乎汉以后,易学始亡于象数家。至宋明理学言易者,又杂以禅与老。而孔子之易,不可复睹矣。

《新论》谈本体,则明夫空寂而有生化之神,虚静而含刚健之德。所以抉造化之藏,立斯人之极者,在是也。……虽融三家(儒佛道)而冶于一炉,毕竟宗主在大易。二千余年间,易道既绝而复明,天实启不肖以肩斯任欤。

初学每苦《新论》难读。今略示大要。本体是全体浑然，无差别相，喻如大海水。而本体之流行，有一翕一辟，刹刹顿现，不守其故之谓用，此则喻如众沤。学者由大海水与众沤喻，当知《新论》体用可分而实不二，虽本不二而不妨有分。

一翕一辟之谓用。依翕假说物，依辟假说心。辟以运翕，翕随辟转。易言之，心能了物，非物可了心；心能御物，非物可御心。是故用有优劣，说识名唯。

……

《新论》发明体用。其所谓体，非谓其超脱于万有之上，或隐于万有之后。虽不妨形容为万有之根源，而根源即显现为万有，非离万有而独在。故从万有言，则一一现象，皆是自根自源。孟子言形色即天性，宗门说一华一法界，一叶一如来，皆可由《新论》得其的解。

……

《新论》以本体名为功能，亦名恒转等。夫本体者，从一方面言，是势用无穷之大伏藏；从又一方面言，是万理皆备之大伏藏。故本体得名功能，亦得名之为理，不可以理为离异功能而托于虚也。[1]

作为新儒家的开山人物，熊十力"深念旧文化崩溃之势日剧，誓以身心奉诸先圣"[2]。他力辟"五四"以降将儒学等同于君主专制意识形态的浮浅时论，认为恰是两千年的黑暗专制窒息了儒学

---

[1] 熊十力：《摧惑显宗记》，《现代新儒学的根基》，中国广播电视出版社1996年版，第105—108页。

[2] 熊十力：《十力语要》卷一。

的生动精神,"自汉代以迄于清世,天下学术,号为一出于儒,而实则上下相习,皆以尊孔之名而行诬孔之实"。"两千余年学术,名为宗孔,而实沿秦汉术数之陋,中帝者专制之毒"①。他决心还复孔子的真相,光大真儒学的革命、民主精神。对于先秦原始儒学,熊十力上摈禹汤文武,下弃孟荀八派,独尊孔子本人。对于孔子,又以其"五十学《易》"为标识,前否后臧,认为孔子前半生"取法禹汤文武诸圣王,提倡礼教"②,并无先师气度;后半生著作六经,"创明大道",讲求内圣外王,倡导"天下为公",才确立其至圣地位。他认为孔学精华荟萃于《大易》、《春秋》、《礼运》、《周官》之中。《大易》生生不息、雄浑刚健的人生态度,《春秋》"贬天子,退诸侯,讨大夫"的民主、平等观念,《周官》和《礼运》均贫富、联民众的"大同"理想,这些才是孔子及其儒学的真正精华所在。他统摄六经,归纳出治道之九"义":一曰仁以为体;二曰格物为用;三曰诚恕均平为经;四曰随时更化为权;五曰利用厚生,本之正德;六曰道政齐刑,归于礼让;七曰始乎以人治人;八曰极于万物,各得其所;九曰终之以群龙无首。依此九义,便"可以节物竞之私,遂互助之宇,塞利害之门,建中和之极,行之一群而群固,行之一国而国治,行之天下而天下大同"③。熊十力深厌"汉唐经师"篡改孔子,"使文化归本忠孝,不尚学术"④,又于宋明儒生"无甚好感,两宋以来理学之徒尊程朱以继孔,而孔学真绝矣"⑤。他从三玄(易、老、庄)和二王(阳明、船

---

① 熊十力:《读经示要》卷二、卷三。
② 熊十力:《原儒》。
③ 熊十力:《读经示要》卷一。
④ 熊十力:《原儒》。
⑤ 熊十力:《乾坤衍》。

山)那里开掘中国文化的精髓,认为儒家、道家以及佛学禅宗同以认识心体为上,都强调主观、意识、精神的作用,都讲求修身、养性、悟理,都顺从流行变化、相反相成的宇宙规律,他们共同熔铸了中国传统文化体用不二、天人不二、心物不二、动静不二、知行不二、理欲不二的本质特征。

熊十力以"天不丧斯文,必将有以庇我矣"①的使命感和责任感,致力于民族新文化的建构。他坚信继承是创造的前提,所以读经工夫不可省。至于如何读法,他强调"读经希圣,非可专固自封也,今当融贯中西,平章汉宋,上下数千年学术源流得失,略加论定,由是寻晚周之遗轨,辟当代之弘基,定将来之趋向,庶几经术可明而大道其昌矣"②。另一方面,熊十力认为,"吾国人努力于文化之发扬,亦必收西洋现代文化,以增加新的原素,而有所改造,不可令成一种惰性"③。他分析中西文化的异同,"就知的方面说,西人勇于向外追求,而中人特重反求自得;就情的方面言,西人大概富于高度的坚执之情,而中人则务以调节情感,以归于中和"。"中国人知不外驰,情无僻执,乃是中国文化从晚周发原便与希腊异趣之故。希腊人爱好知识,向外追求,其勇往直前的气概与活泼泼地的生趣,固为科学思想所由发展之根本条件,而其情感上之坚执不舍,复是其用力追求之所以欲罢不能者。"熊十力还从文化所由产生的环境来分析中西"知"与"情"不同特点的成因:

---

① 熊十力 1925 年 3 月 28 日致梁漱溟信。
② 熊十力:《读经示要》自序,《现代新儒学的根基》,中国广播电视出版社 1996 年版,第 400 页。
③ 熊十力:《中国历史讲话》,1938 年重庆石印本。

希腊人海洋生活,其智力以习于活动而自易活跃,其情感则饱历波涛汹涌而无所震慑,故养成建执不移之操。中国乃大陆之国。神州浩博,绿野青天,浑沦无间。生息其间者,上下与天地同流,神妙万物,无知而无不知。彼且超越知识境界,而何事匆遽外求、侈小知以自丧其浑全哉?①

在肯定西方文化的特长的同时,熊十力指出其"病菌"在于,"西洋人如终不由中哲反己一路,即终不得实证天地万物一体之真,终不识自性,外驰而不返,长沦于有取,以丧其真"②。他评骘近代以来影响颇深远的"中体西用"说,"南皮欲采西学,其意自是,惜其以中西学判为一体一用,未免语病耳。中学既具其体,即有其用,用有所未尽者,则取诸人以自广可也。若中学果为有体无用之学,则尚安用此死体为哉!南皮下语,既不能无病,而其深意,在当时又不为人所察,于是吾国人日趋入完全毁弃自己之路"③。熊十力不同意梁漱溟的《东西文化及其哲学》"将中西学术思想,根本划若鸿沟"④,又批评"全盘西化"论的民族文化虚无主义必将导致"西学之真无从移植得来,固有之长早以舍弃无余"⑤ 的恶果。他以"会通"的襟怀宣示:"中西文化宜互相融和。以反己之学立本,则努力求知,乃依自性而起大用,无逐末之患也。并心外驰,知见纷杂而不见本原,无有归宿,则其害有不可胜言者矣。中西学术,

---

① 熊十力:《十力语要初续》,《现代新儒学的根基》,第321页。
② 同上,第322页。
③ 熊十力:《读经示要》卷一。
④ 熊十力:《读经示要》卷二。
⑤ 熊十力:《读经示要》卷一。

合之两美,离则两伤"①。

要而言之,熊十力以儒为宗,糅合佛学,又采摘西学的"量智"(即向外求理之工具)优长,综合先秦孔子易学、宋明陆王心学和佛教大乘空宗法相唯识之学,建构"新唯实论"大厦,成为现代新儒学事实上的精神导师。以此为标志,近代中国文化保守主义登上了空前的理论高峰。

熊十力在现代新儒家阵营中的地位与影响,主要因其学术功力及贡献奠定,同时也与他学脉传人的继往开来有关。学术界一般认为现代新儒家至今已有三代薪火相传。熊十力、梁漱溟、冯友兰、马一浮、贺麟等属于第一代,唐君毅、牟宗三、徐复观等属于第二代,杜维明、成中英、刘述先等属于第三代②。绝非偶然,第二代中的唐、牟、徐三人,都是熊十力的学生,而与第一代的其他前辈,都没有师承关系。正如有研究者所指出,虽然熊氏自己是"不拘家派"的,"过分渲染传承、统系,并不是熊十力的风格",但是,"熊与唐、牟、徐的关系以及他们师弟对中国哲学的重振与再造,无疑是本世纪中国思想史和哲学史上一段有趣的佳话和颇有深意的文化现象。熊先生的原创力在唐、牟、徐身上得到充分的展示"③。本书在叙述次第上,将熊十力置于新儒家之首,理由即在于此。

---

① 熊十力:《十力语要初续》,《现代新儒学的根基》,第323页。
② 见方克立:《现代新儒学与中国现代化》,天津人民出版社1997年版,第54、92页。
③ 郭齐勇:《熊十力思想研究》,天津人民出版社1993年版,第366、330页。这种展示的详尽、精当分析,见该书第330—367页。

二、"最后的儒者"梁漱溟

致力于研究近代中国文化保守主义的美国学者艾恺,称梁漱溟为"最后的儒者",其理由是:"在近代中国,只有他一个人保持了儒者的传统和骨气。他一生的为人处事,大有孔孟之风;他四处寻求理解和支持,以实现他心目中的为人之道和改进社会之道"①。在笔者看来,论"儒者的传统与骨气",新儒家诸公大都承袭了先贤之风;倒是在"内圣"与"外王"的一体躬行方面,梁漱溟确是其中最为自觉一位。尤其有意思的是,正如研究者所指出,新儒家"虽然在形上义理的层面把宋明理学视为最切近的源头活水,却又批评宋明儒者'内圣强而外王弱',未能体现儒家思想的全幅精神"②。笔者在这里要补充的是,如果说在传统道德精神的导引之下探究民主、科学的"新外王"之理确是新儒家的共性追求,那么论真正实践这种"新外王"的奋斗打拼,新儒家诸公中,唯梁漱溟一人而已。

1893年10月,祖籍广西、血统属元朝宗室后裔的梁漱溟出生于北京。他的父亲梁济(字巨川),仕途阻滞,十年京官,只做到四品侍读。梁漱溟评价其父,"不是一天资高明的人","作学问没有过人的才思",但是"意趣超俗,不肯随俗流转,而有一腔热肠,一身侠骨"③。清帝逊位不久,梁济即在祖宗灵前立下以身殉节的誓言。1918年,他果然自沉于净业湖的一汪碧水之中。遗书写道:

---

① 〔美〕艾恺著,王宗昱等译:《最后的儒家——梁漱溟与中国现代化的两难》中文版序,江苏人民出版社1993年版,第4页。
② 郑家栋:《当代新儒学史论》,广西教育出版社1997年版,第73页。
③ 梁漱溟:《我的自学小史》,《梁漱溟集》,群言出版社1993年版,第42页。

"梁济之死,系殉清朝而死"。他特别声明:所谓"殉清","非以清朝为本位,而以幼年所学为本位。吾国数千年,先圣之诗礼纲常,吾家先祖先父先母之遗传与教训,幼年所闻,以对于世道有责任为主义。此主义深印于吾脑中,即以此主义为本位,故不容不殉"①。梁济的死在当时引起社会的震动,废帝溥仪"卜诏"表彰,而思想文化界人士则更注重其自杀行为的深层意义。陈独秀著专文《对于梁巨川先生自杀之感想》,认为巨川以对清殉节的方式来提倡传统名教,拯救社会堕落,本不足法,但他不惜以生命"殉了他的主义"的"真诚纯洁的精神",却值得敬佩。父亲的自裁使梁漱溟在彻骨的悲痛中反省自己违忤父志,迷念佛学的"不孝"行为,"呜呼! 痛已! 儿子之罪,罪弥天地已! 逮后始复有寤于故土文化之微,而有志焉"②。父亲舍得用生命去殉的诗礼纲常、世道责任,此后成为梁漱溟心中永远沉重的自觉担当。

暮年的梁漱溟回顾一生的思想流程,认为可分为三期。"第一期便是近代西洋这一路。从西洋功利派的人生思想后来折反到古印度人的出世思想,是第二期。从印度出世思想卒又转归到中国儒家思想,便是第三期。"③ 如果以本人的著述来标识三期之间的两次转折,那么前为《究元决疑论》,后为《东西文化及其哲学》。

1916 年,梁漱溟在《东方杂志》上连载发表一万三千字的长文《究元决疑论》,全文分"究元"(佛学如实论)和"决疑"(佛学方便论)两部分。"究元"部分以性宗和相宗的思路讨论宇宙的本原问

---

① 梁济:《桂林梁先生遗书》,转引自黄克剑:《百年新儒林》,中国青年出版社 2000 年版,第 3 页。
② 梁漱溟:《思亲记》,《梁漱溟全集》(一),山东人民出版社 1989 年版,第 594 页。
③ 梁漱溟:《梁漱溟集》,第 52 页。

题,在大量引证中外学者的论述和繁复的佛理辨证之后,梁漱溟的结论是,"所有东西哲学心理学德行学家言,以未曾证觉本原故,种种言说无非戏论",只有佛学才"拨云雾而见青天,舍释迦之教其谁能?"① 接下来的"决疑"部分,便以"释迦之教"讨论人生问题。梁漱溟认为,人生只有两条提供成功希望的进路,"一者出世间义",即消除情欲,与世隔绝,逃避一切诱惑与烦恼;"一者顺世间义",即寻求符合世间准则的世俗生活。他主张,人们最好选择第一条进路;如果不得不选择第二条进路,也必须克制自己的欲望,才能"虽住世间亦得安稳而住"②。《究元决疑论》使得23岁的梁漱溟在学术界崭露头角。受命由欧洲归国接任北京大学校长的蔡元培看到此文,极感兴趣,诚邀梁漱溟来北大讲授印度哲学。在北大的七年,是梁漱溟思想精进的重要时期。在这里,他结识了大批学界名流,有的还成为一生至交。梁氏晚年回忆,"这七年,一是改变了我信佛学,一心想出家的生活道路;二是一面教书,一面自学、研究,在学识上成熟了,开始具备了自己独有的见解。"③ 这"独有的见解",系统而深刻地表述于1921年出版的《东西文化及其哲学》一书中。该书的问世引起迅疾的社会反响,影响波及海外。"发行不到一年,已经得了近百篇的论文,十几册的小册子,和他大打其笔墨官司,这样一闹,他这部书,居然翻成了十二国的文字,把东西两半球的学者,闹个无宁日"④。十年之内,八次再版。这一巨著,根本奠定了梁漱溟现代新儒家理论方向开启者的公认地位。

---

① 梁漱溟:《梁漱溟全集》(一),山东人民出版社1989年版,第9—13页。
② 同上,第20页。
③ 汪东林:《梁漱溟问答录》,湖南人民出版社1987年版,第40页。
④ 李石岑:《评〈东西文化及其哲学〉》,《民铎》1922年3卷3号。

在《东西文化及其哲学》的自序中,作者表白心迹:

> 我从二十岁以后,思想折入佛家一路,一直走下去,万牛莫挽,但现在则已变。……何以有此变?……周围种种情形都是叫我不要作佛家生活的。……我又看着西洋人可怜,他们当此物质的疲敝,要想得精神的恢复,而他们所谓精神又不过是希伯来那点东西,左冲右突,不出此圈,真是所谓未闻大道,我不应当导他们于孔子这一条路来吗!我又看见中国人蹈袭西方的浅薄,或乱七八糟,弄那不对的佛学,粗恶的同善社,以及到处流行种种怪秘的东西,东觅西求,都可见其人生的无着落,我不应当导他们于至好至美的孔子路上来吗!无论西洋人从来生活的猥琐狭劣,东方人的荒谬糊涂,都一言以蔽之,可以说他们都未曾尝过人生的真味,我不应当把我看到的孔子人生贡献给他们吗![1]

梁漱溟认为,"我有一个最大的责任,即为替中国儒家作一个说明,开出一个与现代学术接头的机会"[2]。这个接头处,就在宋明新儒家,尤其是陆(九渊)、王(阳明)心学:"明白地说,照我的意思是要如宋明人那样再创讲学之风,以孔、颜的人生为现在的青年解决他烦闷的人生问题。"[3] "宋学虽不必为孔学,然我们总可以说,宋人对于孔家的人生,确是想法去寻的。他们对于孔子的人生生活,还颇能寻得出几分呢!"梁漱溟慧眼独具:"孔子的东西不是

---

[1] 梁漱溟:《梁漱溟集》,第69—70页。
[2] 同上,第62页。
[3] 同上,第203页。

一种思想,而是一种生活"①,在这种生活中,直觉和情感较之理智更为根本,"孔家本是赞美生活的,所有饮食男女本能的情欲都出于自然流行,并不排斥;若能顺理得中,生机活泼,更非常之好的。所怕理知出来,分别一个物我而打量计较,以致直觉退位,成了不仁。……仁就是本能情感、直觉"。他据此认定,在本体论上鼓吹"宇宙便是吾心,吾心便是宇宙"、"心即理"的陆九渊、王阳明才是孔学精神的真正传人。他进而断言,只有复兴宋明理学倡导的"孔颜乐处"人生态度,"才可以真吸收了科学和德谟克拉西两精神下的种种学术、种种思潮而有个结果。否则我敢说新文化是没有结果的"②。

作为"五四"时期"东方文化派"在哲学领域里的代表人物,梁漱溟"把文化归因为生活路向和人生态度,把生活和人生又归因为'意欲'的不同精神"③,现代新儒学的文化哲学本质在他身上凸现得最为清晰。这方面的重大建树即《东西文化及其哲学》提出的"人类生活三路向说"。

梁漱溟认为,世界各民族的文化都包括精神生活、社会生活和物质生活三方面。各民族在这三方面的不同价值取向决定了解决上述三方面问题的方法不同,进而形成了各具特色的"生活的样法"。他归纳人类的种种生活样法,不出三种类型,或曰三个不同的路向:

其一,本来的路向:奋力取得所要求的东西,遇到问题都是对于前面去下手,改造局面,以求成功;

---

① 梁漱溟:《梁漱溟集》,第204页。
② 同上,第203页。
③ 李泽厚:《中国现代思想史论》,东方出版社1987年版,第281页。

其二，遇到问题不去要求解决，就在现存的境地上求自己的满足；

其三，遇到问题不是考虑如何解决，而是想根本取消这一问题或要求。

梁漱溟把以上三种"人类生活的路径样法"简明表述为：（一）向前要求；（二）对于自己的意思变换、调和、持中；（三）转身向后去要求。他认为，西方文化属于第一种，即以意欲向前要求为其根本精神；中国文化属于第二种，即以调和持中为其根本精神；印度文化属于第三种，即以意欲反身向后要求为其根本精神。

梁漱溟进一步研究了中、西、印三种文化的运思方式特征，独出心裁地归纳为：西洋生活是直觉运用理智的；中国生活是理智运用直觉的；印度生活是理智运用现量的。[①] 他认为这三种思维特征分别适用于人类文化发展的不同阶段，即西洋文化以理智研究人对物的问题，处在人类文化发展的第一路，虽然取得很大的成就，但这一路已经走到尽头，必须转入用直觉研究人对人的问题——亦即中国文化代表的——文化发展的第二路。这是时势使然，绝无逆转之可能。梁漱溟坚信，只要西方人现在看到"孔子是全力照注在人类情态方面的"，"就不怕他不走孔子的路"！至于人类文化由研究人对人的问题转入人对无生本体的探索，进入印度文化代表的第三路，那还是遥远将来之事。梁漱溟"试图让人们相信，就人类文化的发展趋势而言，是由西方而中国而印度，随着人类面临的问题的变迁，西、中、印三系文化将挨次轮班地演进。中国儒家文化是代表着未来的，在价值形态方面远高于西方，中国近

---

① 梁漱溟：《梁漱溟集》，第 183—184 页。

代以来的落后并不表明中国文化本质上有何不足,只是'文化早熟'、'调和'态度拿出得太早,因而不合时宜罢了。换言之,较之西方近代文化,中国文化是过而后不及"[1]。

在完成了艰巨的理论建构工程后,梁漱溟提出现实的对策:

> 我们推测的世界未来文化既如上说,那么我们中国人现在应持的态度是怎样才对呢?对于这三态度何取何舍呢?我可以说:
> 第一,要排斥印度的态度,丝毫不能容留;
> 第二,对于西方文化是全盘承受,而根本改过,就是对其态度要改一改;
> 第三,批评的把中国原来的态度重新拿出来。[2]

至于如何"批评的把中国原来的态度重新拿出来",梁漱溟特别强调孔子之所谓"刚"。"刚之一义也可以统括了孔子全部哲学"[3]。具体地说,"我今所要求的,不过是大家往前动作,而此动作最好要发于直接的情感,而非出自欲望的计虑。"[4]"只有这样向前的动作才真有力量,才继续有活气,不会沮丧,不生厌苦,并且从他自己的活动上得了他的乐趣。只有这样向前的动作可以弥补了中国人夙来缺短,解救了中国人现在的痛苦,又避免了西洋的弊

---

[1] 董德福:《梁漱溟"新孔学"的历史地位和影响》,《北京大学学报》1995年第5期。
[2] 梁漱溟:《梁漱溟集》,第193页。
[3] 同上,第201页。
[4] 同上。

害,应付了世界的需要,完全适合我们从上以来研究三文化之所审度。这就是我所谓刚的态度,我所谓适宜的第二路人生。本来中国人从前就是走这条路,却是一向总偏阴柔坤静一边,近于老子,而不是孔子阳刚乾动的态度;若如孔子之刚的态度,便为适宜的第二路人生"①。

梁漱溟的"人类生活三路向"文化哲学,是近代中国文化保守主义的理论巨构。在它深刻的原创性之下,论证过程与概念、范畴运用的模糊、笼统和粗糙,也是不争的事实。当年胡适即批评梁氏"太热心寻求简单公式"②,60余年后李泽厚的评论是"把这些心理学的现象和词汇与哲学形而上学以及社会学文化学混在一起讲,就更加浑沌一团"③。其实,不待别人的挑剔,《东西文化及其哲学》面世的次年,梁氏即于该书的第三版自序里表示了"许多悔悟",坦言"为表我的意思不得不说这种拙笨不通的话"④。晚年的梁氏更自我检讨,"由于当时对于人类心理认识不足,以致言词糊涂到可笑可耻地步"⑤。思想的建构从来就是不断扬弃的过程,时至今日,文化的路向问题依然是全人类的巨大困惑,梁漱溟当年的探索依然有其深刻的认识价值。因此,我们有理由对于前贤的劳作怀抱理解的敬意,而不是求全责备的浅薄的指责。

与现代新儒家诸大哲相比,梁漱溟的政治热情和实践精神都最为强烈。他自认"是一个思想家,同时又是一社会改造运动

---

① 梁漱溟:《梁漱溟集》,第202—203页。
② 胡适:《读梁漱溟先生的〈东西文化及其哲学〉》,《胡适文存》第2集第2卷。
③ 李泽厚:《中国现代思想史论》,东方出版社1987年版,第289页。
④ 梁漱溟:《梁漱溟集》,第73页。
⑤ 同上,第183页注①。

者"①。"自己既归宿于儒家思想,且愿再创宋明人讲学之风——特有取于泰州学派之大众化的学风——与现代的社会运动融合为一事。……我之从事乡村运动即是实践其所言"②。

1927年前后,梁漱溟即已"觉悟"到乡村建设是解决中国问题的唯一途径。他先后到广东、山西等地考察,并在河南组建"村治学院",研究乡村自治及乡村服务等问题,但因战乱,旋即关闭。1930年,韩复榘出任山东省主席。8年前,冯玉祥将军邀请梁漱溟为其属下官佐讲授儒家哲学,韩也在听讲之列,对梁极感钦佩。因此,他请梁来鲁,从事"乡村建设"。1931年至1937年,梁漱溟主持山东乡村建设研究院,在邹平、菏泽等地区建立"乡村建设实验区"。"实验区"在经济方面,以合作形式解决资金短缺、土地所有权不平等及利用率不高等问题,发展生产,消除贫困;在政治方面,修正西方民主,推行"人治的多数政治",以乡学、村学取代以前的行政管理机构;在文化方面,推行全民教育,改革落后礼俗,宣传伦理情谊,树立文明风尚。梁漱溟希望通过自己的实验,论证"散漫的农民,经知识分子领导,逐渐联合起来为经济上的自卫与自立;同时从农业引发了工业,完成大社会的自给自足,建立社会化的新经济构造"③。他认为,"从乡村入手""重建一新社会组织构造"的理由是充分的:其一,中国集家成乡,集乡成国,改造组织如从家入手范围太小,从国入手范围太大,只有乡不大不小,"是一个最适当的范围";其二,新的社会组织构造要靠多数人的力量,中国多数人住在乡村,"其主力的发动,亦必然地是从乡村开头";其三,相对于

---

① 梁漱溟:《梁漱溟集》,第81页。
② 同上,第58页。
③ 梁漱溟:《梁漱溟全集》第2卷,山东人民出版社1990年版,第495页。

城市工商业者,乡村农民已成"宽舒自然的性情",这种性情"很适应于理性的开发",所以,从乡村入手,由理性求组织,正符合"创造正常形态的人类文明之意"。说到底,梁漱溟的理由非常简明:"乡村是本,都市是末,乡村原是人类的家"①。

1937年"七七事变",抗战爆发。年底,日军进攻山东、邹平、济南等地相继沦陷,"乡村建设运动"被迫中止。梁漱溟实验性质的"乌托邦"未得善终,政治、军事形势的恶化只是表层的原因。此前两年,梁漱溟在公开演讲中就已经认识到"乡村建设运动"的根本难处:"头一点是高谈社会改造而依附政权;第二点是号称乡村运动而乡村不动"②。梁漱溟确实抓住了问题的要害。"依附政权"是"乌托邦"得以实际运行的前提,而"乡村不动"则是"乌托邦"空想实质的必然后果。"乡村建设运动"刚刚结束,梁漱溟于1938年初访问延安,将40万言的《乡村建设理论》送给毛泽东,并与之作彻夜长谈,讨论中国的社会改造及民族前途等大政问题。两人都没能说服对方,但梁漱溟对毛泽东和共产党领导下的边区留下良好的印象。他急切的政治热情一直持续到共产党执政的新中国时期,并因"狂狷"的"儒者气象"而与毛泽东发生了那场著名的尖锐对峙。在这一方面,梁漱溟更是现代新儒家中的独立特行者。

作为行动的儒者,梁漱溟一生"唯于社会问题祖国外患则若无所逃责,终不屑脱离现实,专事学问"③,尽管如此,在学问方面,他贡献于社会、祖国的依然多多。在梳理"我思想所从来之根柢"时,梁漱溟曾说:"初转入儒家,给我启发最大,使我得门而入的,是明

---

① 梁漱溟:《梁漱溟全集》第2卷,第313—317页。
② 同上,第573页。
③ 梁漱溟:《人心与人生》,学林出版社1984年版,第260页。

儒王心斋先生（即王阳明的学生、泰州学派创始人王艮，号心斋——引注）；他最称颂自然，我便是如此而对儒家的意思有所理会。……后来再与西洋思想印证，觉得最能发挥尽致，使我深感兴趣的是生命派哲学，其主要代表者为柏格森。"① 就文化哲学的本体论而言，梁漱溟通过陆王之学上接原始儒家，"独能生命化了孔子，使吾人可以与孔子的真实生命及智慧相照面，而孔子的生命与智慧亦重新活转而披露于人间。同时，我们也可以说他开启了宋明儒学复兴之门，使吾人能接上宋明儒者之生命与智慧"②，这是他的贡献之一。就文化哲学的方法论而言，梁漱溟引入西方生命哲学的直觉法，不仅为中国哲学开辟了一种新的解释路径，而且由此激发了对于中国哲学注重"直觉"传统的深入研究，这是他的贡献之二。熊十力撰《新唯识论》，在方法论上严格区分"性智"、"量智"，其"性智"便是超越理性思维之上的直觉体悟，其间受梁氏之影响，是显而易见的③。

三、"贞下起元"冯友兰

在现代新儒家中，熊十力、梁漱溟承接陆（九渊）王（阳明）心学，被认为是"新心学"的代表，而冯友兰则以程（颢、颐兄弟）朱（熹）理学为自己的学术之源，"接着讲"而不"照着讲"，被认为是"新理学"的代表。

1895年，冯友兰出生于河南唐河一书香门第，父辈均有科举

---

① 梁漱溟：《梁漱溟集》，第51页。
② 牟宗三：《生命的学问》，台湾三民书局1970年版，第112页。
③ 见方克立：《现代新儒学与中国现代化》，第102页。

功名。1915年,他从上海中国公学毕业,考入北京大学法科,后改入文科的中国哲学门学习,毕业后到开封某学校任国文、修身教员。1919年,冯友兰通过公费留学考试,赴美国哥伦比亚大学研究院哲学系攻读研究生,1923年毕业,次年获哲学博士学位。归国后,自1929年起,20年间一直受聘为清华大学教授。

20世纪30年代初,冯友兰以两卷本《中国哲学史》引起学界的注目。在该书自序中,作者以黑格尔著名的"正、反、合"公式表述自己的哲学史观:"前人对于古代事物之传统的说法,'正'也。近人指出前人说法多为'查无实据',此'反'也。若谓前人说法虽多为'查无实据',要亦多'事出有因',此'合'也。""故吾之正统派的观点,乃海格尔所说之'合',而非其所说之'正'也"[1]。冯著问世之前,国人所撰具有近代学术品格的中国哲学通史,只有胡适有头无尾的半部著作,即1919年出版的《中国哲学史大纲》上卷。与胡著相比,冯著不仅在完整性方面明显取胜,分段依据更加注重社会历史的本质,而且在研究方法方面,也有独到之处。两相对照,胡著详于文字的考证训诂和历史的铺陈,而冯著则精于哲学义理的开掘。日后冯友兰曾归纳该书与胡著的不同,"用中国旧日学术界传统的说法,就是'汉学'与'宋学'的不同"[2]。如果以黑格尔的"正、反、合"公式,结合"五四"以降"疑古"之风弥漫学界的背景,则大致可以勾勒出冯著的推进轨迹:历代前贤"信古"的哲学史解释是"正",胡适以"疑古"的勇毅,丢开唐、虞、夏、商,"径从周宣王以后讲起"是"反",冯友兰针对胡适的观点,以"释古"的姿态驾而上

---

[1] 冯友兰:《中国哲学史》,中华书局1961年重印本,自序(一)、自序(二)。
[2] 冯友兰:《三松堂自序》,人民出版社1998年版,第212页。

之,便是"合"①。因为这些优长,两卷本《中国哲学史》在当时就颇得学界青睐。陈寅恪肯定其对于古人思想"同情的了解"的解读姿态,"凡著中国古代哲学史者,其对于古人之学说,应具了解之同情方可下笔","今欲求一中国古代哲学史,能矫附会之恶习,而具了解之同情者,则冯君此作庶几近之;所以宜加以表扬,为之流布者,其理由实在于是"②。金岳霖则以冯著的成就来批评时人的浅薄,"现在的中国人免不了时代与西学的影响,就是善于考古的人,把古人的思想重写出来,自以为是述而不作,其结果恐怕仍不免是一种翻译。同时即令古人的思想可以完全述而不作的述出来,所写出来的书不见得就可以称为哲学史。""冯先生既以哲学为说出一个道理来的道理,则他所注重的不仅是道而且是理,不仅是实质而且是形式,不仅是问题而且是方法。……从大处看来,冯先生这本书,确是一本哲学史而不是一种主义的宣传"③。陈、金二位的评论之所以成为近代学术批评史上的名篇,评论者的"真知"当然是根本,而评论对象本身的高水准也是激发"卓见"的基础条件,这一点也是毋庸置疑的。

晚年冯友兰回顾自己一生的学术历程,"六十多年间,写了几部书和不少的文章,所讨论的问题,笼统一点说,就是以哲学史为中心的东西文化问题。我生在一个不同文化的矛盾和斗争的时期,怎样理解这个矛盾,怎样处理这个斗争,以及我在这个矛盾斗争中何以自处,这一类的问题,是我所正面解决和回答的问题"④。

---

① 参见程伟礼:《中国哲学史:从胡适到冯友兰》,《学术月刊》1995年第8期。
② 陈寅恪:《审查报告一》,《中国哲学史》,中华书局1961年重印本,附录。
③ 金岳霖:《审查报告二》,《中国哲学史》,中华书局1961年重印本,附录。
④ 冯友兰:《三松堂学术文集·自序》,北京大学出版社1984年版,第2页。

这方面的最重要成果,是20世纪30年代末至40年代中陆续推出的《新理学》、《新事论》、《新世训》、《新原人》、《新原道》和《新知言》六部著作。冯友兰自称其为"贞元六书":"我国家民族,值贞元之会,当绝续之交,通天人之际,达古今之变,明内圣外王之道者,岂可不尽所欲言,以为我国家致太平,我亿兆安心立命之用乎?""世变方亟,所见日新,当随时尽所欲言,俟国家大业告成,然后汇此一时之作,总名之曰贞元之际所著书:以志艰危,且鸣盛世"①。"贞元"一说,语出《周易》"乾"卦的卦辞"元亨利贞"。对"元亨利贞"的意义,历来众说纷纭,冯友兰在这里显然是取朱熹的理解②,以之比附春夏秋冬。"贞元之际",即严冬已尽,春天将临,中华民族抵抗日寇侵略的最困难黑夜已过,胜利的曙光就在前头。

"贞元六书"是冯氏"新理学"体系完成的标志。学界对"新理学"之理论基础多有讨论,冯友兰自己的说法是:"懂得了柏拉图以后,我对于朱熹的了解也深入了,再加上当时我在哥伦比亚大学所听到的一些新实在论的议论,在我的思想中也逐渐形成了一些看法,这些看法就是'新理学'的基础"③。"贞元六书"陆续问世于1939年至1946年,内容各有侧重,相互配合而为一体系。《新理学》是整个体系的纲领,主要讨论"真际"与"实际"、"理"与"气"等"最哲学底哲学"问题。《新事论》从辩"共相"与"殊相"入手,讨论社会历史观和文化观问题。《新世训》又名"生活方法新论",主要

---

① 冯友兰:《新原人》自序,《冯友兰集》,群言出版社1993年版,第90、91页。
② 朱熹的理解见《周易本义》卷一,其语曰"元者,生物之始,天地之德莫先于此,故于时为春","亨者,生物之通,物至于此莫不嘉美,故于时为夏",利者,"生物之遂,物各得宜,不相妨害,故于时为秋","贞者,生物之成,实理具备,随在各足,故于时为冬"。
③ 冯友兰:《冯友兰集》,第87页。

面向青年,讨论处世修养问题。《新原人》研究"人之所以为人的道理"①,从"心性"、"境界"、"死生"等角度讨论人生哲学问题。《新原道》亦名"中国哲学之精神","述中国哲学主流之进展,批评其得失,以见新理学在中国哲学中之地位"②,实际为一部哲学简史。《新知言》"论新理学之方法,由其方法,亦可见新理学在现代世界哲学中之地位。承百代之流,而会乎当今之变,新理学继开之迹,于兹显矣"③。

"新理学"之"新",首先在于对"理"的理解和把握。冯友兰认为,以为"理"(或曰"太极")"如一物焉",可以在于事物之中,或在其上,是一种误解。"照我们的说法,一类事物,皆依照一理。事物对于理,可依照之,而不能有之。理对于事物,可规定之而不能在之。用如此看法,我们只能说,一某事物依照某理,而不能说一事物依照一切理"。据此,他批评朱熹的"人人有一太极,物物有一太极","是一神秘主义的说法,我们现在不能持之"④。在"理"的"共""殊"关系上,冯友兰提出,"某类之理,涵蕴其共类之理,一某事物于依照其类之理时,并其类之共类之理亦依照之。""照上所说,一切事物,所依照之理,皆是很众的;我们可以说一切事物皆依照众理,但不能说一切事物皆依照一切理。照我们的看法,没有事物能依照一切理,亦没有事物只依照一理"⑤。冯友兰承认,程朱理学和自己的"新理学"都主张,在时间上说,

---

① 冯友兰:《三松堂自序》,人民出版社1998年版,第260页。
② 冯友兰:《冯友兰集》,第91页。
③ 同上,第92页。
④ 冯友兰:《三松堂全集》第四卷,河南人民出版社1986年版,第43页。
⑤ 同上,第44页。

理先于具体事物而有;就重要性说,理比具体事物更根本。他进一步分析道,程、朱相信"理"本来即可单独存在,而自己却怀疑"如何存在",并从西方哲学的新实在论者那里引入了"潜存"一词,这样就把"理"的"有"和"存在"的关系,推进了一步。更明确地说,飞机与飞机之理,有则俱有,无则俱无,因此,着眼于事物的共相与殊相的统一,"理在事先"和"理在事上"的说法都有疑问,正确的表述是"理在事中"①。

"新理学"之"新",还在于以辨析时代的"共相"与民族的"殊相"为基本思路,廓清古今中西文化之间的本质关系。"五四"时期,东西文化关系问题是学术、思想界关心的热点。冯友兰对此也很感兴趣。但不久他"认识到这不是一个东西的问题,而是一个古今的问题。一般人所说的东西之分,其实不过是古今之异"。30年代的欧洲之行,更令冯友兰确认,现代的欧洲是封建欧洲的转化和发展。"欧洲的封建时代,跟过去的中国有许多地方是相同的,或者大同小异。至于一般人所说的西洋文化,实际上是近代文化,所谓西化,应该说是近代化。"受马克思主义社会形态思想的影响,他进一步分析,"所谓古今之分,其实就是社会各种类型的不同。""更广泛一点说,这个问题就是共相和殊相的关系的问题。某一种社会类型是共相,某一个国家或民族是殊相。"一国家或民族此时是某一类型的社会,而彼时可以转化为另一类型的社会。这就是共相寓于殊相之中。据此认识,冯友兰批评所谓"全盘西化"、"本位文化",都是思想混乱的表现②。从社会类型区分,冯友兰认为

---

① 冯友兰:《冯友兰集》,第66页。
② 同上,第71页。

近代西方的产业革命实现了工业化、城市化,其深刻的世界影响是"乡下靠城里,东方靠西方"。如此观照,东西之别,又是乡城之别。世界的"乡下"即殖民地,而世界的"城里"即先行近代化的西方发达国家。依此区分,冯友兰肯定,属于"乡下"的中国,必须学习西方,努力实现工业化,但不能走清末"中体西用"之路,因为社会文化之"体""用"是不可分的。

在《新事论》"别共殊"一篇里,冯友兰系统周全地表达了自己的古今中西文化观:

> 所谓西洋文化之所以是优越的,并不是因为它是西洋底,而是因为它是某种文化底。……我们近百年来所以到处吃亏者,并不是因为我们的文化,是中国底,而是因为它是某种文化底。
>
> 照此方向以改变我们的文化,则此改变是全盘底。因为照此方向以改变我们的文化,即是我们的文化自一类转入另一类。就此一类说,此改变是完全底、彻底底,所以亦是全盘底。
>
> 此改变又是部分底。因为照此方向以改变我们的文化,我们只是将我们的文化自一类转入另一类,并不是将我们的一个特殊底文化,改变为另一个特殊底文化。我们的文化之与此类有关之诸性,当改变,必改变;但其与此类无关之诸性,则不当改变,或不必改变。所以自中国文化之特殊底文化说,此改变是部分底。
>
> 此改变又是中国本位底。因为照此方向以改变我们的文化,我们只是将我们的文化,自一类转入另一类,并不是将我

们的一个特殊底文化,改变为另一个特殊底文化。①

"新理学"之"新",更在于这一体系建构的方法论方面的古今中西之会通。冯友兰自称:"康德的批评底哲学的工作,是要经过休谟的经验主义而重新建立形上学。它'于武断主义及怀疑主义中间,得一中道'。新理学的工作,是要经过维也纳学派的经验主义而重新建立形上学。它也于武断及怀疑主义中间,得一中道"②。这"中道"以逻辑分析为基本方法,以新实在论为基本立场,又借鉴了新逻辑对形上学的批评,"它对哲学问题的明确意识,对方法的深度自觉,概念、结构的清晰严整,使它获得了无可争辩的现代性格"③。冯友兰形象地比喻自己的工作是"旧瓶装新酒","令人惊奇的是,不仅他把他的新酒全部彻底地装入古典范畴的旧瓶中,而且为他所用旧瓶的范畴体系居然涵盖了中国古典哲学的几乎所有重要范畴!这既表明古典哲学的范畴在新的诠释中获得的生命力,也显示出冯先生融合旧学新知的造诣"④。

作为程、朱理学的传人,冯友兰极度推崇"极高明而道中庸"的人生境界。他认为,"极高明而道中庸"是中国哲学的主要传统和思想主流。它追求一种最高的境界,同时又不脱离人伦日用⑤。他的"新理学"就是自觉以这一条为"终极关怀"。"新理学知道它所讲底是哲学,知道哲学本来只能提高人的境界,本来不能使人有

---

① 冯友兰:《三松堂全集》第四卷,第226—227页。
② 冯友兰:《三松堂全集》第五卷,第223页。
③ 陈来:《现代中国哲学的追寻》,人民出版社2001年版,第191页。
④ 同上,第190页。
⑤ 见冯友兰:《三松堂全集》第五卷,第6页。

对于实际事物底积极底知识,因此亦不能使人有驾驭实际事物底才能"[1]。但是,新理学讨论的理、气、道体、大全"这些观念,可使人知天,事天,乐天,以至于同天。这些观念,可以使人的境界不同于自然,功利,及道德诸境界。""在这种境界中底人,谓之圣人。哲学能使人成为圣人。这是哲学的无用之用。如果成为圣人,是尽人之所以为人,则哲学的无用之用,也可称为大用"[2]。具体地说,冯友兰倡导的"圣人境界",力图适应"廓然大公"、"包举众流"的时代要求,这是中华民族"贞下起元"的需要。"新理学"的"无用之大用",至此昭然于世。

与熊十力曾经是革命家、梁漱溟始终是积极的社会活动家明显不同,冯友兰完全是典型的学院派哲学家[3]。但是,就文化观和社会历史观而论,冯与熊、梁一样,是自觉的文化保守主义者。冯友兰非常欣赏《诗经》中的两句话,"周虽旧邦,其命维新"。对此,他的解读是:"就现在来说,中国就是旧邦而有新命,新命就是现代化。我的努力是保持旧邦的同一性和个性,而又同时促进实现新命。我有时强调这一面,有时强调另一面。右翼人士赞扬我保持旧邦的同一性和个性的努力,而谴责我促进实现新命的努力。左翼人士欣赏我促进实现新命的努力,而谴责我保持旧邦的同一性和个性的努力。我理解他们的道理,既接受赞扬,也接受谴责。赞扬和谴责可以彼此抵消。我按照自己的判断继续前进"[4]。这是一个文化保守主义者的坚定宣言。

---

[1] 冯友兰:《三松堂全集》第五卷,第158页。
[2] 同上,第159页。
[3] 参见李泽厚:《中国现代思想史论》,东方出版社1987年版,第290页。
[4] 冯友兰:《冯友兰集》,第40页。

四、会通儒佛的马一浮

现代新儒家诸公中,马一浮是与熊十力、梁漱溟并称"三圣"的重量级人物[①]。熊十力赞赏马一浮"道高识远"[②],梁漱溟更尊其为"千年国粹,一代儒宗"[③]。但是,一个明显的客观事实是,三人相较,无论社会影响还是在现有思想文化史研究中的地位,马一浮似乎都逊色不少。与熊、梁的皇皇巨著相比,马氏的传世之作明显偏少。这在马氏,非不能也,乃不为也。马一浮一向主张学问的向内体究,深造自得,"是以诸圣不得已而垂言,终乃寄之于默也"[④]。如此说来,马一浮践行"体认自性"的原儒精髓,本身即为学问境界的体现。有研究者以为,论为学境界,"马比梁、熊似更胜一筹"[⑤],当是有识之言。

马一浮,名浮,以字行,号湛翁。祖籍浙江绍兴,1883年出生于四川成都。幼年由母亲发蒙,八岁学诗,九岁能诵《文选》、《楚辞》。十五岁时应绍兴县试,高中榜首。戊戌以后,新学渐兴。马一浮负籍沪上,习英、法、日文,又与谢无量、马君武等共同创办《二十世纪翻译世界》月刊,译介西方文学作品和思想学说。1903年,他以厚实的国学功底和精湛的外语水平获得清廷留美学生监督公

[①] 参见方克立:《现代新儒家与中国现代化》,第110页;刘梦溪:《马一浮的学术精神与学问态度》,《文艺研究》2003年第6期。

[②] 熊十力:《与贺昌群》,《十力语要》卷二。

[③] 梁漱溟对马一浮的八字挽词。

[④] 见方克立等主编:《现代新儒家学案》上册,中国社会科学院出版社1995年版,第696页。

[⑤] 刘梦溪:《马一浮的学术精神与学问态度》,《文艺研究》2003年第6期。

署的文牍一职,得以远渡重洋,"万里来寻独立碑"。居美期间,马一浮饱览西方政教、哲理、社会学说,兼及自然科学知识。他接触到卢梭的《民约论》,以为"得此胜获十万金"。见马克思的《资本论》,感觉"大快!大快!胜服仙药十剂,予病若失矣"①。1905年,他取道日本回国,在日期间,与同隶浙籍的章太炎、鲁迅结识,共同表达反清革命的意愿。民国初年时局的动荡和政治的黑暗使马一浮深感失望。"今日之祸,不患在朝之多小人,而患在野之无君子,不患上之无政,而患下之无学"②。第一次世界大战的灾难性后果更促使他对于西方文明的态度由曾经的赞赏转为怀疑。当新文化运动力图以民主、科学的思想武器实现救亡与启蒙的双重目标时,马一浮却走上了会通儒佛,以六艺统摄国学精华,启发道德动力,重续宋儒"为天地立心,为生民立命,为往圣继绝学,为万世开太平"的宏伟抱负的求索之路。

1905年,马一浮隐居镇江焦山海西庵,整理、研究从海外带回的西学书籍,体会到"当世为西学者,猎其粗粕,矜尺寸之艺,大抵工师之事,商贩所习,而谓之学"③。反观中国传统学术,区分道器,厘清本末,讲求体用,正可救此弊端。此后三年,他移居杭州广化寺,潜心阅读"文澜阁"所藏《四库全书》,学业大进。1911年,蔡元培出任民国政府教育总长,邀马一浮为教育部秘书长。他到任仅十余日,即因教育思想理念与蔡不合,挂冠而去。几年后,蔡元培以"兼容并包"原则主掌北京大学,又邀马一浮出任北大文科

---

① 马一浮1904年3月17日日记,《马一浮集》第二册,浙江古籍出版社和浙江教育出版社1996年版,第307页。
② 马一浮:《致邵廉存》,《马一浮集》第二册,第410页。
③ 同上,第350页。

长,但他再次婉拒。在回复信中,马一浮表明心迹:"化民成俗,固将望诸师友;穷理尽性,亦当救之在躬"①。正当新文化运动风起云涌之时,马一浮与苏曼殊、李叔同等挚友一道研梵文,读佛经,沉潜在"观其会通,求其统类"以打通儒佛的性理世界之中。有研究者认为,李叔同弃道向释,皈依佛门,固然是自己的毅然抉择,但马一浮的影响,也是重要原因②。

马一浮论学,以"统类"为入门之钥。"学者领解力不能集中,意识散漫,无所抉择,难得有个入处,所以要提出一个统类来。如荀子所说,言虽千变万变,其统类一也。"他解释道:"一者何?即是理也。物虽万殊,事虽万变,其理则一"③。以此路数观孔、老、释诸学,当见先圣之道是完全相通的。学术史上的种种派别门户之争,皆因后学"执一而废他","局而不通"而生。具体论及儒佛关系,马一浮批评"前贤以异端屏释,古德以外道判儒。遂若体物有遗,广大不备。""今欲观其会通,要在求其统类。若定以儒摄佛,亦听以佛摄儒。"简言之,二者是"同本异迹"的关系④。

关于"同本",马一浮的理解是,各家学术的内容与形式有别,但归根到底都是发明自心义理。"须知教相多门,各有分齐,语其宗极,唯是一心。以上至贤,唯有指归自己一路是真血脉"⑤。如

---

① 马一浮:《致蔡元培》,《马一浮集》第二册,第454页。
② 此说可参见林子清:《弘一法师传》,"马一浮早已研究佛学,是一位有名的居士,对他的影响特别大。"中国佛教协会编:《弘一法师》,文物出版社1984年版,第10页。马镜泉在《马一浮年谱简编》中记载,1918年9月,马一浮"亲送李叔同至灵隐寺受比丘戒"。《马一浮学术文化随笔》,中国青年出版社1999年版,第319页。
③ 马一浮:《举六艺明统类是始条理之事》,《马一浮学术文化随笔》,中国青年出版社1999年版,第30页。
④ 马一浮:《与蒋再唐论儒佛义》,《马一浮学术文化随笔》,第143、144页。
⑤ 马一浮:《答张君》,《尔雅台答问》卷一。

此观"六艺"(儒)与"三藏"(佛),马一浮认为,"原夫圣教所兴,同依性具;但以化仪异应,声句殊绝,故六艺之文,显于此土;三藏之奥,演自彼天。法界一如,心源无二。推其宗极,岂不冥符。果情执已亡,则儒佛俱泯"①。尤其是在理事双融、性相无碍、性修不二等心性修养方面,儒佛两家,正可互相发明。就致思路径而论,马一浮认为儒佛两家也是完全相通的。佛家的"顿悟"就是儒家的"生而知之",佛家的"渐修"就是儒家的"学而知之"。"无顿非渐,无渐非顿,生知是顿,学知是渐,生知而学,于顿示渐;学知至圣,即渐成顿;及其知之,顿渐一也"②。

作为新儒学的代表人物,马一浮的中心理念是凸显六艺的经典地位和普世价值,以之正人心,救世事。他兼采宋儒的理学与心学,认为"程朱陆王并皆见性,并为百世之师,不当取此舍彼"③。但在本体论方面,马一浮更接近陆王,"心外无物,事外无理,事虽万殊,不离一心"④。同时,他又警惕心学的空疏,认为人的心性至理,并不玄虚,就在儒家的六艺之中。"六艺之道,即吾人自性本具之理"⑤。他反复强调的为学路径是:"今欲言立国,先须立身,欲言治用,先须明体。体者何?自心本具之义理是也。义理由何明?求之六艺乃可明"⑥。

马一浮肯定六艺是中国文化精华的凝聚,"国学"一名,"唯六艺足以当之。六艺者,即是《诗》、《书》、《礼》、《乐》、《易》、《春秋》

---

① 马一浮:《与蒋再唐论儒佛义》,《马一浮学术文化随笔》,第143页。
② 马一浮:《颜子所好何学论释义》,《宜山会语》。
③ 马一浮:《答池君》,《尔雅台答问》卷一。
④ 马一浮:《复性书院讲录》卷一。
⑤ 马一浮:《孝经大义序说》。
⑥ 马一浮:《尔雅台答问续篇》。

也。此是孔子之教,吾国二千余年来普遍承认。一切学术之原,皆出于此,其余都是六艺之支流。故六艺可以该摄诸学,诸学不能该摄六艺"①。他具体分析"六艺统诸子",指出墨、名、法、道诸家,俱受惠于六艺,不过得失多寡有别;又论证"六艺统四部",以为经、史、子、集四大系统之精髓,都应溯源于六艺。不仅如此,马一浮高屋建瓴,揽环球于胸,标举六艺"不唯统摄中土一切学术,亦可统摄现在西来一切学术。"自然科学,可统于《易》,社会(人文)科学,可统于《春秋》,文学艺术可统于《诗》、《乐》,政治法律经济可统于《书》、《礼》。若以西人乐道的真、善、美言之,则《诗》、《书》是至善,《礼》、《乐》是至美,《易》、《春秋》是至真。马一浮断言:"天地一日不毁,人心一日不灭,则六艺之道炳然长存。世界人类一切文化最后之归宿,必归于六艺。"他特别声明:"今日欲弘六艺之道,并不是狭义的保存国粹,单独的发挥自己民族精神而止,是要使此种文化普遍的及于全人类,革新全人类习气上之流失,而复其本然之善,全其性得之真,方是成己成物,尽己之性,尽人之性,方是圣人之盛德大业"②。显而易见,这些论说中的褒扬失度,不须避讳,牵强比附,亦不足为训,但其间显示的学问根底、道义襟怀,正是文化保守主义的精诚所在,可商榷而不可虚置,可批评而不可轻薄。

马一浮处世低调,潜沉学海,一向"不欲以文自显","宁嘿然以没世"③,但在 20 世纪 30 年代后期至 40 年代初,他于颠沛流离之间,辗转浙、赣、桂、川,教授诸生,刊行《泰和会语》、《宜山会语》和

---

① 马一浮:《泰和会语》,《马一浮学术文化随笔》,第 13 页。
② 同上,第 26、27、28 页。
③ 马一浮:《马一浮集》第二册,浙江古籍出版社和浙江教育出版社 1996 年版,第 410、425 页。

《复性书院讲录》,其意与冯友兰的"贞元之际所著书"相同,旨在激发后学,鼓舞人心,"措我国家民族于磐石之安"。在这些著作里,马一浮不仅厚积薄发,将自己多年的治学心得贡献于世,而且循循善诱,教导青年于家国危难之际,更须穷理尽性,处变知常,"在艰苦蹇难之中,养成刚大弘毅之质"①,以报效国家民族。他教导诸生,"主敬为涵养之要,穷理为致知之要,博文为立事之要,笃行为进德之要"②。马一浮特别标举张载的名言"为天地立心,为生民立命,为往圣继绝学,为万世开太平",希望诸生"竖起脊梁,猛著精彩,依此立志,方能堂堂的做一个人"。"中国今方遭夷狄侵凌,举国之人动心忍性,乃是多难兴邦之会"③。他还为离乱中的浙江大学拟定校歌,"尚亨于野,无吝于宗,树我邦国,天下来同"。用典过于古奥,是其缺失,但其间含蕴的沉着心态与昂扬信念,不仅为青年学子明示导向,而且也体现了中国文化厚朴刚健的不朽精神。

五、儒化西学的贺麟

在第一代现代新儒家中,贺麟是后来者。有人将他与熊十力、梁漱溟一道归为"新心学"一派,也有人称他"以一种非建构的态度对待儒家思想的现代开展","那种以为儒学的现代化就是构筑一个现代性儒学体系的简单看法显然为贺麟所不取"④,"因为他重视理性的直觉,以为精密的逻辑论证是支离繁琐的,所以他不会去

---

① 马一浮:《赠浙江大学毕业诸生序》,《马一浮学术文化随笔》,第308页。
② 马一浮:《复性书院学规》,《马一浮学术文化随笔》,第181页。
③ 马一浮:《泰和会语》。
④ 陈赟:《儒学的现代开展与东西文化调和之检讨》,《学术界》1997年第6期。

制造一个严密的哲学体系"①。论者的见仁见智正表明贺麟思想的丰富与独特。就西方哲学的素养而论,他显然高出本章前论的熊、梁、冯、马诸人;他1941年发表的《儒家思想的新开展》一文,篇幅远比不上《新唯识论》、《东西文化及其哲学》、"贞元六书"等宏篇巨著,问世时间也偏后,但从其内容和实际影响看,却是当之无愧的20世纪上半期现代新儒家的理论宣言。

1902年,贺麟出生于四川省金堂县。父亲贺松云当过中学校长、县教育科长,自然重视对子女传统文化素质的培养,很早便教他读《朱子语类》和《传习录》。中学阶段,贺麟已对宋明理学表现出强烈的兴趣。1919年,贺麟考入清华学堂。清华园的七年求学,奠定了他一生事业的基础。在这里,他受到梁启超、梁漱溟、吴宓诸大师的教诲指点,开始了自己的学术探索。1926年,贺麟远渡重洋,到美国俄亥俄州奥柏林大学研习哲学,初步接触到黑格尔和斯宾诺莎的学说。1928年2月,他转入芝加哥大学,研究19世纪英国最重要的思辨哲学家格林。同年秋,又入哈佛大学,有幸一读睹霍金、怀特海的风采。因为对黑格尔哲学的强烈兴趣,1930年,贺麟放弃在哈佛攻读博士学位的机会,来到德国柏林大学。德意志民族的哲学热情和思辨优长给贺麟以深刻的印象。在这里,"他认识了一个新的黑格尔,或者说从一个经美国文化改造了的黑格尔到一个本真的黑格尔"②。贺麟还结识了斯宾诺莎学会的秘书长格希哈特,共享切磋之乐。这对于他日后研究斯宾诺莎,产生了决定性的影响。1931年9月,贺麟结束5年的欧美留学,回到祖

---

① 汪子嵩:《贺麟先生的新儒家思想》,《学术月刊》2000年第4期。
② 王思隽、李肃东:《贺麟评传》,百花洲文艺出版社1995年版,第26页。

国。此后23年，他一直受聘于北京大学，讲授西方哲学史、现代西方哲学、黑格尔哲学、斯宾诺莎哲学等课程，培育人才，提携后学，成为中国学者研究西方哲学、尤其是德国哲学的领军人物。

作为往还于中西学术领域的青年才俊，贺麟对于东西方文化之间的复杂关系，自有独到的见解。他回顾近代以来国人在东西文化问题上的种种讨论，感觉"我们的文化批评似乎大都陷于无指针、无准则，乏亲切兴味，既少实际效果，亦难于引导到透彻的哲学领域"[①]。针对影响甚大的"中体西用"说，贺麟表达了自己的观点。他认为，从哲学的意义看"体"与"用"，有绝对的体用观和相对的或等级性的体用观两说。前者的"体"指形而上的本质，"用"指形而下的事物，分别相当于柏拉图的范型世界和现象世界，故可称为柏拉图式的体用观。后者将不同等级的事物以价值为准，依逻辑次序排列成宝塔式的层次，它所谓的"体"指范型，"用"指材料。"由最低级的用、材料，到最高级的体，本体或纯范型，中间有一依序发展的层级的过程"[②]。例如，论理与心的关系，理是为心之体，心为理之用；而论心与身的关系，则心为身之体，身为心之用。他将这称为亚里士多德式的体用观。具体运用这一理论来分析文化问题，贺麟作出如下判断：

若从柏拉图的体用观，则道（价值理念）是体，而精神生活、文化、自然，皆为道之用。若从亚里士多德的体用观，则道为精神之体，精神为道之用；精神为文化之体，文化为精神之用；文化为自然之体，自然为文化之用。综合二者，可归纳分析文化问题的三原

[①] 贺麟：《儒家思想的新开展》，中国广播电视出版社1995年版，第2页。
[②] 同上，第4页。

则,其一,体用不可分;其二,体用不可颠倒;其三,各部门文化有其有机统一性①。

依据以上的理论铺垫,贺麟指出:"过去国人之研究西洋学术,总是偏于求用而不求体,注重表面,忽视本质,只知留情形下事物,而不知寄意于形上的理则。或则只知分而不知全,提倡此便反对彼。老是狭隘自封,而不能体用兼赅,使各部门的文化皆各得其所,并进发展"②。这就是说,"治西学须见其体用之全,须得其整套",但这绝非"全盘西化",而是"中国化外来的一切文化",正如只能说人消化食物,而不能说食物变化人。总之,"中学西学各自成一整套,各自有其体用"。中学不是纯粹精神文化,西学也不是纯粹物质文化。中国文化吸收西方文化,只能"以体充实体,以用补助用。使体用合一发展,使体用平行推进"③。贺麟认为,论及文化的进步与发展,不能以狭义的国家作本位,因此他也不赞成所谓"中国本位文化"的说法。根据精神为文化之体的原则,他提出:"以精神或理性为体,而以古今中外的文化为用"④。这里的"体",实则认识文化问题时的自立根基、开放襟怀和科学态度:"假如自己没有个性,没有一番精神,没有卓然可以自立之处,读古书便作古人的奴隶,学习西洋文化便作西化的奴隶。所以顽固泥古与盲从西化,都不过是文化上不自立,无个性的不同的表现而已。我不相信无自立自主的精神与个性的人,读古书时会得到古人的真意,

---

① 贺麟:《儒家思想的新开展》,第6—10页。
② 同上,第11页。
③ 同上,第13页。
④ 同上。

治西学时会得到西学的精华"①。

正是基于这样的认识,贺麟冷静分析中国传统文化的新陈代谢规律。他批评"有许多人表面上好像很新,满口的新名词、新口号,时而要推翻这样,打倒那样,试考查其实际行为,有时反作传统观念的奴隶而不自觉"。这样做的结果,"既不能保持旧有文化的精华,又不能认识新时代的真精神"②。贺麟主张,与实业、军事、政治一样,道德也需要现代化。但是,道德的现代化绝非一概打倒传统的伦理纲常,而是在分析的基础上继承、发扬传统伦理纲常的合理成分。他考察五伦观念,认为它注重道德价值,反对个人脱离家庭、社会和国家的生活,维护人生正常永久的关系,倡导爱有等差,这些都有充分的合理性,故不可简单斥为"吃人的礼教"。在五伦基础上提炼出的三纲说,将五伦的相对关系发展为绝对的准则,将五常之伦提升为五常之德,也就是维持理想的常久关系的规范。贺麟以西哲的精义作为参照,"所谓常德就是行为所止的极限,就是柏拉图的理念或范型。也就是康德所谓人应不顾一切经验中的偶然情况,而加以绝对遵守奉行的道德律或无上命令","故三纲说当然比五伦说来得深刻而有力量"。他进而提出,"现在已不是消极地破坏攻击三纲说的死躯壳的时候,而是积极地把握住三纲说的真义,加以新的解释与发挥,以建设新的行为规范和准则的时期了"③。

明亡以后,尤其是进入近代,宋明理学的"虚玄"、"空疏"几乎成了知识界一致认准的铁定罪名。贺麟却提出,应对程朱陆王作

---

① 贺麟:《陆象山与王安石》,《文化与人生》,商务印书馆1988年版,第229页。
② 贺麟:《五伦观念的新检讨》,《文化与人生》,第51页。
③ 同上,第59—60页。

出"新评价"。他认为,第一,宋代之亡,根子在于重文轻武等国策失误引起的数百年祸患,不应归罪于几位道学家。实际上,道学家们对于民族及其文化的复兴是有很大功绩的。第二,哲学用处有限,哲学家更不是万能,但是朱熹和陆象山政绩颇佳,惠及百姓;王阳明平边患,定内乱,立有军功。说他们"虚玄"、"空疏",显然不甚切当,如再对比西哲柏拉图等人,更"可称有着惊人的实用了"。第三,中国文化从宋代起,"划一新时代,加一新烙印,走一新方向"。宋儒掌握了近千年的"教权",朱熹的《四书集注》成为全民族的《圣经》。与之相比,号称重功利、讲实际的叶适、陈亮之学,对于历史的影响却小得多。究其原因,"宋儒格物穷理,凡事必深究其本源,理论基础甚深厚,虽表面上似虚玄空疏,而实有大用,故发生极大的影响"①。

作为后学,贺麟在现代新儒家中地位的确立,有赖于他1941年8月发表在《思想与时代》杂志上的《儒家思想的新开展》一文。这篇文章明确宣示了现代新儒学的存在依据、学术基点、思维路径和发展方向,是20世纪上半期现代新儒家的理论宣言。

贺麟从文化的必然传承关系切入,揭示儒家思想的古今、新旧发展趋势和方向。"任何一个现代的新思想,如果与过去的文化完全没有关系,便有如无源之水、无本之木,绝不能源远流长、根深蒂固。"贺麟论道:

> 儒家思想,就其为中国过去的传统思想而言,乃是自尧舜禹汤文武成康周公孔子以来最古最旧的思想;就其在现代及

---

① 贺麟:《宋儒的新评价》,《文化与人生》,第194—197页。

今后的新发展而言,就其在变迁中、发展中、改造中以适应新的精神需要与文化环境的有机体而言,也可以说是最新的新思想。在儒家思想的新开展里,我们可以得到现代与古代的交融,最新与最旧的统一。①

贺麟并不讳言,"五四"运动以前,儒家思想已经出现了消沉、僵化的颓势,已经丧失了孔孟的真精神,无力应对时代发展的新需要。他认为,"儒家思想在中国文化生活上失掉了自主权,丧失了新生命,才是中华民族的最大危机"②。在此前提下,贺麟肯定新文化运动其实正是促进儒家思想新发展的一大"转机":"新文化运动的最大贡献在于破坏和扫除儒家的僵化部分的躯壳的形式末节,及束缚个性的传统腐化部分。它并没有打倒孔孟的真精神、真意思、真学术,反而因其洗刷扫除的工夫,使得孔孟程朱的真面目更是显露出来"③。他辩证地分析道,胡适等人推翻旧道德,其实是在为建设新儒家的新道德做准备;提倡诸子哲学,也正是改造儒家哲学的先驱。这一认识,显然比简单判断"五四"是否绝对地反传统,更为切近问题的本质。

贺麟坦言,近代以来西洋文化的传入确实给儒家思想以猛烈冲击,但是反过来看,这种冲击恰恰为儒家思想的新生提供了一个契机。"西洋文化的输入,给了儒家思想一个考验,一个生死存亡的大考验、大关头。假如儒家思想能够把握、吸收、融会、转化西洋文化,以充实自身、发展自身,儒家思想则生存、复活而有新的发

---

① 贺麟:《文化与人生》,第4页。
② 同上,第5页。
③ 同上。

展。如不能经过此考验,度过此关头,它就会消亡、沉沦而永不能翻身"①。

希望与危机同在,出路在于"儒化西洋文化"以实现儒家思想的复兴。这就是贺麟的解答。他一方面警醒世人,必须坚持民族的文化主体性,"如果中华民族不能以儒家思想或民族精神为主体去儒化或华化西洋文化,则中国将失掉文化上的自主权,而陷于文化上的殖民地",另一方面又强调必须有开放的襟怀和理性的眼光,"儒家思想的新开展,不是建立在排斥西洋文化上面,而是建立在彻底把握西洋文化上面"②。这里所谓的"彻底把握",意即真正吸收西洋文化的科学优长,以光大儒学的精神,实现儒学的新生。

贺麟从分析儒学的既有结构来判明其新开展的方向与途径。"儒学是合诗教、礼教、理学三者为一体的学养,也即艺术、宗教、哲学三者的谐合体。因此,新儒家思想的开展,大约将循艺术化、宗教化、哲学化的途径迈进"。具体地说,就是:

第一,以西洋的哲学发挥儒家的理学;

第二,吸收基督教的精华以充实儒家的礼教;

第三,领略西洋的艺术以发扬儒家的诗教。③

在《儒家思想的新开展》这篇重要文献的最后,贺麟表达了自己的坚定信念:"只要能对儒家思想加以善意同情的理解,得其真精神与真意义所在,许多现代生活上、政治上、文化上的重要问题,均不难得到合理、合情、合时的解答。"据此,他相信,"儒家思想的前途是光明的,中国文化的前途也是光明的"④。

---

① ② 贺麟:《文化与人生》,第6页。
③ 同上,第8—9页。
④ 同上,第17页。

无论先秦时代的孔孟还是宋明时代的程朱陆王,都特别注重人的心性修养。作为现代新儒家的代表人物,贺麟毫不掩饰这方面继往开来的自觉担当:"就生活修养而言,则新儒家思想的目的在于使每个中国人都具有典型的中国人气味,都能代表一点纯粹的中国文化,也就是希望每个人都有一点儒者气象"[①]。主张的提出者正是主张的身体力行者。贺麟是现代中国研究西方哲学的泰斗级人物,但他为人为学的立场风格,始终是一派纯粹的"儒者气象"。在现代学术史上,贺麟被人们更多关注的是他的西方哲学造诣和贡献,但笔者以为,在思想文化史上,他"儒化"西学所体现出的"典型的中国人气味",似乎留给人们更多的思考与启迪。

---

① 贺麟:《文化与人生》,第11页。

第十章 "花果飘零"再集结

经过30年的英勇奋斗,以"五四"作为自己思想源泉的中国共产党人领导中国人民取得了1949年的胜利。新中国的建立,是革命的胜利,激进主义的胜利。此后,代表以往文化保守主义最高水平的现代新儒家,在大陆失去了存在的条件,转而在港台地区谋取发展。港台新儒家对"五四"以降西方文化对中国传统文化日渐深入的影响,怀抱既认可又担忧的矛盾心理,对思想文化界不绝如缕的"西化"思潮,强烈抵制。这种抵制,既一般针对西方基督教文明的普遍原则,又特别针对马克思主义的思想原理和意识形态。1961年端午日,唐君毅在《祖国》周刊发表《中华民族之花果飘零》一文,以东南亚华侨社会的变化为据,担忧"中国社会政治、中国文化与中国人之人心,已失去一凝摄自固的力量,如一园中大树之崩倒,而花果飘零,遂随风吹散"[①]。立足于这一判断,唐君毅、牟宗三、徐复观等人以悲怆的情感,"自植灵根",勉力从事返本开新的艰难事业,"以有其创造性的理想与意志,创造性的实践,以自作问心无愧之事,而多少有益于自己,于他人,于自己国家,于整个人类之世界",期待有朝一日,风云际会,炎黄子孙,复兴中华,"使中国

---

① 唐君毅:《文化意识宇宙的探索》,中国广播电视出版社1992年版,第424页。

之人文世界,花繁叶茂"①。

一、薪火相传师徒间

就学脉的传承和情感的通联而论,现代新儒家的统续意识异常鲜明。大致说来,20世纪后半期活跃的海外新儒家,可分为熊十力一系的唐君毅、牟宗三、徐复观(杜维明曾师从牟、徐,也可视为此系一员②)和方东美一系的成中英、刘述先。从年资上看,成中英、刘述先、杜维明比唐君毅、牟宗三、徐复观晚一辈,所以人们一般称熊、梁、冯、马、贺为现代新儒家的第一代,唐、牟、徐为第二代,成、刘、杜为第三代。

出生于1909年的唐君毅,20年代中期进入北京大学求学。他对梁漱溟的学问十分钦佩,而对胡适的"西化"思想,"以为全然非是"③。后来,唐君毅转入南京中央大学,通过方东美、汤用彤接受了新实在论,又从康德、黑格尔那里领悟到唯心论的精髓。1935年,他怀疑《新唯识论》运用体证建构形上体系的可能,写信向熊十力请教。熊对于独立思考的青年唐君毅奖掖有加,在回信中称赞"君毅有才情而能精思,吾所属望甚切。倘得缘会,析诸疑义,则孤

---

① 唐君毅:《文化意识宇宙的探索》,第480页。
② 杜维明自述,"在台湾的中学时代因受周文杰老师的启蒙而走上诠释儒家传统的学术道路,而在东海大学亲炙牟宗三和徐复观的教诲才是促使我体悟探究儒家人文精神的本质理由。"转引自邓辉:《创造性转化的精神考古》,《江汉论坛》2001年第2期。此外,对唐君毅,杜维明自称"私淑其人",不敢忝列"及门弟子",但唐的著作是导引自己进入儒家身心性命之学的"定盘针"和不断吸取的"源头活水"。见《杜维明文集》第五卷,武汉出版社2002年版,第173页。
③ 李山等:《现代新儒家传》,第389页。

怀寥寂之余,良得所慰也"①。此后数年间,熊、唐书信往还,讨论心与性、科学真理与玄学真理、思辨与体认的关系问题,多得切磋之乐。这时的唐君毅,还没有完全认同熊十力的思想。熊坚持认为科学解析只能得宇宙之分殊,玄学证会才能得宇宙之浑全;而唐则更关心科学真理与玄学真理的流通问题②。直到20世纪40年代初,唐君毅终于接受了熊十力以道德心性为本体的文化哲学思想。他本人回顾自己的这一转变时说:"余在当时,虽已泛滥于中西哲学之著作,然于中西思想之大本大源,未能清楚。……又受新实在论者批评西方传统哲学中本体观念之影响,遂对一切所谓形而上之本体,皆视为一抽象之执著。故余于中国文化精神一文,开始即借用《易经》所谓'神无方而易无体'一语,以论中国先哲之宇宙观为无体观。此文初出,师友皆相称美,独熊先生见之,函谓开始一点即错了,然余当时并不心服。……唯继后因个人生活之种种烦恼,而于人生道德问题,有所用心,对'人生之精神活动,恒自向上超越'一义,及'道德生活纯为自觉的依理而行'一义,有较真切之会悟,遂知人有其内在而复超越的心之本体或道德自我,乃有《人生之体验》、《道德自我之建立》二书之作,同时对熊先生之形上学,亦略相契会。"③ 作为一代硕学鸿儒,唐君毅的思想体系当然不会是熊十力的独脉单传或翻版,正如已有研究所指出:"他在哲学义理上所契于熊先生的,是先已有所见得而后有所印证、契合的。总之,唐君毅曾受到熊十力其人其学的精神感召、思想影响则

---

① 李山等:《现代新儒家传》,第399页。
② 参见郭齐勇:《熊十力思想研究》,天津人民出版社1993年版,第331页。
③ 唐君毅:《中国文化之精神价值》,台北正中书局1987年版,自序。转引自郭齐勇:《熊十力思想研究》,天津人民出版社1993年版,第332页。

是没有什么问题的"①。

牟宗三与唐君毅同年出生，1927年考入北京大学哲学系预科，两年后升入本科。他对罗素哲学、数理逻辑、新实在论尤感兴趣，又在课程之外，自学《易经》和怀特海的著作。大学即将毕业时，牟宗三完成了自己的第一部著作，题目是《从周易方面研究中国之玄学及道德哲学》。1932年冬，老师邓高镜向牟宗三推荐了熊十力的《新唯识论》。虽然内容不能全懂，但牟宗三还是被全书的深邃文理所打动。在邓先生的引见下，牟宗三第一次接触到熊十力，就对其清奇狂放的性格留下深刻印象。熊十力与林宰平、汤用彤等谈话，猛然间大喝一声："当今之世，讲晚周诸子，只有我熊某能讲，其余都是混扯！"牟宗三闻此，心头一震，"我在这里始见到了一个真人，始嗅到了学问与生命的意味。"20多年后，他回忆当时的感受："我当时好像直从熊先生的狮子吼里得到了一个当头棒喝，使我的眼睛心思在浮泛的向外追逐中回光返照：照到了自己的'现实'之何所是，停滞在何层面。这是打落到'存在的'领域中之开始机缘"②。此后，牟宗三经常向熊先生请益，也经常听到"你不要以为自己懂得了，实则差得远"一类严厉教训。某次，牟宗三拜访熊先生，正遇先生与冯友兰论及良知问题。熊对冯说："你说良知是个假定。这怎么可以说是假定。良知是真真实实的，而且是个呈现，这须要直下自觉，直下肯定。"冯听了，不置可否，表情木然；牟宗三却感觉"这霹雳一声，直是振聋发聩，把人的觉悟提升到宋明儒者的层次"。他对比那些"僵化了的教授的心思"，"只认经

---

① 郭齐勇：《熊十力思想研究》，第332页。
② 牟宗三：《生命的学问》，台湾三民书局1984年版，第134页。

验的为真实","过此以往,便都是假定,便都是虚幻。人们只是在昏沉的习气中滚,是无法契悟良知的"。牟宗三放眼论去,"实则亦不止自胡适以来,自明亡后,满清三百年以来,皆然。滔滔者天下皆是,人们的心思不复知有'向上一机'。由熊先生的霹雳一声,直复活了中国的血脉"①。牟宗三决心承继这"中国的血脉",将儒家"生命的学问"发扬光大,传之久远。他用60年的努力实现了自己的心愿,"通过心性论直接上达道德形上学,不仅道德形上学完成了熊氏未竟之业,而且对中国哲学的全面疏解亦由于西方哲学的功力而超过了他的老师。……沿着熊氏的思路,牟氏把思孟——陆王心学一系的道德本体论在当代提扬到了不能再高的水平"②。特别应当提到的是,牟宗三于1947年《重振鹅湖书院缘起》中首倡的"儒学第三期发展"说,在近代中国文化保守主义的发展史上,无疑具有里程碑式的重要意义。

与唐君毅、牟宗三相比,徐复观的学术人生更具戏剧性。1903年,徐复观出生在湖北浠水一贫苦农家。20岁从师范学校毕业,又报考湖北省国学馆,在3000考生中独占鳌头,很得国学大师黄侃的赏识,被称为"最有希望的青年"。1926年,大革命洪波涌起,青年徐复观投身国民革命军,接触到三民主义,"这才与政治思想结了缘"③。"四·一二"政变后,他留学日本三年,先后就读于明治大学经济系和陆军士官学校步兵科,其间又自学了马克思主义的基本理论。1931年回国后,徐复观进入军界,历时15年,官至陆军

---

① 牟宗三:《生命的学问》,第136页。
② 郭齐勇:《熊十力思想研究》,第352—353页。
③ 徐复观:《我的读书生活》,《徐复观文录选粹》,台湾学生书局1980年版,第313页。

少将。他曾参加著名的娘子关战役,抗击日寇。又作为军事委员会联络参谋,派驻延安,曾与毛泽东讨论学术和政治问题。抗战末期,徐复观接近国民党高层,成为总统随从秘书,颇得蒋介石的青睐。1943年,徐复观读到熊十力的《新唯识论》,素有学术根基的他立即对造诣精深的作者发生兴趣。打听到熊十力正在重庆勉仁书院讲学,几番书信接洽后,便前往拜访。徐复观向熊十力请教读书的篇目,熊推荐了王夫之的《读通鉴论》,回答却是"早已读过"。熊毫不客气地对身着少将军服的徐复观说:"你并没有读懂,应当再读。"过了几日,"再读"之后的徐向熊汇报心得,对王夫之提出许多批评。没等他说完,熊十力勃然大怒:"你这个东西,怎么会读得进书! 任何书的内容,都是有好的地方,也有坏的地方。你为什么不先看出他的好的地方,却专门去挑坏的;这样读书,就是读了百部千部,你会受到书的什么益处?""你这样读书,真太没有出息!"劈头盖脑的训斥,令徐狼狈不堪,但同时又大彻大悟。"这一骂,骂得我这个陆军少将目瞪口呆,脑筋里乱转着:原来这位先生骂人骂得这样凶! 原来他读书读得这样熟! 原来读书是要先读出每一部的意义! 这对于我是起死回生的一骂。"[①] 熊十力好骂人,但他骂人的前提是此人"值得"一骂。他认为徐复观虽有毛病,但确是可堪造就之才,"此人将来可以做学问"。熊对徐寄予厚望,指出其原名"佛观"意义欠妥,"佛氏于宇宙万象,作空观而已",特地取《周易·复卦·象辞》"复见其天地之心乎"之意,为其改名为"复观"[②]。徐复观没有辜负老师的希望。抗战胜利,他毅然弃武从文,进入学

---

① 徐复观:《我的读书生活》,《徐复观文录选粹》,第315页。
② 以上内容,参见李维武:《徐复观学术思想评传》,北京图书馆出版社2001年版,第20—24页。

界,"自此正式拿起笔来写文章,由政论而学术,开辟了进入大学教书,并专心从事研究、著作的三十年的新的人生途径"①,并最终成为与"仁者"唐君毅、"智者"牟宗三齐名的"勇者"型新儒家代表人物②。

成中英、刘述先的老师方东美,1899年生,从学术辈份上讲,正是熊十力、唐君毅两代之间的过渡人物。关于他的思想体系,学术界历来意见纷纭。他自己也宣称,"我这个人,从家庭来说是儒家,就气质而论是道家,在宗教启示方面属于佛教,此外还曾接受过西方的知识训练。"③ 方东美出身于安徽桐城名门世家,祖上有方以智、方苞这样声名显赫的文化大师。1921年,方东美从金陵大学哲学系毕业,到美国威斯康辛大学继续深造,3年后以一篇《英美新唯实论之比较》通过博士论文答辩。回国后,他辗转几所学校,最后执教于东南大学(即后来的中央大学),直到1948年移居台湾。20世纪30年代中期以前,方东美的主要学术兴趣在西方哲学。抗日军兴,他以大学教授的身份,在中央广播电台向全国中学生讲解中国人生哲学,激发他们的民族情感、文化责任,鼓励青年爱我中华,抗击外侮。也正是从这时起,方东美"觉得应当注意自己民族文化中的哲学,于是逐渐由西方转回东方"④。危亡时局下学者的政治敏感和社会良心当然是这一转变的主要动因,但是一次看似偶然的学术交流也产生了直接的思想刺激。印度前总

---

① 徐复观:《末光碎影》,《徐复观杂文续集》,台湾时报文化出版事业有限公司1981年版,第349页。
② 参见李维武:《徐复观学术思想评传》,第33页。
③ 方东美:《方东美先生演讲集》,台湾黎明文化事业公司1980年版,第55页。
④ 方东美:《生命理想与文化类型》,中国广播电视出版社1992年版,第227页。

统拉达克利斯南博士来访,交谈中,拉氏问方东美:"从中国人念哲学的立场,你对于西方之介绍中国哲学是否满意?"方表示"不满意"。拉氏再追一句:"阁下何不自著,以英文发表,宏布西方,以增正解?"对此,方东美的感受是:"拉达克利斯南乃向我挑战,用西方文字讲中国思想,我便在中央大学逐渐由西方转回东方"①。所谓"挑战",语言水平当然不是问题,但中国哲学乃至中国文化的进一步研究,却成为此后数十年方东美钟情的事业。1964年,第四届东西哲学家会议在夏威夷召开。与会者包括来自亚、欧、美洲的一流学者。6月30日,方东美用英语向大会报告题为《中国形上学中之宇宙与个人》的论文,其优美典雅的语言和博大精深的内容震惊了会场。铃木大拙先生的评价是"冠绝一时,允称独步,不愧精心结撰,压卷之作"②。拉氏当年的挑战,获得了迟到但却精彩的回应。

方东美的哲学文化研究,不同于熊、梁、冯等新儒家。他坚决反对所谓"道统"之说,以平等眼光看待儒、道、释各家,对于儒家既有充分的肯定,也有尖锐的批评。方东美认为,"中国主要的思想体系,是由原始儒家、原始道家、魏晋三玄以及初期大乘佛学(所谓般若学)为基线","佛学来到中国后,我们以道家的高度智慧相迎,使大乘佛学更进而发展出禅宗的高度智慧,并与儒家性善的精神相结合,使得原本外来的佛学完全变成中国的智慧。这一段历史教训可以让今日肤浅的西化论者得到莫大的教训"③。他不赞成

---

① 方东美:《生命理想与文化类型》,第229页。
② 参见李山等:《现代新儒家传》,第351页。
③ 方东美:《生命理想与文化类型》,中国广播电视出版社1992年版,第234、239页。

使用笼统的"儒家"概念,强调原始儒家(孔孟)、汉儒(董仲舒、刘向等)、宋儒(二程、朱熹、陆九渊等)之间的重大差异。汉儒受阴阳家、杂家影响,"阳儒阴杂";宋儒思想里包含了若干道家、佛家的因子;他们都违背了儒家真精神。方东美指责董仲舒"冒了儒家一个名,他对于儒家的思想有很大的误解"①,又谴责宋儒"自认得孔孟之真传",其实"关起门来自诩高明而造成闭塞的学术生命的局面"②。总之,宋儒的"道统"是虚妄的,讲"道统"易生肤浅、专断、偏颇的流弊,讲"学统"则无此病。讲"学统","首先要有广大的心胸,以便阅历许多不同的生命境界,使之融通贯串,成立一个思想体系。这种思想体系,才能追上《周易》,取法老庄,观摩墨子,企图所成立者为一广大悉备的思想体系。"简言之,谈"学统"必须旁通统贯,"不仅以儒家为正统"③。方东美的"新儒家"身份难得学界的一致认同,以上观点显然是重要原因。但是,我们应该注意到,方东美对儒家的负面评价主要针对汉、宋之儒,而对"原始儒家",他还是极度肯定的;"顾我华族,自孔子行教以来,其历史文化慧命得以一脉相传,绵延持续,垂数千年而不坠者,实系赖之"④。从此观察,其文化立场与"新儒家"的"返本开新",又是基本一致的。

20世纪50年代以后,方东美执教于台湾大学哲学系20余年。成中英和刘述先就是在这里接受他的学术启蒙,走上"新儒家"之路的。1952年,成中英考入台湾大学外文系,意在研习西方文学。但是入学后,他的兴趣很快就转移到哲学领域。在回顾自己思想

---

① 方东美:《生命理想与文化类型》,第394页。
② 同上,第448页。
③ 同上,第475页。
④ 同上,第203页。

成型时期的大学生活时,成中英说:"在大学中,启发我的哲学兴趣并引导我进入哲学堂奥的,是方东美先生,他讲授的'哲学概论'这门课,有如潜艇、飞船,把听者带到海底龙宫、云霄九天,去欣赏各种瑰宝珍藏、并领略银河繁星之美。他从知识论讲到形上学,从文化哲学讲到人生哲学。他既把人生的境界结晶为理念的系统,也把理念的系统点化为人生的境界。对初入门的一年级学生来说,若无一些慧根种子,确是无法跟上去的。也许基于我好奇的性格,也许基于我对美好事物的向往,方师的'哲学概论'就成为我踏入哲学的门槛了。"成中英将方东美对自己的哲学启蒙归纳为两方面:其一,养成一种整体全面的思考习惯,兼容并包,赅备海涵;其二,立足生命价值的立场,具备强烈的价值情操。"这两方面不是属于实质哲学,而是属于哲学的大方法和大态度的定位,就这两方面而言,在过去哲学家中,我还未见有出于其右者"[1]。1955年,成中英大学毕业,在方东美等先生的支持下,破例以外系毕业生身份考入台大哲学研究所。一年以后,他怀着"后五四"的建设性心态,"即追求西方学术和哲学,以反哺中国传统,并重建中国传统"[2]的理想,赴美留学,先在华盛顿大学,后进入哈佛大学,师从蒯因等分析哲学大师。成中英自称:"在哈佛的五年中,我的哲学生命受到了西方哲学最严格的陶冶和锻炼,不但使我深入西方哲学的核心,感到其心脏的脉动,而且也使我深深体会到哲学既不同于文史,也不同于科学,但却与这两者不离不杂,有其严肃的理知性格。无论在方法学上,还是在本体学上;无论在知识论上,还是在价值

---

[1] 成中英:《知识与价值》,第524、525页。
[2] 同上,第532页。

论上,我都找到了哲学思考的标准,使我以后的哲学生命的追求有一规范可循。但这也使我走上一条更孤峻的道路。我当时觉得,我可以奉献于中国哲学的就是这一颗哲学的赤子之心。"①

刘述先的父亲刘静窗,曾就读于北大经济系,但一生爱好哲学,尤其是宋明儒学和佛学,晚年与熊十力有过一段密切交往。少年刘述先因此受到传统文化的熏陶。1951年,刘述先考入台大哲学系,得到方东美、陈康等先生的指点。"尤其是方先生对我一生做学问产生了深厚的影响"。"东美师的哲学概论给我打开了一个思辨的神奇而丰富的世界。他的演讲有如天马行空,不能尽记,但却把人的精神整个提了起来,深觉学问世界的宫室之富、庙堂之美,简直琳琅满目,美不胜收。"尤其是讲解康德的纯粹理性批判,"令人叹为观止"。他的课一方面展示了思想世界的博大精深,"另一方面也激起我们的雄心壮志,发愿要以毕生之力去探测那无边无际的学问与真理的海洋。"② 1958年,刘述先进入东海大学任教,与牟宗三、徐复观共事,得到两位的提携。在回顾自己的问学经历时,刘述先感言,"牟先生是父亲和方先生之外对我影响最大的一个人","在中国哲学,特别是宋明理学方面,我受到牟先生很深的影响"。"徐先生用发展的观点研究中国哲学,更是得心应手,随处有心得","我由徐先生那里得到许多刺激,对一个学哲学的人来说,吸收到不少有益的养分"③。方东美逝世五年后,刘述先以"责无旁贷"的心情,撰文概述先生的文化哲学架构,以作纪念。他在文章的最后写道:"东美师以现象学的手腕如实地描绘了各文化

---

① 成中英:《知识与价值》,第548页。
② 刘述先:《儒家思想与现代化》,中国广播电视出版社1992年版,第565页。
③ 同上,第572、574页。

共命慧表现的不同境界,并以极高的智慧指陈其间所牵涉的复杂理论效果,讨论其得失,给予适当的评价与定位。但我们把握到了如许来自不同根源的不同形态的智慧与哲学观念,将如何使其能够真正熔为一炉,一根而发,在未来创造出灿烂的文化成就的花朵,则还是一个极为严重的问题。"刘述先肯定了先生在儒学研究方面的独见卓识,同时也不讳言其尚存争议,"如何在逻辑上、思辨上建立一些据点,找到定盘针,把诗哲的主观体会与境界客观化,则东美师虽已走了很长远的一段路,但还要接棒者不断努力,继续往前走下去。"① 新儒家的事业,正是在这不懈的代代接力,薪火相传中,得到持续的新的开展。

二、港台新儒家的宣言

20世纪50至60年代,港台地区的新儒家在相当困难的境遇中,顽强生存。在香港,唐君毅与钱穆等联合创办新亚书院,"上溯宋元书院的讲学精神,旁采西欧学府导师制度,以沟通东西文化、谋求人类幸福和平为旨"②,培养传承儒学的人才。在台湾,徐复观主办的《民主评论》杂志,成为新儒家的主要思想阵地。牟宗三则于师范学院发起成立人文学会,举办人文讲座,宣扬儒家思想为立国之本。1956年牟转任教于东海大学,又与时任东大中文系主任的徐复观联手,积极推进文化研究和新儒学运动。尽管主事者殚精竭虑,但在20世纪50年代港台的实际政治、学术环境和全球

---

① 刘述先:《儒家思想与现代化》,第347、348页。
② 唐君毅:《介绍新亚书院》,《人生》第3卷第1期,1953年1月。

文化格局内中国文化日趋式微的趋势下,唐、牟、徐等人复兴儒学的惨淡经营,影响局限在相当逼仄的空间之内。

1957年初,唐君毅以新亚书院教务长身份访美,直接目的是为书院寻求经费方面的支持。在西雅图,他拜访了20年代"科玄大战"的一方主将张君劢。此时,72岁的张君劢正在撰写《儒家思想史》,两人见面,中国文化在世界上的地位,自然是主要话题。张君劢建议,联合若干志同道合者,向世界发表一篇关于中国文化价值、地位与影响的宣言。唐君毅表示同意。"君劢先生说干就干,他是老前辈,便给牟宗三、徐复观写信,倡议此事。同时君毅也写信给他们征求意见。牟、徐同意,于是君劢先生就把起草宣言的事托付给唐君毅。""唐君毅在旅馆里花了半个月的工夫,写出了四万余字的宣言草稿"[①]。草稿出来后,张、牟、徐分别提出修改意见,并由徐复观执笔修改。在此过程中,还听取了方东美等人的意见。张、唐初议此事时,是以纠正西方人士对中国文化的误解和偏见为出发点,所以准备先用英文发表。但后来张改变了主意。牟、徐也认为,文章所指固然针对西方人士,但同时对流行的"不中不西"的中国学人风气,也有救正之效用,所以也赞成先用中文发表。宣言发表前,曾征求钱穆的署名,但遭拒绝。关于宣言的名称,唐君毅认为原定的"中国文化宣言""颇不辞",力主改作"为中国文化敬告世界人士宣言",得到各位首肯。署名的顺序,最终定为牟、徐、张、唐。经过近一年的反复谋划、磋商、修改,1958年元旦,《为中国文化敬告世界人士宣言》在台湾《民主评论》和香港《再生》杂志同时发表。

---

① 李山等:《现代新儒家传》,第459页。

《宣言》首先说明作者的写作和发表动机:1949年中国的空前大变局迫使我们从忧患中激发智慧,从而以超越而涵盖的胸襟,去思考中国文化的世界意义。占全人类四分之一的中国人的生命与精神何处寄托,如何安顿,实际上已为人类的共同良心所关切。这个绝大的问题不解决好,"不仅将招来全人类在现实上的共同祸害,而且全人类之共同良心的负担,将永远无法解除"①。

《宣言》在分析了"世界人士"研究中国学术文化的诸端"偏弊"之后,特别强调,必须首先肯定源远流长的中国文化是一种活的精神生命的存在,只有对这"活的精神生命的存在"怀抱同情和敬意,才有可能对中国文化进行真正冷静客观的研究,否则,只会是自由任意的猜想和解释。

关于中国文化的特点,《宣言》在凸显其"多根"与"一本"辨证统一的基础上,辨明中国哲学与宗教、政治、法律、伦理、道德"一本同源"的文化关系。针对世界人士以为中国文化没有宗教超越情感、伦理道德只有外在行为规范、没有内在精神根据的误解,《宣言》指出,中国古代文化中,确实没有独立的宗教文化传统,但是,"天人合德"的中国伦理道德精神实质上已蕴涵了宗教性的超越情感。简言之,在中国,"宗教本不与政治及伦理道德分离,亦非即无宗教"②。

循此思路,《宣言》特别高扬儒家"心性之学"的价值与意义。"心性之学,正为中国学术思想之核心,亦是中国思想中之所以有天人合德之说之真正理由所在"③。它完全不同于西方心理学、灵

---

① 封祖盛编:《当代新儒家》,三联书店1989年版,第3页。
② 同上,第15页。
③ 同上,第17页。

魂论,是以人的道德实践为基础、并为道德实践所证实的形上学,"而非一般先假定一究竟实在存于客观宇宙,而据一般的经验理性去推证之形上学"①。《宣言》认为,心性之学实为儒家"道统"的本质所在,"由先秦之孔孟,以至宋明儒,明有一贯之共同认识。共认此道德实践之行,与觉悟之知,二者系相依互进,共认一切对外在世界之道德实践行为,唯依于吾人之欲自尽此内在之心性,即出于吾人心性,或出于吾人心性自身之所不容自已的要求;共认人能尽此内在心性,即所以达天德,天理,天心而与天地合德,或与天地参。此即中国心性之学之传统。"②

从心性之学的特殊优长,《宣言》推论出中国历史文化所以能"历数千年而不断"之理由。中国思想从来要求人们以超现实的心情来调护现实的心情与生活;从来要求人们不仅将气力向外表现,更要气力内敛,以识取并培养生命气力的生生之源;从来要求人们重视生命的价值,使之传承不绝。"总而言之,我们与其说中国民族文化历史之所以能长久,是其他外在原因的自然结果,不如说这是因中国学术思想中,原有种种自觉的人生观念,以使此民族文化之生命,能绵延于长久而不坠。"③

《宣言》坦承,中国文化传统中缺乏西方近代民主制度和科学技术的内容成分,但这并不意味着中国文化没有民主思想的种子和工艺制作的智慧。《宣言》批评"五四"运动"以民主与科学之口号,去与数千年之中国历史文化斗争,中国文化固然被摧毁,而民

---

① 封祖盛编:《当代新儒家》,第20页。
② 同上,第21页。
③ 同上,第23页。

主亦生不了根，亦不能为中国人共信，以成为制度"①。换言之，在近代中国建立民主政治制度和科学知识系统，更切实有效的途径是从自身的文化传统中开掘根源，推陈出新。

《宣言》认为，现在"东方与西方到了应当真正以眼光平等互视对方的时候了"。近代西方文化突飞猛进，值得包括中华民族在内的东方民族"推尊、赞叹、学习、仿效"，但是另一方面，西方人也应当向东方文化、中国文化学习。《宣言》列出西方应当学习的东方文化的五大优长：一，"当下即是"之精神与"一切放下"之襟抱；二，圆而神的智慧；三，温润而恻怛或悲悯之情；四，如何使文化悠久的智慧；五，天下一家之情怀。

《宣言》最后表示，人类一切民族文化都是人之精神生命的表现，人类应当发扬当年孔子作《春秋》以存亡继绝的精神，求得各民族文化精华的保存与发展，并以此作为"互相融合的天下一家之世界"的准备。在此过程中，中国儒者倡导的心性义理之学，有益于人类"胸襟日益广大，智慧日益清明，以进达于圆而神之境地"，具有特殊的珍贵价值。这是真正"立人极"的学问。"人极立而后人才能承载人之所信仰，并运用人之所创造之一切，而主宰之。这是这个时代的人应当认识的一种大学问"②。《宣言》真正关键的思想主题，至此昭示天下。

作为一份理论纲领性文献，《宣言》向世人表明了20世纪50至60年代新儒家的政治立场、文化观念、学理脉络和社会理想。就理论内容论，它饱满的含量无疑是学术研究的富矿；就思想感情

---

① 封祖盛编：《当代新儒家》，第35页。
② 同上，第50、51页。

论,它充分表达了传统文化的忠贞之士对于国家民族命运的深切关怀和对于人类前途的责任意识。需要指出的是,《宣言》所明示的对于马列主义和中国革命的敌对立场,既源于作者的基本政治文化价值取向,也与当时港台与大陆尖锐对立的时局直接相关。如果将牟、徐、张、唐与此前的新儒家第一代熊、梁、冯和此后的新儒家第三代成、刘、杜相比,我们将会更清楚地理解这一点。此外,就文本论,可能由于太过急切的表达意愿和成于众手的写作方式,《宣言》略显拖沓的结构和不尽精练的文字,也是不需为贤者讳的缺弊和遗憾。

三、儒家人文主义的重振

20世纪50年代以后,港台新儒家的一个重要理论方向是重振儒家人文主义的精神世界。在此方面,唐君毅贡献尤多。

从50年代到80年代,唐君毅先后撰写了《人文精神的重建》、《中国人文精神之发展》、《中华人文与当今世界》及其补编等著作,勉力弘扬儒家人文主义精神。唐君毅认为:"我们理想的世界,是人文的世界。人文润泽人生,人文充实人生。人文表现人性,人文完成人性"[1]。他解释道:"所谓人文的思想,即对于人性、人伦、人道、人格、人之文化及其历史之存在与其价值,愿意全幅加以肯定尊重,不有意加以忽略,更决不加以抹杀曲解,以免人同于人之外、人之下之自然物等的思想。"[2] 他还考证道:"人文主义四字中,文

---

[1] 唐君毅:《唐君毅集》,群言出版社1993年版,第340页。
[2] 唐君毅:《中国人文精神之发展》,《唐君毅全集》卷六,台湾学生书局1991年版,第10页。

之一字,夙为美名。如尚书尧典称尧曰'文思安安',舜典称舜曰'睿哲文明',大禹谟称禹曰'文命敷于四海'。尚书此诸篇纵伪,亦可姑引为证。至于人文二字连用,似乎以易传中'观乎天文,以察时变,观乎人文,以化成天下'一语为最早。""故人文这个词,原是中国固有的。"①

唐君毅指出,西方文化的传统里,也有人文主义的遗产。但是,无论古代还是近代,西方人文主义都有明显的缺弊。公元前5世纪的古希腊思想家普罗塔哥拉,因提出著名的"人是一切事物的尺度",而被认为西方人文主义的开山。唐君毅批评普氏"对于知识文化本身价值,未能肯定;对于知识之超个人的意义及理性的基础,未能认识;对于道德之超快乐感情之根据,亦无所了解"②,因此,普氏人文主义中的"人",只是"自然人"、"主观人"而非"道德人"、"生命精神之人"。他特别强调,普氏这种以知识文化为自然人的工具的视点,与中国古已有之的以道德之人承载知识文化的视点,有本质的不同。"由此可以看出,西方人文思想,在立根上之不健全"③。对于苏格拉底的人文主义,唐君毅认为较之普罗塔哥拉有所进步,即肯定人的道德知识本身的价值。但是,苏格拉底对宗教礼俗持怀疑批判的态度,而且其肯定的道德局限在城邦的区域内,而非惠及天下。这与孔子以仁心贯通个人、家庭、宗族乃至于天下的宽广博大,不可同日而语。文艺复兴运动是近代西方人文主义的新崛起。唐君毅肯定这一运动对于中世纪基督教神本主义的拨乱反正之功,但又尖锐指出,文艺复兴在纠偏的同时,自身

---

① 唐君毅:《人文精神之重建》,台湾学生书局1974年版,第590页。
② 唐君毅:《中国人文精神之发展》,第48页。
③ 同上,第49页。

又陷入新偏之中,"中世纪的基督教用神权泯灭了人,而文艺复兴的人文主义则反其道而行之,完全忽视了人的宗教精神,一味地倾心自然,倾心于对自然的观察和研究,致以后来在自然科学蓬勃发展的过程中,忘却了人的主体性和价值关心。"① 至于20世纪西方人文主义的各流派,唐君毅也一一指出它们的问题所在:科学人文主义实质上是自然主义,用科学解决一切自然与社会问题的主张,其逻辑归宿只能是人文成为科学的附庸甚至牺牲品。宗教人文主义关注人的精神提升和灵性焕发,但其出路却是中世纪神学的回归。存在主义的人文主义固然挽救了被黑格尔抛弃的人的自身主体性和感性生命,却未能给人类指示光明的前景,实际上引导人类走上了一条颓废灰暗的毁弃之路。② 总而言之,"西洋现代人文主义思想中问题之多,在根本上由于西方人文主义,莫有一本原上健康的传统",具体地说,问题出在西方文化实质上是以"神与自然与人,人与己,虚无与实有,主观知识与客观知识之四者之对立为核心"。这些对立,"在中国之人文思想中,则可谓未尝存在者,或其对立已经消融者"③。

在剖析了西方人文主义的缺憾之后,唐君毅极力高扬先秦儒家建立在"仁心"和"德性"基础之上的人文主义的伦理与政治价值。他说:"中国思想与西方思想不同的地方,关键在于中国思想很早便特注意'人'的观念"④。与希伯来《旧约》和印度《吠陀》形

---

① 启良对唐君毅观点的概括,见其所著《新儒学批判》,上海三联书店1995年版,第261页。
② 参见启良《新儒学批判》,第262页。
③ 唐君毅:《唐君毅集》,第434、436页。
④ 唐君毅:《中国人文与当今世界》下册,台湾学生书局1988年版,第52页。

成鲜明对照,中国最早的文化经典"六经"关注的中心不在"神道",而在"人道"。"由孔子至秦之一时期,即可称为中国人文思想之自觉的形成时期。""孔子一生之使命,不外要重建中国传统之人文中心的文化"①。唐君毅指出,在"人"与"文"的关系中,孔子始终将"人"放在较"文"更本质的地位。"人"是内在的依据,"文"是外在的表现。"孔子明是要特重'文之质'或'文之德',以救当时之文弊,简言之,即孔子之教,于人文二字中,重'人'过于重其所表现于外之礼乐之仪'文',而要人先自觉人之所以成为人之内心之德,使人自身先堪为礼乐之仪文所依之质地。这才是孔子一生讲学之精神所在。亦是孔子之人文思想之核心所在。"孔子对周代文化遗产的继承与发展,就在于他慧眼独具,"在周代传下的礼乐仪文之世界的底层,再发现一人之纯'内心的德性世界'"②。从先秦一直到宋明,儒家学说的重心始终在"德性与人格之如何形成的智慧思想"。在这方面,儒家人文主义具有更广泛的普世伦理的宽广襟怀和应用前景。"中国人传统的人文修养,是要把小人修养成为大人。但这个'大人'的意义,不同于今所谓伟大人物。今所谓伟大人物,恒是含有英雄性和威胁性的。中国之'大人'一词却不然,如'夫子大人','父亲大人'之类,全不带英雄与威胁性。此所谓'大'的意义,是指'心量'的大,和'德量'的大。"③ 无论身份的高低贵贱,追求"心量"和"德量"之"大",是人生一世的努力目标。这就为普天之下所有人的仁心培育和道德完善,提供了理论的可能性和实践的推动力。

---

① 唐君毅:《中国人文精神之发展》,台湾人生出版社1958年版,第24页。
② 同上,第25页。
③ 唐君毅:《中国人文与当今世界》下册,第53页。

关于儒家心性之学与人文主义的关系,唐君毅强调:"此心性乃指人之仁心仁性,即内在于个体人之自身,而又以积极的成己成物,参赞天地化育为事之实践的理性,或自作主宰心。""除此以外,无论上穷碧落,下达黄泉,行尽天下路,读尽天下书,受尽人间苦,更无处可发现一消融人己天人之对立,而一以贯之物事可得"①。

唐君毅认为,就发展儒家人文主义而言,宋明理学的重要贡献是提出了"立人极"的思想。此前,儒家已有"太极"之说。宋明理学用"理"来通贯天人,在天为"太极",在人为"人极"。"人极"所以能"立",关键在于以"人尽其性"来呼应"天尽其理"。唐君毅依此思路解析宋儒的"存天理,去人欲",认为宋儒的本意不是对立"天""人",而是恰恰相反,打通"天""人"。"去人欲"并非屈服于外在的"天理",而是"人自己内部之天理要去人欲",只有"去人欲",人才成为与天合性合德之人。只有"去人欲",人道、人极才具备了形而上的终极意义。如此说来,儒家人文主义发展到宋明理学,已经升华到"自觉能通贯到超人文境界之人文精神"。孔子讲"仁爱",孟子讲"性善",是从肯定的一面来建构人文世界;而宋儒的"去人欲",意在荡涤人心中的种种污秽,是从否定的一面来建构人文世界。无论肯定或否定,都是强调道德之对于人的本质意义。就此而论,儒家人文主义重视人,实即重视道德,反之也一样。

讨论至此,我们可以清楚地看出,唐君毅所推重的儒家人文主义,实际上已是一种完备的道德形上学。"孔子五十知天命,又有知我其天之感,孟子有尽心知性则知天之言。《中庸》、《易传》亦同有天人合德思想,而由人文以通超人文境界。但先秦儒者之悟此

---

① 唐君毅:《唐君毅集》,第437页。

境界,似由充达人之精神,至乎其极而悟。宋明儒者则由不断把人生活中,心地上,一切不干净的渣滓污秽,一一扫除而得。这便开辟出另一条'由人文世界,以通超人文世界之天心天理'的修养道路"①。唐君毅论道:"孔子、孟子以及宋明理学家所特具之德性之主要观念,乃认为德性为吾人人格之内在本质,其价值则内在于吾人之道德意识中而染有某种宗教意义,因而确切为精神价值。此一解释之主要观念乃是'自我寻找'之观念,此为孔子本人所传下而经后来所有儒家所阐扬之教训。"② 这里所谓"自我寻找",一指在一切伦理关系中,"吾人"的主动是第一位的;二指"吾人"的道德修养无须他人的赞美;三指"吾人"的道德原则、理想与价值,均可由"自省"获得。很显然,这样的"自我寻找"要求,非常类似于康德在解释道德之基础时提出的"绝对命令",是无条件的和毋庸置疑的。

作为侧重历史研究的思想者,徐复观主要是从中国传统的"忧患"意识中开掘人文主义的价值内涵。徐复观认为,中国人文精神萌芽于殷周之际,其基本的思想动力正是当时动荡时势中老、庄、孔、孟所代表的社会忧患意识。循此思路,他严厉批评作为人文主义担当者的中国士人的堕落。"中国文化,本是人文主义的文化,本是显发人生的文化。但中国的知识分子,主要精力,下焉者科举八行,上焉者圣君贤相,把整个人生都束缚于政治的一条窄路之中"③,这是莫大的悲剧。"知识分子取舍之权,操于上而不操于下;而在上者之喜怒好恶,重于士人的学术道德;士人与其守住自

---

① 唐君毅:《唐君毅集》,第414页。
② 唐君毅:《中国人的心灵》,联经出版公司1984年版,第165页。
③ 徐复观:《学术与政治之间》,台湾学生书局1985年版,第99页。

己的学术道德,不如首先窥伺上面的喜怒好恶,于是奔竞之风成,廉耻之道丧;结果,担负道统以立人极的儒家的子孙,多成为世界知识分子中最寡廉鲜耻的一部分。"① 如此尖锐的谴责,将人文主义的重振与知识分子的角色责任直接联系起来,正是港台新儒家"当下即是"忧患意识的强烈表现。

从中西文化对比的视角切入,从中国文化的传统中接续人文主义,是港台新儒家的共识。在此方面,牟宗三指出,"顺基督教下来是神本,顺希腊传统下来,从客体方面说话,停于理智一层上,是物本。这两个本,在西方的文化精神下,学术传统里,特别彰著。而在这两个本的夹逼下,把人本闷住了。所以人文主义在西方始终抬不起头来。"② 尽管康德哲学在西方很"特出",讲理智主体和道德主体,"开了人文主义之门",但他毕竟是纯粹的哲学家,"总是隔人文主义很远的"③。与唐君毅一样,牟宗三强调道德理性的人文意义:一方面,人类的一切人文活动都可视为道德理性的客观化;另一方面,人类历史文化的演进又可视为道德理性在纵贯的曲折中的实现,亦即道德理性必须客观化于人文世界中,方能得到充实和完备。与唐君毅不同的是,牟宗三更注重从儒家"内圣"与"外王"的结合上,凸显儒家人文主义的现实作用与普世价值。"吾人今日讲人文主义,首先注意到人性的觉醒,人道的觉醒,反物化,反僵化,把人的价值观念开出来,其次就要注意到由这种觉醒如何转为文制的建立以为日常生活之常轨。这两面合起来就是张载所说

---

① 徐复观:《学术与政治之间》,第56页。
② 牟宗三:《牟宗三集》,群言出版社1993年版,第170页。
③ 同上,第169页。

的'为天地立心,为生民立命,为往圣继绝学,为万世开太平'。"①这方面的内容,将在本章下一节内展开讨论。

四、"内圣"开出"新外王"

从孔子开始,"仁"与"礼"、"内圣"与"外王"便是儒学体系里不可分割的两翼。战国时代的孟子和荀子,分别发展了这两翼,因而奠定了各自在儒学发展史上的特殊地位。宋明时代的理学家,吸收佛、道两家的智慧,大大深化了儒学"内圣"一翼的研究,以此形成区别于先秦儒学的所谓"儒学第二期"的成就特色。现代新儒家承续宋明儒学的"灵根",又吸纳近代西学的民主、科学思想,"返本开新",力图从儒家"道统"中发掘中华民族现代化事业的文化源泉和精神动力。在这种艰巨的心灵劳作中,牟宗三由"内圣"开出"新外王"的独特理论构思和逻辑推论,鲜明体现了新儒家联结过去与未来的历史抱负、打通保守与创新的价值取向、融会中学与西学的知识追求。

牟宗三依中国社会发展的实际进程贞定自己的理论目标:"孔孟内圣外王之教是在历史发展中逐步厘清其自己,建立其自己。宋明儒程、朱、陆、王之一系,是通过佛教之吸收,而豁醒其内圣之一面。叶水心、陈同甫以及明末顾、黄、王,则是因遭逢华夏之沦于夷狄,而豁醒其外王之一面。而吾人今日经过满清之歪曲,……则又须对之作进一步之豁醒与建立。"②

---

① 牟宗三:《牟宗三集》,第164页。
② 同上,第94页。

在《道德的理想主义》一书中,牟宗三论道:

> 我们现在的人文主义必须含有近代化的国家政治法律之建立这一义,即必须含有外王之重新讲这一义,这就构成今日儒家学术之第三期的发展这一使命。近代化的国家政治法律不能建立起来,儒家所意想的社会幸福的"外王"(王道)即不能真正实现;而内圣方面所显的仁义(道德理性),亦不能有真实的实现,广度的实现。我们必须了解民主政治之实现就是道德理性之客观的实现。我们若真知道道德理性必须要广被出来,必须要客观化,则即可知民主政治即可从儒家学术的发展中一根而转出。只要知道政治之不断,即可知道道德理性之要求客观实现之不容已,这就是民主政治之必然转出之文化生命上的根据。①

这一段话虽不长,但是在牟宗三"内圣"开出"新外王"思想中具有重要意义。它强调了三点:其一,在儒家学说体系中,道德理性必须客观化,因此,"内圣"与"外王"不可分割对立;其二,中国的近代民主政治有其文化生命上的依据,这个依据就是儒家的"王道"理想;其三,时代在发展,儒家的"外王"之学现在应当"重新讲",这"重新讲"正是新儒家的历史使命。

牟宗三"重新讲"儒家的"外王"之学,关键在于论证了因为中国文化自身传统方面的局限,当下中华民族迫切需要的"新外王"不可能从"内圣"之学中直接开出,而必须经过一"曲折"的通道。

---

① 牟宗三:《牟宗三集》,第166页。

他分析道：中国传统文化的强项在"理性的运用表现"，而弱项在"理性的架构表现"。所谓"理性的运用表现"，体现的是"综合的尽理之精神"，其具体内容包括圣贤人格的感召，儒家德化的治道和非经验的、非逻辑数学的"智的直觉"。所谓"理性的架构表现"，体现的是"分解的尽理之精神"，"中国文化于理性之架构表现方面不行，所以亦没有这方面的成就。今天的问题即在这里。而架构表现之成就，概括言之，不外两项：一是科学，一是民主政治。"牟宗三强调，"若论境界，运用表现高于架构表现。所以中国不出现科学与民主，不能近代化，乃是超过的不能，不是不及的不能。"① 古代中国的情况，如《大学》所论，格物致知，正心诚意，修齐治平，"外王是内圣的直接延长"，两者之间是"直通"的关系。这种"直通"也有毛病，即只有第二义之"治道"（智慧之明）而无第一义之"政道"（理性之体）。"治道"讲求实用，所以往往陷入经验主义、功利主义、历史主义、现象主义、过激主义，"转为与内圣为对立"，"此亦为中国历史文化症结之一。今欲消融此对立，解除此症结，则必以第一义之制度为完成外王事功，消融其与内圣对立之总关键。"② 他认为，如果说在古代中国，儒家的"内圣"之学即使以"治道"的形式体现出来也能满足社会生活的一般需要的话，那么，历史发展到今天，"治国平天下之外王还有其内部之特殊结构，通著我们现在所讲的科学与民主政治，则即不是内圣之作用所能尽。显然，从内圣之运用表现中直接推不出科学来，亦直接推不出民主政治来。外王是由内圣通出去，这不错。但通有直通与曲通。直通是以前的

---

① 牟宗三：《牟宗三集》，第260页。
② 同上，第244页。

讲法,曲通是我们现在关联著科学与民主政治的讲法。"①

牟宗三进一步解释道,"曲通"不是直接推理,而是"转折上的突变"。具体而言,便是作为儒家"内圣"之学核心的道德理性的一种"自我否定"。儒家的道德理性本身不含有近代意义上的科学与民主,但是依其本性言之,"却不能不要求代表知识的科学与表现正义公道的民主政治"。换言之,道德理性"要求一个与其本性相违反的东西。这显然是一种矛盾。它所要求的东西必须由其自己之否定转而为逆其自性之反对物(即成为观解理性)始成立"②。牟宗三明确指出,这种特殊的"逆"的要求实际上就是道德理性的自我否定,或曰"良知的自我坎陷"。"良知"在"自我坎陷"中,道德主体才能成为认知主体,才能从道德立场上"让开一步",才能见到政治的独立意义,似乎与道德不相干,于是才能讨论民主、权利、义务等等纯粹的政治学问题。牟宗三承认,与道德的分离确是近代西方政治的优长,但他又声明,这种肯定"只是政治学教授的立场,不是为民主政治奋斗的实践者的立场,亦不是从人性活动的全部或文化理想上来说话的立场"。他特别强调:"至于说到真实的清楚确定,则讲自由通著道德理性,通著人的自觉,是不可免的。我们不能只从结果上,只从散开的诸权利上,割截地看自由,这样倒更不清楚,而上提以观人之觉醒奋斗,贯通地看自由,这样倒更清楚。"③ 简要地归纳,牟宗三的"良知自我坎陷"的"曲通"说,意义有二:"一,内圣之德性与科学民主有关系,但不是直接的关系;二,

---

① 牟宗三:《牟宗三集》,第261页。
② 同上,第262页。
③ 同上,第265页。

科学民主有其独立之特性"①。

毋庸置疑,作为思辨者的牟宗三在完成其"内圣"开出"新外王"理论的运思过程中,以其厚重的国学基础和精深的西学造诣,创造性地建立了道德理性与观解理性、道德主体与知性主体、运用表现与架构表现、政道与治道、无对与有对、执与无执等等概念体系,结合中华民族及全人类的现实需要,切实推进了对儒家"内圣"、"外王"之学的研究。牟宗三的贡献在于,"他力图把民主与科学的时代精神纳入儒家的'内圣外王'的民族精神中加以把握,这不仅是'儒家的第二期发展'(宋明新儒家)所根本未遇及的问题,而且也是'儒家的第三期发展'(现代新儒家)之第一代人(熊十力等)虽遇及却又几乎是抱以冷对态度的问题。牟先生见解的生动之处在于,他把以民主与科学所体现的时代精神视作儒家道德理性(理想)主义的'内在要求',这使得儒家的现代发展,一方面能够从'内圣'的'极高明'处守护着中国经典道德形上学以及由此而然的民族精神文化的'主位性',另一方面又在外王的开新处给主位文化注入时代精神的活力。"② 当然,研究者也指出了牟宗三"新外王"论的根本缺憾。他将道德与认知生硬地置于道德一元论或泛道德主义的单向度思维模式中,因此才有"逆"、"相违"的断语,所谓"良知的自我坎陷"才有了必要价值和全部意义。问题在于,正是这道德一元论或泛道德主义制约了牟宗三的视野和眼力,使他未能明察中国文化传统并非没有他所谓的知性主体、观解理性,未能明察正是儒家古已有之的道德一元论或泛道德主义倾向大大

---

① 牟宗三:《牟宗三集》,第262页。
② 李儒义:《论牟宗三的"新外王"说》,《华南理工大学学报》(社会科学版)2001年6月,第3卷第2期。

限制了知性主体、观解理性的自由与效能。历史和逻辑的事实是，"科学和民主的价值并不能从道德价值中分析出来，这正像道德价值不能从科学和民主的价值中分析出来一样，所以我们有理由在别一种理路上作别一种判断：道德价值对于民主、科学的价值的关系不应当是单向度的通贯或辖摄，而应当有更复杂的互照或交贯。"[①]

五、"儒家资本主义"的启示与儒学第三期的新发展

20世纪60至70年代，亚洲的社会政治经济形势发生了重大变化。日本和亚洲"四小龙"（韩国、新加坡、中国香港、中国台湾）先后实现了经济的"起飞"，国民生产总值以年均8%至13%的超高速度增长。到1980年，日本已成为仅次于美国的经济强国，人均国民收入达到9890美元。同年，韩国人均国民收入从50年代的146美元增至1553元。1981年，新加坡人均国民收入达4850美元，中国台湾则从50年代的人均224美元增至2720美元，中国香港更由50年代的人均470美元增至4600美元[②]。1990年，世界银行统计各国（地区）对外贸易总额，日本居世界第3位，中国香港为第10位，韩国为第11位，中国台湾为第13位，新加坡为第17位。国家或地区的社会经济发展原因当然是多方面的，现有研究表明，"二战"以后，新技术的垄断壁垒不复存在，国际贸易扩大，大

---

① 黄克剑：《百年新儒林》，中国青年出版社2000年版，第238—239页。
② 以上数据见金耀基：《儒家伦理与经济发展：韦伯学说的重探讨》，转引自王家骅：《儒家思想与日本的现代化》，浙江人民出版社1995年版，第3页。

众消费水平提高,信息革命为现代化后发国家(地区)学习、赶超先进提供了便利条件,跨国公司的迅猛发展,如此等等,都是日本及亚洲"四小龙"迅速崛起的有利因素。与此同时,日本及"四小龙"共同的传统儒家文化背景,也引起研究者的高度关注。美国未来学家赫尔曼·卡恩认为,日本等东亚国家能够获得经济成功,是因为受儒家思想熏陶而形成的共同文化特征,即家庭内的社会化过程特别强调自制、教育,以严肃的态度对待工作、家庭、义务,协助个人所认同的群体,重视人际关系的互补性。他将日本和"四小龙"明确定义为"新儒教国家"。美国环太平洋研究所所长弗兰克·吉布尼更直接提出"儒家资本主义"的命题。他指出,日本的经济成功是将古老的儒家伦理与现代经济民主主义巧妙结合的产物。法国巴黎大学教授威德梅修强调,"汉字文化圈"各国没有丧失其传统精神,正是这种精神为东亚各国前所未有的经济增长提供了独特的、富于活力的原动力。据此,他提出"儒教文艺复兴"说,认为儒教作为旧社会的意识形态已经死亡,但是其精神遗产却与现代化发展并无矛盾,必将在新的思维方式中继续发挥积极作用。[①]

日本和亚洲"四小龙"的成功,以及欧美学者对中国传统儒家思想的褒扬,使得"儒家资本主义"成为世界瞩目的新景观、新动向、新课题。现代新儒家从这一新景观、新动向中受到极大的鼓舞。成中英、刘述先、杜维明等因此成为十分活跃的年青一代新儒家代表人物。

成中英论道:"近20年来东亚四地区——新加坡、韩国、中国

[①] 以上学者观点,转引自王家骅:《儒家思想与日本的现代化》,浙江人民出版社1995年版,第5、6页。

台湾与中国香港——经济突飞猛进,跃向工业化社会。欧美学者提出儒家伦理加以解释。其实他们所解释的重点还是经济上的生产力方面;而用以解释的则是所谓儒家的'工作伦理'。此一解释只可说是用片面的观念解释片面的现象,对解释整个现代化、工业化现象的发生并不周密。而所谓儒家的'工作伦理'更不能不在整体性的儒家伦理中求得说明。……故吾人不可不自深层的儒家思想的'整体系统'来了解东亚诸地区的经济发展以及其他相应的政治与社会变革。"[1]

成中英认为,时至今日,必须以发展的、"重建"的观点来理解和把握儒家思想的"整体系统",单纯认定重建现代新儒学只需要改造古典儒学和宋明儒学即可,是显然不够的。"我们必须站在中国哲学原点和中国文化源头上来思考现代新儒家的范畴,体质和功能,看到它'涵盖乾坤'、'生天生地'的气质和精神,以及了解它将为中国及至人类文化人类社会,推行一个生活典型和风格真正撼动人心的价值创造力。"因此,"今后新儒学的发展,必然要以外观和内省为双向发展的目标,从而达成纵横兼具的圆融形上学和形下学。"[2]

成中英强调,建立现代新儒学必须认知现代生活的实体,必须开拓民主和科学两个生活世界。儒家伦理已有的经验和理论,绝不可能演绎出现代化需要的"民主"和"人权"。因此,我们也可以认为,现代化实际上是对儒家家庭伦理和社会伦理的消解。这里便与欧美学者将东亚地区的经济成功归因于儒家伦理发生"有趣

---

[1] 成中英:《知识与价值》,中国广播电视出版社 1996 年版,第 458—459 页。
[2] 同上,第 334—335 页。

的矛盾":如果经济的现代化发源于儒家伦理,为何反将其自身破坏?如果儒家伦理只是被动地受破坏,它又如何能促成现代化?对此,成中英提出用"大伦理学"与"小伦理学"的区别,作为解决矛盾的理论基础。所谓"大伦理学","指一个伦理系统中所预设及蕴涵的人生观及宇宙观,在个人可以发挥为意志的选择,在社群则可以实现为价值的信念,在政治上甚至可以形成制定政策的原则。"所谓"小伦理学","指具体行为的规范,表现为行为教条或风俗习惯者。"① 依此理论,如肯定现代化得力于儒家伦理,则指儒家的"大伦理学";如肯定现代化破坏了个人行为的规范与价值,则指儒家的"小伦理学"。成中英以"孝"为例,剖析了儒家伦理所蕴涵的现代化内核及其重建的现实意义:依据儒家学说,孝不仅是一种责任,更是一种德行。"孝的自我实现有其内在的意义并对社会和谐与安定的促进有正面的影响力"。他针对儒家之"孝"父子权责不对等的特点,援引近代西方的权责伦理对儒家德行伦理作出如下"改进":

一、同时确定父母与子女间的相对责任及共同的社会责任;

二、德行完成责任,责任限制德行。不把传统的孝等同于子女的责任;

三、父母子女间既有责任的对等,也有德行的对等,此二者为父母子女相互关怀的源泉;

四、将父母子女间的权利关系完全视为隐含的关系;

五、以国家伦理、社会伦理与家庭伦理(孝的伦理)相互规范,而不以家庭伦理为社会伦理或国家伦理的起点或基础。

---

① 成中英:《知识与价值》,第 460—461 页。

成中英认为,这种"现代化的孝的理论模型"一方面避免了现代西方社会及家庭伦理趋向权利化的极端,另一方面又避免了传统儒家孝的伦理侧重家族利益的极端。它将"古典人性论的和谐思想与自然要求与现代社会人际间的权责关系与理性要求自然合理的结合起来"①,是发挥儒家思想的"内在意义"和"正面影响力"的典范。

在发展新儒学,"达成纵横兼具的圆融形上学和形下学"方面,成中英用力最勤且成果显著的,是在建立中国管理哲学方面。他认为,中国哲学包含了丰富的人生与社会智慧,为现代管理科学提供了很好的基础。具体而论,其一,中国哲学重视整体观念(包括结构与过程);其二,强调个体间相互依存的关系;其三,讲求平衡与和谐;其四,基于对宇宙事物的认知和实际人生的体验,建立了"合德"、"无碍"、"圆融"等理念;其五,"知行合一",真知真行必须结合一体方才相互完成;其六,中国哲学包含丰富的理念和命题,"具备了极宽广的说明性与极深刻的表达力",这些理念及命题"莫不可引申为科学研究、社会组织、经济发展、企业管理、公共行政等活动的理解参考系统,从而令吾人更能掌握现实,开拓未来"。总之,建立中国管理哲学,"既合乎文化传统自然的需要,又合乎管理思想发展的趋势。今日管理决策所需要的整体性、依存性、协调性、创新性、变通性与实践性也都可以据此发展开来。管理之学不但是技术与知识的领域,也将是智慧的园地了。""更进一层言之,中国管理哲学的发展,不但显示了中国哲学对管理科学及管理问题的现代贡献,也为中国哲学的内在生命提供了一个发展的良机。

---

① 成中英:《知识与价值》,第490—491页。

中国哲学必须具体落实才能进一步发扬光大。所谓发扬光大就是中国哲学的现代化与世界化。"①

显而易见,成中英的"中国管理哲学"与牟宗三的"新外王",思想逻辑的指向完全一致。对比两者,"新外王"哲理思辨的色彩固然浓烈得多,但艰涩硬滞也是其明显缺弊。"中国管理哲学"则不然。它更多的是从"哲学史"而非"哲学"的意义上开掘传统文化的现代价值,在衔接过去与未来方面,更显流畅与生动。这不仅是成、牟个体间的差异,在相当意义上,也是现代新儒家第三代与第二代之间的差异。

与成中英一样,刘述先也认为东亚地区的"经济奇迹"确实与中国传统儒家思想的遗传有一定的关联,但要作具体深入的分析。"中国人重视家庭、勤劳节俭、重视教育,这些可能是解释东亚受到儒家思想影响地区能够创造经济奇迹的重要因素。但在同时也有许多不利于现代化的因素,如服从权威、缺乏保障人权的觉醒、习于守成一类的习性。这些积极与消极的成分都纠缠在一起,难以一刀切开,问题在那些成分占到优势,走到前梢,正是这些复杂因素的组合决定了当前表现的优劣。"② 刘述先指出,现代之于传统,既有继承,更有创新。对于儒家思想,正需要作如此的分梳。他回顾道,"五四以来,'儒家'一向背负恶名,其实它有僵死过时的部分,也有与时推移、万古常新的部分,有待我们认取。"具体地说,对儒家传统,可作三种意义层次的分梳:

第一义,把儒家当作哲学的睿识;

---

① 成中英:《知识与价值》,第505—506页。
② 刘述先:《儒家思想与现代化》,中国广播电视出版社1992年版,第298页。

第二义,把儒家当作传统典章制度的机括;

第三义,把儒家当作民间价值的储存。

刘述先强调,从以上第一义论,今日儒家还有蓬勃的生命力,能否真正成为时代思想的主流,有待于新儒学复兴的努力;从以上第二义论,儒家断然是过去的东西,正因为如此,几十年来,中国人一直在追求新体制的建立与落实;从以上第三义论,儒家思想早已深入广大民众的意识之内,它呈现了一种两栖的性格,既有积极的一面,也有消极的一面。[1] 现代新儒家的历史使命。就是在以上第一和第三两层意义上,返本开新,使得中国传统中的宝贵资源,"不只对中国人有价值,乃至于对全世界有价值"[2]。

刘述先肯定,自熊十力以降,现代新儒家所作的最大贡献在于点明了一个具有世界意义的基本事实:无论现代化运动在科学技术、社会革命方面取得了多么大的成绩,"内在的安心立命始终是一个不可替代的问题"。这一问题的真正解决,不能靠信仰外在超越的上帝,而只能靠中国儒家主张的仁心体证的不断扩充。[3] 新儒家一方面看重民生问题,承认私产的拥有是保障人权的必要条件;另一方面又从不以财富的积累为本身目标,尤其痛恨纵情于物质享受的颓废社会的价值标准。"新儒家思想是有某种社会主义的倾向,与资本主义的运作不是没有矛盾冲突的。"以此观点来分析问题,刘述先认为,"亚洲四小龙的经济成就与其说归功于儒家的大传统,不如说是受惠于儒家的小传统:柏格所谓'粗俗的'儒家

---

[1] 刘述先《儒家思想与现代化》,第297—298页。
[2] 同上,第299页。
[3] 同上,第256页。

文化更为适当。"①

刘述先任教于东海大学期间,学业方面得到牟宗三的指点与启发,自认是牟的"半个学生"②。与其师的看法一致,刘述先断言,"新儒家前途之是否光明,关键在于能不能解决他们所谓'新外王'的问题"③。与牟宗三寄希望于内在的"良知自我坎陷"不同,刘述先的眼界更开阔。他认为,体现传统儒学"外王"优长的古代典章制度显然"在现实上无法扎根下去",所以,要想解决"新儒家的理想与多元化的现实社会互相接合的大问题",唯有依本宋儒的"月印万川"、"理一分殊"观念,加以全新解释,方能提出合理解答。东方与西方,传统与现代,表面固然差别森然,但在"理一分殊"的观照下,我们不难发现并把握相互之间的关联与统一。一方面,"世界如今已渐进入一种全球情况,东西的汇合根本不是问题,成问题的是,所作成的是怎样的东西的汇合。东西的汇合自可以有各种不同的形态。"④ 另一方面,"我们要以现代来批判传统,也要以传统来批判现代"。"由科学和民主这两个例子,就可以看到,十分吊诡地,我们必须要打破传统的窠臼,才能够以现代的方式来表现传统的理念。我们今日乃可以清楚地体悟到,在许多范围之内,我们必须采取一种间接曲折的方式,才能够更适切地表现出生、仁、理的超越理念,而绝没有理由抱残守缺、丧失活力、麻木不仁、违反理性,为时代所唾弃。这才是当代新儒家必须努力的方

---

① 刘述先:《儒家思想与现代化》,第292页。
② 姚才刚:《"理一分殊"与文化重建——刘述先教授访谈录》,《哲学动态》2001年第7期。
③ 刘述先:《儒家思想与现代化》,第292页。
④ 同上,第523页。

向。"[①] 在接受大陆学者的访谈时,刘述先坦言自己在基本的儒学价值判断方面与前辈的不同之处:"牟先生一向认为儒家的常道是独一无二的,是透彻的,是没有其他传统可以比拟的。从这样的观点去看的话,无疑是把儒家当成了最高、最完美的一种东西。这是所谓第二代新儒家的看法。可到了第三代新儒家,像杜维明和我,受西方影响更深,特别是西方从现代走向后现代的时候,我们都不这样看。我们只是守住自己的精神传统,让它在世界上有一个立足点,而不至于轻易盲从别人,把自己的优势都给抛弃。"[②]

在第三代新儒家中,杜维明是特别活跃的人物。1940 年,杜维明出生于云南昆明。中学时代即求教于牟宗三、徐复观、唐君毅诸先生。1961 年台湾东海大学外文系毕业后,赴美深造,获得哈佛大学东亚研究硕士和历史与东亚语文联合博士学位。先后任教于普林斯顿大学、柏克莱加州大学、哈佛大学。90 年代以后,任国际儒学联合会副会长,与大陆学界联系密切,受聘为北京大学等多所高校客座教授。

1982 年夏天,新加坡政府第一副总理兼教育部长吴庆瑞邀请 8 位华人学者到新加坡,协助教育部门为"儒家伦理"课程拟订一个观念性的纲领。杜维明与余英时等同在受邀请之列。新加坡政府此举是其一向重视中华文化价值观的继续。长期担任新加坡政治领袖的李光耀在一次演讲中说道:"新加坡成功的一个最强有力因素,就是 50 到 70 年代那一代人的文化价值观,由于他们的成长背景,他们肯为家庭和社会牺牲,他们也有勤劳俭朴和履行义务的

---

① 刘述先:《儒家思想与现代化》,第 537、536 页。
② 姚才刚:《"理一分殊"与文化重建——刘述先教授访谈录》,《哲学动态》2001 年第 7 期。

美德,这些文化价值观帮助我们成功。我本身有了这种经验,所以我很重视维护华族新加坡人的文化价值观。"① 新加坡社会经济的迅速发展及其官方明确的儒家文化情结,为杜维明等人通过这一"儒家资本主义"的标本来研究中国传统文化的现代价值,提供了最好的契机。

1982年8月31日,杜维明在新加坡国立大学发表演讲,题目是"儒家伦理与东亚企业精神"。这个题目明显有与韦伯著名的"新教伦理与资本主义精神"相比较的意味。事实上,他的演讲也正是从韦伯发端。杜维明首先点明,韦伯理论的本质是建立起一个联系宗教价值(尤其在能动性意义方面)和经济性格的整体的观念模式。韦伯"并不想要把复杂的问题简化成一个单独的宗教合成体。他仅仅是想要强调一个人的最初的能动结构的重要性。这种能动结构的重要性在于,它能够有助于理解社会是在何种动力之下去完成某一种、而不是任何其他种的任务"。② 他接着指出,韦伯"认为儒家伦理抑制了一种实业精神的发展,从而也抑制了资本主义在中国(由此类推),在东亚的发展。可是今天,在东亚的许多不同的地方,我们却看到了资本主义和实业精神的蓬勃发展"。杜维明发问:"是不是韦伯错了?"③

对这一问题的解答,杜维明的思路是:韦伯所认定的资本主义精神,强调个人主义、市场结构、自由竞争、放任主义以及对于知识的浮士德式的探索,是一种成功的资本主义发展模式。"现在的问

---

① 转引自王文钦:《新加坡与儒家文化》,苏州大学出版社1995年版,第13页。
② 杜维明:《杜维明文集》第二卷,武汉出版社2002年版,第83页。
③ 同上,第87页。

题是:是不是还有另外一种途径的确凿的可能"①。更明确地说,就是我们是否确认儒家伦理指导下的另一种成功的资本主义发展模式——"这种特殊类型的资本主义,强调自我是各种关系的中心,义务感,自我约束,修身,取得一致意见和合作。它高度重视教育和礼仪。它注重信用社区和政府的领导。其经营的风格,涉及既学习一整套实际技能又学习如何工作的一种程序和仪式。"②

杜维明认为,中国传统的儒家思想包括两大方面,必须明确加以区别:"一面是政治化的儒家,另一面是儒家伦理。政治化的儒家就是国家权力高于社会;政治高于经济;官僚政治高于个人的创造性。这种形式的儒学,作为一种政治意识形态,必须加以彻底批判,才能释放一个国家的活力。另一面是儒家个人的伦理,它注重自我约束,超越自我中心,积极参与集体的福利、教育、个人的进步、工作伦理和共同的努力。所有这些价值,对于新加坡的成功是至关重要的。"③ 杜维明强调指出,韦伯所肯定的清教徒精神或新教伦理,"对于西方资本主义的产生作出了贡献,但也已导致了诸如极端个人主义和极端权利意识之类的各种各样的问题"④。正是在这些方面,儒家伦理显示了它的积极价值。

两天以后,1982年9月2日,杜维明又在新加坡会议厅发表演讲,专论"儒家伦理的现代意义"。他首先提请听众注意一个历史事实:"在受到西方的冲击之前,东亚的社会从作为个人一体化、社会群体参与和道德领导阶层的动力的儒家伦理中,受益匪浅。与

---

① 杜维明:《杜维明文集》第二卷,第89页。
② 同上,第93—94页。
③ 同上,第100页。
④ 同上,第96页。

此同时,它们也蒙受了政治化的儒家价值的灾难。"这后一方面的事实,正是自"五四"运动开始,一些中国"最为杰出的人才"掀起"一浪又一浪的反孔运动"的政治原因,也是我们今天理解并认同"五四"的依据。但是,另一方面,曾经使东亚社会"受益匪浅"的儒家伦理,并不因为"五四"而失却它的本质意义。杜维明分析道:"这种伦理,和强调个人权利意识的新教伦理不同,它需要的是责任感。它重视的是社会团结,是在一个特殊的团体中对我们合适的位置的寻求。这意味着理解一个人在社会中的职责,以及与此有关的一整套社会惯例和实践。与其说它是一种竞争的模式,倒不如说它是一种和谐的模式。它极为重视个人的自我修养和自我约束(特别是精神上和心理上的约束)。它重视舆论一致的达成,但却不是通过一种特殊的意志强加于社会各阶层,而是通过一个共同磋商的渐进过程,让团体中的一大部分参与其间。这需要并且诱发了一种合作的精神。它也强调教育的重要性,但不是从知识的积累出发,而是从性格锻炼和个性形成出发。它试图造就对于一个更大的、更持久的目标的信念和承诺。……这种特殊的伦理,极为重视历史、文化和传统的意识。它重视通过经验获得。通过经验传递的智慧,胜过信息的积累。"[1]

杜维明认为,正是这种源于传统的,不是倡导个人主义、而是倡导对于更大实体(如家庭、公司乃至国家)的承诺的儒家伦理,不仅在新加坡,而且在日本、韩国、台湾地区、香港地区的经济社会快速发展中,发挥了明显的积极效用。这是一种"新的儒家伦理,它是对于西方的冲击的一种回答。作为一种创造性的回答,这种新

---

[1] 杜维明:《杜维明文集》第二卷,第121页。

的儒家伦理已经把一些被想当然地认为是西方的的价值糅合到它的伦理结构中去。它并不反对西方关于权利、个人尊严、自主或者在健康积极的意义上的竞争性之类的观念。所以,我认为这种新伦理不是中国独有的,或者甚至也不是儒家独有的"。[1]

杜维明总结道:"由此可见,我们的选择实在是一种创造性的综合。因此,对儒家伦理的介绍应该从一个广泛的范畴中,以一种成熟的方式加以理解。只有那样,我们才能了解儒家思想的正负两面。那样,我们才能在强调与我们今天的情形有直接关系的积极因素的同时,有意识地、深思熟虑地继续批判它的消极因素。"[2]

80年代以后,杜维明由传统伦理与"儒家资本主义"的关系入手,深入研究了如何"确认当今东亚社会中的儒家因素"的问题。他认为,要全面认识这一问题,不仅要从政治文化方面理解儒家思想在"东亚现代性"中所起的正面和负面影响,而且还要将以下方面一并考虑:一,知识分子自我认同的精神资源;二,企业伦理;三,民间社会的"心灵积习";四,生命形态的价值取向[3]。在经过系统的思考以后,杜维明展望了儒学第三期发展的前景。

关于"儒学第三期发展"问题,杜维明承续了牟宗三的基本观点,又有所阐发。他区分"三期儒学":"从先秦源流到儒学发展成为中国思想的主流之一,这是第一期;儒学在宋代复兴以后逐渐成为东亚文明的体现,这是第二期(这一期一直延续到19世纪末叶);所谓第三期,就是从甲午战争、"五四"运动以后。"[4] 解答"儒

---

[1] 杜维明:《杜维明文集》第二卷,第121页。
[2] 同上,第121—122页。
[3] 同上,第248页。
[4] 同上,第603页。

学第三期发展"是否可能,杜维明的思路是从辨析儒家思想的类型定位开始。从比较宗教学的角度看,他认为儒家有其独特的终极关怀,"它的终极关怀和它的社会实际是紧密结合的,是一个体现宗教性的特殊形式"。从文化人类学的角度看,他认为儒家是一个贯穿整个中国社会各阶层的特殊的生命形态,它"把大、小传统结合在一起,乡村文明和都市文明结合在一起"①。从知识社会学的角度看,他注意到儒家传统的中介——中国知识分子("士")与近代西方知识分子(intellectual)的同异特点,"士阶层是儒家传统的见证者、继承者,它把儒家传统带到社会各阶层,它是具有一种群体的批判的自我意识的。"② 此外,杜维明还从思想史和哲学的角度,分析了儒家传统作为一种精神文明在"道"、"学"、"政"三方面的本质优长。简要地说,"道"是儒家的基础理论,"是一种涵盖性非常强、突破人类中心典范的哲学人类学"。"学"是儒家的学术传统,"它是天下公器,而不是少数人的私产"。"政"是儒家的经世实践,"在政治上、社会上、经济上都发生了很大的作用。因此它是一种涵盖性比较强的哲学人学、一种生命形态。"③ 综合以上考虑,杜维明的结论是,"儒学第三期发展",不仅是一种可能,而且是一种必然。

杜维明不同意某些西方学者(如列文森)断言儒家传统在现代业已死亡的悲观结论,但他对儒学第三期发展的前景,并非盲目乐观。杜维明清醒地看到,面临西方文化的挑战,儒学发展必须克服自身的固有缺陷,在科学精神、民主运动、宗教情操和心理学深层

---

① 杜维明:《杜维明文集》第二卷,第605页。
② 同上,第608页。
③ 同上,第610、611页。

意识等方面有新的开展。"如果儒家传统不面对西方所提出的这些课题做创建性的回应,也就没有办法进行创造转化的工作,以建立新的价值。这是我们对中国的传统文化进行反思的时候不能回避的挑战。"①

作为第三代新儒家的中坚,杜维明超迈其前辈之处,有两点特别值得注意。

其一,他明确主张继承"五四"的批判精神,肯定"反孔的迎面痛击对儒家有厘清的积极的作用,尊孔的内部腐化反而为儒家带来歪曲的消极后果。""我们如果不能或不敢面对儒学、儒家和儒教的阴暗面——在中国乃至东亚的历史长河中造成污染的因素进行鞭辟入里的分析,我们就无法为儒家传统创造生机。"②

其二,他更加自觉地以宽阔的"现代化"视域作为儒学第三期发展的意义背景。"如何在接受了'儒门淡泊'这一客观事实的前提下,重新认识、理解、体会,并进一步发掘儒家传统的精神资源为中国的现代化提供有利的条件,才是我提出儒学第三期发展的立言宗旨。"③ 杜维明对"儒学第三期发展"充满信心,这种信心源于他确信儒家传统的创造性基础不可动摇。他认定,在不可抗拒的人类现代化多元发展的趋势下,源远流长的儒家思想可以而且应当有所作为。他提出,"如果儒家传统第三期发展的话,要从中国文化和东亚文明走向世界。这意味着它的资源、它的养分来自中国文化,也来自东方文明。这是它的历史因缘,也是它的社会基

---

① 杜维明:《杜维明文集》第二卷,第616页。
② 同上,第258页。
③ 同上,第255页。

础,但它一定要有勇气走向世界。"①

  为了促进儒学"走向世界",20世纪80年代以后,杜维明不仅频繁往来于大陆与港、台地区之间,而且奔走于亚、欧、美洲,不遗余力地宣传新儒学的主张。虽然总体的实际效果与其期望距离甚远,但有一点却是学界公认的:"现代新儒学在中国内地绝响30年后重新引起人们的注意和兴趣,在很大程度上和杜维明的讲学和宣传活动是分不开的。"② 杜维明其人其言其行在20世纪晚期文化保守主义演进历程中的影响与地位,于此可见一斑。

---

① 杜维明:《杜维明文集》第二卷,第620页。
② 方克立:《现代新儒学与中国现代化》,第143页。

第十一章 "似曾相识燕归来"

1976年秋天,中国终于结束了"文化大革命"的梦魇。两年后,中国共产党十一届三中全会的召开,标志着一个新时代的开始。社会的注意力和兴奋点从虚幻的"阶级斗争"、自我折腾的政治运动转向务实的现代化经济建设。与此同时,思想解放的春风催开了精神世界的百花园。对外开放的窗口,传入异域久违的八面来风。文化领域出现了多年未见的众声喧哗的生动气象。20世纪80年代和90年代,主旨相异的两次"文化热"接踵而至[①]。如果说50年代文化保守主义在中国的命运是"无可奈何花落去",那么时过境迁,人们发现,"似曾相识燕归来"。思想的轮回律下,"保守主义终于迎来了它的温馨岁月"[②]。

一、从批判到反思——20世纪80年代至90年代的"话语转换"

持续十年之久的"文化大革命",实际上是"大革文化命"。从

[①] 参见方克立:《现代新儒学与中国现代化》,天津人民出版社1997年版,第515页。

[②] 陈少明:《低调一些——向文化保守主义进言》,见李世涛主编:《知识分子立场——激进与保守之间的动荡》,时代文艺出版社2000年版,第507页。

这一事实出发,20世纪80年代出现的第一次"文化热",既是对持续十年的文化厄运的报复性补偿,更是经济复苏、现代化启动的必要认识基础和思想背景。关于这一时期思想文化界的态势,有学者论道:

> 文革一结束,邓小平宣布不搞阶级斗争,把工作中心转到经济建设轨道上来,带来一个和平建设的年代。这个时代在思想文化界,促使知识分子开始考虑一些问题,是不是仅仅有四个现代化就可以了?很自然,许多人就提出了政治和思想文化的发展问题,于是保持了一种积极的批判态度,这是1949年以来从来没有过的。……经过文革,经过30年的欢和悲,知识分子相对来说头脑清醒了一些,不会再像以前高呼三面红旗万岁一样,再来高呼四个现代化万岁,而是提出了四个现代化够不够的问题。所以,80年代是一个批判的年代,理性的年代,而不是盲从的年代。结果,实际上把"五四"运动提过的问题又重新提了出来。80年代提出的问题,绝大部分是"五四"运动提出的问题,主要是科学和民主的问题。……但就知识分子来说,尤其是对年轻学者来说,缺乏经验,操之过急,只知进不知退,留下了深刻教训。[①]

四个现代化奋斗目标的明示,是中华民族经历了几十年的徘徊、彷徨之后思想认识的一大飞跃。知识分子在为之欢欣鼓舞的

---

① 庞朴语,见王元化等:《崩离与整合——当代智者对话》,东方出版中心1999年版,第200页。

同时,"认为仅仅提四个现代化可能还不够,是不是还应该有政治的现代化,或思想和文化的现代化,才能保证工业、农业、科学、国防的现代化?"① 整个20世纪80年代中期的"文化热",以传统文化如何走向现代化为主题,围绕两大问题展开讨论:一是几千年的传统文化到底对我们走向现代化有什么妨碍;二是几十年形成的新传统(主要是建国以后的"左"的倾向)如何影响改革开放和现代化建设。② 北京学者发起成立了中国文化书院,以中年学者为中坚,梁漱溟、冯友兰等老一辈欣然参与,杜维明、成中英等海外学者也应邀参加。书院举办中外文化比较研究生班,在全国各地招生12000人,连偏远的西藏自治区也有24名学员。此外,上海学者发起的"新启蒙",四川人民出版社推出的《走向未来丛书》,"文化:中国与世界"编委会系统、全面推介的西方近代学术著作,也产生了很大的社会影响。文化讲习热在全国范围内蓬勃兴起。

"从逻辑上说,政治激进主义的垮台应同时带来文化激进主义的消失,然而事实并不如此。"③ "文革"的结束标志着政治激进主义的失败,但是"文革"后的第一次"文化热",不仅在主题上重提"五四"的民主与科学,而且在趋向上也承续了"五四"的文化激进主义意旨。"新文化运动的代表人物就理直气壮地质问过:难道经书能帮助我们抵御外患吗?80年代的知识分子也轻蔑地质问:难

---

① 汤一介语,见王元化等《崩离与整合——当代智者对话》,东方出版中心1999年版,第197页。
② 见王元化等《崩离与整合——当代智者对话》,第198页。
③ 陈来:《20世纪文化运动中的激进主义》,见李世涛主编《知识分子立场——激进与保守之间的动荡》,时代文艺出版社2000年版,第301页。

道儒学能促进中国的现代化吗?"① 风靡一时的六集电视系列片《河殇》,是这一时段文化激进主义的代表作。它十分急切地告诉人们,黄土和黄河已经孕育不了新的文化。儒家文化造就不出一个民族的进取精神以及一种文化的更新机制,正在走向衰落之中。

"80年代以一个巨大的历史事件而告终结,它令人震惊而发人深省,在相当长的时间,这个历史事件构成大部分中国学人思考的出发点。"② 90年代的知识分子开始反思,"到底什么是现代化?什么叫社会主义?什么叫资本主义?全球化、民主、科学、自由的真正意义是什么?包括对理论问题的反思,对社会未来的反思,也包括对80年代自己行动的反思。反思就要寻找各种学理的根据。所以,90年代埋头读书的比80年代多。有一部分知识分子回到了传统文化、传统思想、传统道德、传统世界观,有的则从世界角度、世界范围来切入这些问题。"③

80年代以后已然形成的活泼开放的思想格局和相对宽松的学术氛围,使得海内外的华人学者得以自由地讨论炎黄子孙共同关心的国家、民族的现代化发展路径问题。90年代日渐深入的文化反思,实际上是以海外学者的相关论述为契机而引发的。

1988年,美籍华人学者、威斯康辛大学林毓生教授的著作《中国意识的危机——"五四"时期激烈的反传统主义》在大陆翻译出版④。林毓生批评"五四"时代陈独秀、胡适、鲁迅"全盘性反传

---

① 陈来:《20世纪文化运动中的激进主义》,见李世涛主编《知识分子立场——激进与保守之间的动荡》,第303页。
② 陈晓明:《反激进与当代知识分子的历史境遇》,见李世涛主编《知识分子立场——激进与保守之间的动荡》,第310页。
③ 庞朴语,见王元化等《崩离与整合——当代智者对话》,第200页。
④ 该书的英文原版1979年由威斯康辛大学出版社出版,贵州人民出版社1988年出中文版。

统",并且将其与"文革"联系起来:"这两次'文化革命'的特点,都是要对传统观念和传统价值采取嫉恶如仇、全盘否定的立场","如果实现这样的革命,就必须激进地拒斥中国过去的传统主流"[①]。也就在这一年9月,香港中文大学25周年纪念讲座上,普林斯顿大学余英时教授发表了题为"中国近代思想史上的激进与保守"的长篇演说。余英时认为,从清朝末年到民国初年,中国政治的现实是没有一个值得维护的现状,所以保守主义很难讲话,只有激进的力量"拼命地发展"。因此,严格地说,中国没有真正的保守主义者,只有要求不同程度变革的人而已,要求变革较少的人往往就变成了保守主义者。他归纳道:一部中国近代思想史就是激进化的过程。最后一定要激化到最高峰。"文化大革命"就是这个变化的一个结果。对于当下的中国知识界的状况,余英时的判断是:以"五四"为起点,经过70年的激进化,中国思想史走完了第一个循环圈,现在又回到了"五四"的起点,全面谴责中国文化传统和全面拥抱西方现代文化似乎是当前的思想主调,这是不难理解的。在今天的中国,一个人是保守还是激进,并不在于他对现状的态度,而是取决于他对中国文化传统的看法。余英时最后表白自己的观点:就文化而论,"保守"和"激进"这两种似相反而实相成的态度,在长程的发展中必须取得平衡。与近代西方各国和日本相比较,中国思想的激进化"显然是走得太远了"。因为,文化不仅是"除旧开新",而且也是"推陈出新"或"温故知新"。创新与保守不容偏废。[②]

[①] 林毓生:《中国意识的危机——"五四"时期激烈的反传统主义》,贵州人民出版社1988年版,第2—3页。
[②] 余英时的演讲见李世涛主编:《知识分子立场——激进与保守之间的动荡》,时代文艺出版社2000年版,第1—29页。

海外学者的这些论述显然引起了大陆学者的密切关注。1992年,姜义华与余英时在《二十一世纪》杂志上就"激进"与"保守"问题展开争鸣。与余英时相反,姜义华认为,近代中国的保守主义不是太弱,而是太强,这才是百年变革不断受阻的真正原因。① 也有学者基本认同林毓生、余英时的观点。"林毓生的学术研究,至少在下述方面是有意义的——他提醒我们从经验主义和保守主义的视角上注意到,向着某个理想中的历史终点的不断躁进,难保不给历史带来灾难性的后果;相反,对于传统活力的保守与开发,却可能是整个社会稳步变革的基础。"② 1994年,曾经倡导"新启蒙"的王元化声明:"对激进主义的批判是我这几年的反思之一。这种认识不只我一人,大陆上还有别人也对激进主义的思潮作了新的评估。过去我并未接触到这方面的问题,也许无形之中对激进主义倒是同情的。仔细分析,这也是由于受到'五四'以来进化论思潮的影响。……如果要探讨进化论对20世纪中国思想界带来的消极影响,就应该着眼于今天仍在支配思想界的新与旧的观念。这种观念认为新的都是好的,进步的,而旧的都是不好的,落后的。所以谈论旧的就被目为回瞻,批评新的就被目为顽固。在进化论思潮下所形成的这种新与旧的价值观,更使激进主义享有不容置疑的好名声。"③"百余年来不断更迭的改革运动,很容易使人认为每次改革失败的原因,都在于不够彻底,因而普遍形成了一种越彻底越好的急躁心态。"④ 另一位著名学者李泽厚也认为,激进主

---

① 详见姜义华:《理性缺位的启蒙》,上海三联书店2000年版,第98—112页。
② 刘东:《北大学统与"五四"传统》,见李世涛主编:《知识分子立场——激进与保守之间的动荡》,第244页。
③ 王元化:《关于近几年的反思答问》,《文汇读书周报》1994年12月3日。
④ 王元化:《杜亚泉与东西文化问题论战》(代序),《杜亚泉文存》,上海教育出版社2003年版,第5页。

义在80年代"被推到了极端","损失很大"。"它让人反省,这个反省不仅是反省80年代,而且是反省整个中国近代史。""现在海外也好,海内也好,都在对政治激进主义进行再认识,这是以前所没有的。"王元化则提出,现在"是改变话语的时候了。"①

王元化、李泽厚同为80年代"文化热"中十分活跃、尤其在青年学子中享有广泛影响的学者。因此,他们的上述申言,就不仅代表着个人的观点,而且"显示着中国内地近几年来思想界的新动向"②。王元化的"反思进化论",李泽厚的"放弃激进的社会/政治批判话语,转而采取文化上的保守主义话语",意味着"五四"之后70年,新中国建立以后40年,文化保守主义在中国内地的"复兴"。

二、90年代以后文化保守主义在中国的"复出"

从冯桂芬开始,文化保守主义在近代中国不绝如缕地延续了130年。一般来看,因时世各异,不同时期内,其申论的重心也有所转移。但是,就其表现形式而言,则基本未变,即都是以思想者个人或派别的系统理论思考或明确主张表达为旗帜。在学理的清晰澄明方面,固然毋庸置疑,但在社会影响方面,除了个别短暂时段,却基本未脱"曲高和寡"的窘境。与此大不相同,20世纪90年代以后"复兴"的文化保守主义,分明是另外一番气象。正如有的

---

① 王元化:《关于文化现状、道德重建的对话》,《东方》1994年第5期。
② 见李世涛主编《知识分子立场——激进与保守之间的动荡》,第34页。

学者所描述:90年代中国保守主义的方方面面,并非彼此完全协调,更非什么严密构成的理论,而毋宁更多是一种心照不宣的情绪,但也正因为如此,它们反而更能形成某种四面呼应、八方笼罩的文化氛围。① "与其说是有明确理论自觉的主义,毋宁说是一些体现在社会生活不同领域内的模糊的思维和价值倾向。这些存在于社会生活不同领域的倾向,尽管具体内容及其相应的自我定位各不相同,却由于契合了近二十年来中国社会变革的根本性的内在趋向,从而相互间具有了相通性。"②

在学术界,"文化热"中体现出的急躁、浮泛学风受到普遍的批评,"回到乾嘉去"的呼声日高。"思想淡出,学问凸显"既是一种客观趋势,更是一种主观追求。多年来冷落寂寞的王国维、陈寅恪,一改"顽固"、"守旧"的形象,声誉日隆,俨然成为20世纪中国当仁不让的"文化教主"。讲求专精的"国学热"取代宽泛浮浅的"文化热",从北京大学起始,推及全国。1993年,大型学术丛刊《国学研究》第一卷由北京大学出版社隆重推出。同年,为纪念《学衡》派重要成员汤用彤诞辰100周年,数十位著名学者的论文结集,以《国故新知:中国传统文化的再诠释》为题面世。季羡林在其《序》中表彰章太炎、梁启超、王国维、陈寅恪、陈垣、胡适、汤用彤诸"国学大师","发扬光大了中国的学术传统,使中国的学术研究面目为之一新,达到空前的水平。"③ 这一年的8月16日,《人民日报》以罕见

---

① 甘阳:《反民主的自由主义还是民主的自由主义》,香港《二十一世纪》1997年2月号。

② 韩德民:《如何认识九十年代中国的文化保守主义思潮》,《原道》第5辑,贵州人民出版社1999年版,第443—444页。

③ 汤一介编:《国故新知:中国传统文化的再诠释》,北京大学出版社1993年版,第1页。

的规格,用整版篇幅刊载报道《燕园涌起"国学热"》。从"五四"开始,北京大学就是中国思想文化的策源地。这次当然也不例外。燕园涌起的"国学热",迅速而持久地蔓延开来。两年以后,《人民日报》再次发表长篇报道《久违了,国学》。

在文学界,重评"白话文运动"成为一时间的热门话题。1993年夏天,《文学评论》发表郑敏的重头文章《世纪末的回顾:汉语语言变革与中国新诗创作》。文章"敬重"胡适、陈独秀等人奋力为白话文运动打开局面的勇气和热情,但是从"思维方式和对语言性质的认识"方面,尖锐地批评了"他们那种宁左勿右的心态,及其对新文学,特别是新诗的创作的负面影响"。郑敏认为,"胡、陈这种从零度开始用汉字白话文写诗的论调,为白话文的发展带来很大的障碍。使它虽是一次成功的政治运动,在文化上却因拒绝古典文学传统,使白话与古典文学相对抗,而自我饥饿,自我贫乏。"文章的看法受到质疑和反驳。在答辩中,作者进一步批评了胡、陈将文化革新与传统继承、白话文与文言文、口语与书面语、明清口语文学与古典文言文学、新文化与旧文化截然对立的"二元对抗思维","他们唾弃自己几千年汉语文化的精华的结果,使得在文化心理上我们产生了一种失衡感。这就是"五四"遗留下的轻视汉语文化的最大的坏影响。"[①] 在创作领域,曾经独领风骚、具有鲜明批判意旨的"伤痕文学"和"知青文学"相继退出舞台前沿。追求"时代意义"的"宏大叙事"不再为作家们所青睐。《白鹿原》和《废都》成为一段时间内最畅销的作品。《白鹿原》"创造了一个现代的儒教圣人朱先生,以及他的俗家弟子白嘉轩,拜倒在传统文化脚下,期冀

[①] 郑敏的文章及答辩刊载于《文学评论》1993 年第 3 期、1994 年第 2 期。

着在理想化了的儒家学说中栖息疲惫而脆弱的心灵"。《废都》的主人翁"在历史转折、文化失范之际,放浪形骸,纵情女色,逃避现实,精神自戕,却也仍然是对中国传统文化的支脉,即从魏晋的放诞名士到明清的无行文人的有意识的效仿"。① 与此相继,反映平民"草根生活"的"新写实"小说大行其道。方方眼中"河南棚子"的"风景",池莉笔下芸芸众生的"烦恼人生",构成了最抢眼的文学景观;另一方面,苏童、余华、叶兆言等人则很像年轻的"怀旧者",他们重新编码历史,"在重新书写的陈年旧事、稗史传说中,在他们有如身临其境的叙述里,历史变成了一个个温馨或有趣的故事。"②

在理论界,重视传统文化的现代意义成为现实的明智选择。《中国青年报》理论部整理撰写的文章《苏联政变后中国的现实应对与战略选择》提出,"我们必须现实地承认过去的意识形态至少在相当一部分群众中号召力已经很低,强化老式的意识形态教育往往引发的是逆反心理;同时,中国国情的特殊性和爱国主义又仅具有一般意义上的说服力;而中华民族博大精深的传统文化,在今天这个时代,恰恰能够为普通群众提供伦理层面和精神层面的终极价值皈依。"③ 正因为如此,在"国学热"的忙碌身影中,人们看到的不仅是为学术而学术的"单纯"学者,还有许多"体察了官方的态度而后行动的文人"④。与此相关联,政治理论方面的"新权威主义"面世。1990年底,有人主张保留"传统革命意识形态的某些

---

① 沉风等:《跨世纪之交:文学的困惑与选择》,《文学评论》1994年第6期。
② 孟繁华:《文化崩溃时代的逃亡和皈依》,《中国文化研究》1994年夏之卷。
③ 转引自李世涛主编《知识分子立场——激进与保守之间的动荡》,第417页。该文于1991年9月完成。
④ 见李世涛主编《知识分子立场——激进与保守之间的动荡》,第417页。

具有镇制功能的价值符号",并提出"从变革过程所必须的历史连续性上,从现代化的积极的中介和杠杆功能上,重新肯定传统价值系统、意识形态和权威形态的意义和积极作用,并在这一基础上渐进地推进中国的现代化"。① 甚至经济学家们也从自己专业的角度论证着中国传统文化的现代功能。"中国的现代化运动,不管参与其间的人是否意识到了,历史本来就赋予了它一个伟大的道德目标:为万世开太平。这一目标要由中华文明的复兴来完成。""它曾经是、并且将会重新兴起,成为未来全球文化的主导力量"②。

在全社会弥漫的保守主义的氛围中,思想者的声音显然更引人倾听。

20世纪90年代初开始,王元化经历了痛苦而深刻的反思心路。他自认,这种反思是"出于一种忧患意识,以一个知识分子的责任感,对过去的信念加以反省,以寻求有利于国家前途和社会发展的理论探讨。这种反省之所以发生是鉴于自己曾经那么真诚相信的信念,在历史的实践中已露出明显的破绽。""我们不应该再用乌托邦式的天国幻想把我们所心爱的观念、理想、制度笼罩在美丽的迷雾中,以为好的全都是好的,没有任何缺点,没有丝毫需要我们警惕加以防止或克服的缺陷。"③

王元化认清:"思想不应像巴黎的时装表演,每个季度都要更新换旧。如果都自称是新的,也许就是很旧的,即使是新的也不一

---

① 《走向成熟——对中国当代政治改革的反省与展望》,《北京青年报》1993年5月13日。
② 盛洪语,相关文章刊载于《战略与管理》1995年第5期,《东方》1996年第1期,《北京青年报》1997年4月7日。
③ 王元化:《关于近年的反思答问》,《文艺理论研究》1995年第1期。

定就是好的。"① 他指出,"五四"时期对于中国传统伦理道德的批判,就是在"新的就是好的"这种庸俗进化观的价值取向下,把批判简单化了。冷静地分析,"传统家庭伦理中当然有压抑性的关系,但是我们不能不看到,中国家庭伦理的主要精神是主张和谐,互为对方着想。而这种建立在和谐意识上的人伦关系,这种旧道德中的合理因素,其实应该是可以作为可贵的资源,并将其向现代化方向转化的。"因此,我们在认识到传统伦理道德在旧社会所表现出的呆板僵滞和它带给人们的沉重压抑的同时,也应看到,"己所不欲,勿施于人"、"天行健,君子以自强不息"、"先天下之忧而忧,后天下之乐而乐"等等古训都体现了珍贵的人文主义内涵。"这些传统伦理道德中的基本精神或根本理念,使得中国人在面临危难时能更多地考虑群体而非个人的利益,使得中国的知识分子有更强烈的忧患意识,使得社会里毕竟多少有了一些公理的空间、公共的诉求,有了表达社会舆论的某种可能性。最后,也使得中国社会主流价值比较注重精神价值,追求着将人提高、向上的生活。"② 由此反思,"对'五四'的再认识,首先就要打破既定观念。""'五四'思潮遗留下来的不都是好的,有的是谬误,有的是真理中夹杂着谬误,还有的是走了样、变了形的真理在起影响,我们应该把它清理出来。"王元化不同意简单类比"五四"与"文革",认为两者的运动性质截然不同,不容混淆,但是在思维模式或思维方式方面,两者是可以比较甚至是有相同之处的。具体地说,"五四"的意图伦理、激进情绪、功利主义、庸俗进化论,在"文革"期间都有鲜明的表现。

---

① 王元化等:《崩离与整合——当代智者对话》,第154页。
② 王元化:《传统道德及其现代价值》,《上海党史与党建》2003年第6期。

王元化特别提出防止"意识形态化的启蒙心态问题"。他强调,我们今天仍须继承"五四"的启蒙任务,但必须克服"五四"以来的启蒙心态。"我所说的启蒙心态是指对于人的力量和理性能力的过分信赖。人的觉醒,人的尊严,人的力量,使人类走出了黑暗的中世纪。但是一旦人把自己的力量和理性的能力视为万能,以为可以无坚不摧,不会受到任何限制,而将它绝对化起来,那就会产生意识形态化的启蒙心态。"①

由反思"五四"入手,王元化进一步清理了中西文化的关系问题。他将"五四"时期东西方文化问题论战中的各家观点归纳为四类:

杜亚泉——东西文化各有不同特点,持调和论;

陈独秀——中西文化绝无相同之处,西学为人类工业公有之文明,反对调和论;

胡适——虽不排拒传统,但以西学为主体,强调两种文化之共性,不主调和论;

吴宓——与胡适相反,以中学为主体,但亦强调两种文化之共性,亦不主调和论。②

王元化肯定"五四"大规模吸收外来文化,功不可没,但是,"那时以西学为坐标(不是为参照系)来衡量中国文化,是和国外那时盛行的西方文化中心论有着密切关系的。"③ 他认为,正确的

---

① 王元化:《对于"五四"的再认识答客问》,见李世涛主编《知识分子立场——激进与保守之间的动荡》,时代文艺出版社2000年版,第271—286页。
② 王元化:《杜亚泉与东西文化问题论战》(代序),《杜亚泉文存》,第14—15页。
③ 王元化:《对于"五四"的再认识答客问》,见李世涛主编《知识分子立场——激进与保守之间的动荡》,第273页。

做法应是反其道而行之:"研究中国文化不能以西学为坐标,但必须以西学为参照系。中国文化不是一个封闭的系统。不同的文化是应该互相开放,互相影响,互相吸收的。"从根本上讲,"外来思想如果不和中国传统文化资源结合起来,就很难在中国文化土壤里扎根。"相对于从"戊戌"到"五四"持续不断地以"体"、"用"模式诠释中西文化关系的努力,王元化更倾向于认同另一种文化姿态及其实践方式,这"另一路子则是王国维、陈寅恪、汤用彤等所走的中国文化本位的路子。他们曾留学西洋,具有相当深厚的西学素养,都是中西兼贯的学者。……(王国维)对中西文化的见解,甚至直到今天仍可作为我们的借鉴。陈寅恪则由于曾自称其学'囿于咸丰同治之世,近乎湘乡南皮之间',颇费人猜疑,加以他又始终用文言写作,而被胡适视为遗少气。但他的思想并不保守。""我觉得,我们不可不注意陈寅恪如何使西学融于中国文化,也不可不注意王国维从《红楼梦评论》到《人间词话》到《宋元戏曲考》在融化西学观点和方法方面的演化之迹。"论述至此,王元化极有针对性地点明:"过去我们太侧重于当时人的理论探讨,而忽略了他们在实践中所展示的意蕴。研究中国文化,不可避免地需要以西学作为比较的参照系,但又不可以西学为主体,用中国文化去比附。"他以此认识来反省自己的学术研究实践,"六十年代初,我撰《文心雕龙创作论》时,虽对比附存有戒心,但上述以西学为主体的影响仍然存在。这使我偏重于揭示《文心雕龙》中与西方美学相同或相似的原则,而放松了对其中不同于西方美学的独立特色方面的探讨。"王元化的结论是:"中西文化的比较研究,是为了更深刻地认识中国文化的本来面目。自然,在重建中国文化的问题上,如何使外来的融化于本土的之中,那将是一个更复杂的问题。"①

如果说20世纪90年代的王元化是因其思想的明显转折而"被认为"转向文化保守主义,那么同期的李泽厚则坦诚地自认为"新儒家"。1994年,在一次谈话中,有人发问:"如果把您称为新儒家,您愿意吗?"李泽厚回答:"愿意。但不是现在港台那种新儒家。"②

作为20世纪末年的"新儒家",李泽厚觉悟到,"有经有权,才真正学到儒学。儒学不是一种理论的条条而已。在政治、经济、生活上都有用处,既讲原则性,也有灵活性,不是情感上的盲目服从,也不是非理性的盲目信仰。"他推崇孔子的"岁寒然后知松柏之后凋"体现了中华文化的基本精神,培养了一种人格、操守、感情、人生理想、生活态度。"儒学虽然不纯粹是宗教,但它却包含着宗教的热情;儒学虽然不纯粹是哲学,但它却包含了哲学的理性。从哲学的角度来看,儒家是最讲实际、最重情感的;从宗教的角度来看,儒学是最宽宏、最讲理性的。这就是儒学的特点。"③

李泽厚尖锐批评港台新儒家著名的"儒学三期说",指出其表层论说有两大偏误,一是以心性——道德理论来概括儒学,二是抹杀荀学和以董仲舒为代表的汉代儒学;深层理论有两大困难,一是所谓"内圣开外王",非常晦涩曲折,牵强难解,二是所谓"内在超越说",既超验又经验,既神圣又世俗,自相矛盾;实践方面有两大缺

---

① 王元化:《与友人书:自述》,转引自吴俊《百年思想的一种证明》,《当代作家评论》1999年第4期。
② 李泽厚:《李泽厚答问》,《原道》第1辑,中国社会科学出版社1994年10月出版,第3页。
③ 李泽厚:《世纪新梦》,安徽文艺出版社1998年版,第135—137页。

弊,一是纯学院式的高头讲章,与大众社会几乎毫无关系,二是倡导者本人的道德—宗教修养,不足为训。由于以上六大问题,李泽厚断言,"儒学三期说""尽管在近期被少数学者哄抬一时,却无论在理论上或实践上恐怕都不会有很好的发展前景。""如不改弦更张,只在原地踏步,看来已到穷途。"①

针对"儒学三期说"的缺弊,李泽厚"另辟蹊径,另起炉灶",提出"儒学四期说":

> 我所谓"四期",是认为孔、孟、荀为第一期,汉儒为第二期,宋明理学为第三期,现在或未来如要发展,则应为虽继承前三期、却又颇有不同特色的第四期。②

"儒学四期说"旨在回答当代现实问题的挑战。李泽厚认为,现代化使个人主义(个人的权利、利益、特性,个人的独立、自由、平等)与传统儒学(人的存在及本质在五伦关系之中)成了两套非常矛盾的话语。儒学与现代性究竟可能是何种关系,如何吸取西方科技、文化、经济、政治方面的各种观念和体制,仍然是现实的严峻问题。李泽厚指出,港台"儒学三期说"以为儒学传统已经衰亡,只有凭借和张扬孔孟、程朱、陆王的"道统"才能救活;而自己的"儒学四期说"则以为,"正因为传统还活着,还活在尚未完全进入现代化的中国亿万老百姓的心里,发掘、认识这种经千年积淀的深层文化心理,将其明确化、意识化,并提升到理论高度以重释资源,弥补欠

---

① 李泽厚:《己卯五说》,中国电影出版社1999年版,第13页。
② 同上。

缺",才是吸取、同化现代化的欧风美雨,并进行"转化性创造"的基础,才能从内外两方面创出中国自己的现代化。①

关于继承和发展儒学传统的具体路径,李泽厚认为"至少需要从马克思主义、自由主义和存在主义以及后现代这些方面吸收营养和资源,理解而同化之"。②马克思主义的吃饭哲学论、个体发展论和心理建设论;现代自由主义各派的经济理论和古典自由主义中重视协调自由与民主(平等)的托克维尔学说;存在主义及后现代关于个体存在问题、个人心理安顿问题的思考,都值得真正的"新儒家"消化吸取。李泽厚强调,就思想主题的演化而论,第一期儒学是"礼乐论",第二期儒学是"天人论",第三期儒学是"心性论",而第四期儒学则将是"人类学历史本体论"。总之,"第四期与前三期的关系,在于儒学基本精神和特征的延续,而不在概念话语的沿袭和阐释。""儒学四期说"将以工具本体(科技—社会发展的"外王")和心理本体(文化心理结构的"内圣")为根本基础,重视个体生存的独特性,阐释自由直观、自由意志和自由享受,重新建构"内圣外王之道",以充满情感的"天地国亲师"的宗教性道德,引导(而不规定)自由主义理性原则的社会性道德,来承续中国"实用理性"、"乐感文化"、"一个世界"、"度的艺术"的悠长传统。李泽厚以典型的儒者情怀感叹道:

儒门淡泊,已近百年;贞下起元,愿为好望。③

---

① 李泽厚:《己卯五说》,第19页。
② 同上。
③ 同上,第19—31页。

第十一章 "似曾相识燕归来"

作为次生外发性现代化国家,中国的现代化不仅要妥善处理古今文化关系,更须恰当处理中西文化关系。这一点历来是文化保守主义关注的一大理论重心。在此问题上,李泽厚的"西体中用"论,独出心裁,别开生面。

显而易见,"西体中用"论是针对影响深远的"中体西用"论而发。李泽厚辨析,"中学为体,西学为用"中的"学",意指学问、知识、文化、意识形态,不能够作为"体"。"体"应该指"社会存在的本体",即人民大众的衣食住行、日常生活。因为这才是任何社会生存、延续、发展的根本所在。"所以,以现代化为'体'也好,名之曰'西体'也好,首要便是指这个社会存在的基础、本体亦即人民大众的日常生活、衣食住行在现代工业生产基础上的变化。"[①] 回顾经典儒学和经典马克思主义,孔子很少谈心性和形而上学,却十分重视发展经济,讲"富之""教之","足食""足兵";马克思唯物史观也强调人类所特有的科技工艺生产力是历史前进的基础。因此,李泽厚认为,对"体"的这种新解,"恰恰是回到经典儒学和经典的马克思"[②]。

李泽厚明白,"体""用"本不可分。"把它们故意分开是为了在语言上突出现代化与本土传统的矛盾"。中国传统政治、文化据以为生存基地的"体"虽然已日趋崩溃,但是它在上层体系、价值观念方面仍然顽强存在,成为阻碍现代化的巨大习惯势力。因此,"西体中用"的关键在"用"。"如何使中国能真正比较顺利地健康地进入现代社会,如何使广大人民生活上的现代化能健康地前进发展,

---

[①] 李泽厚:《世纪新梦》,第175页。
[②] 同上,第177页。

如何使以个人契约为法律基础的近现代社会生活在中国生根发展,并走出一条自己的道路,仍然是一大难题。"为解此难题,李泽厚提出"转化性创造"的思路。这是对林毓生教授"创造性转化"表述的颠倒。之所以这样改动,是由于"创造性转化"容易被误解为中国要"创造性地""转化"到西方某种既定的形式、模态中去;而"转化性创造"则明确要求根据中国的历史特点和现实状况,创造出适合自身发展的现代化的新形式、新模态。①

从"戊戌维新"开始,"中体西用"论在中国流行了100年。其间各家各人的理解和阐释不尽一致,但其将中西文化打成两橛并扬"中"而抑"西"的基本态度,一以贯之。"西体中用"论在语句形式上故意与之唱对台戏,但是其间"体""用"的概念,完全是另外的意蕴。"西体中用"不是中西文化孰本孰末、孰高孰低的概念拼接,而是企望将现代化的"西""体""用"在中国这块土地上。"由于中国传统势力的强大和顽固,在经济上政治上便都需要逐步地才能坚实地前进。需要善于利用旧形式,善于'摸着石头过河',从旧躯壳中创造出新形式,既不能固守传统、原地踏步('中体西用'),也不要亦步亦趋、照抄西方('全盘西化')。"这就是"西体中用"的意义所指。②

作为20世纪90年代文化保守主义的代表人物,李泽厚遭物议的一大焦点,是他的"告别革命"论。反思近代中国(而非仅仅关于"五四")激进主义的进程,李泽厚认为,从谭嗣同开始,近代激进主义愈演愈烈。从改造中国的实际后果看,辛亥革命是搞糟

---

① 李泽厚:《世纪新梦》,第177—178页。
② 同上,第184页。

了,引起军阀混战,不如通过立宪派的改良,逼腐朽的清政府走上现代化和救亡的道路。① 从孙中山到毛泽东的"不断革命",结局多事与愿违。因此,不管看历史还是当下,"革命"在中国并不一定是好事情。就目前的现代化建设而言,社会稳定至关重要。为了十二亿人要吃饭,为了经济发展,不论是何种名义,都不能再"革"了。② 李泽厚特别声明,"不要革命,并非不尊重过去革命所高扬、所提供、所表现的英雄气概、牺牲精神、道德品质、崇高人格。它们仍然是对人类的一大贡献。……你可以去责难那些设计者、领导人、空想家,但那奋斗、那流血、那牺牲本身(也包括那些领导人本身的艰苦奋斗、流血牺牲),不仍然给后代人们树立了值得学习、仰慕和尊敬的光辉的道德榜样、人格力量和崇高形象么?"要改良,不要革命,是在感受和认识到"伦理主义和历史主义的二律背反"之后而提出来的更为合理的历史前进之道。"光辉而不必那么残酷,不能作宿命论者,历史总是人所创造的。为什么我们不能主动地将历史创造得更好一些呢?"③

作为基本的历史事实,20 世纪 90 年代文化保守主义的兴起几成学界的共识。关于这一文化世相出现的必然性,有论者以为,"反激进主义,恪守学术化立场,推崇保守派价值,回归中国传统文化资源,反省现代性……这是一个顺理成章的逻辑推论,也是合乎历史变化的实践移位。它终至于成为一个完整而封闭的叙事,这

---

① 李泽厚等:《关于文化现状、道德重建的对话》,《东方》1994 年第 5 期。
② 李泽厚、刘再复:《告别革命——回望二十世纪中国》,香港天地图书有限公司 1997 年版,第 322 页。
③ 原载《中国时报周刊》(美洲版)1992 年 5 月号,转引自《世纪新梦》,安徽文艺出版社 1998 年版,第 196—197 页。

个叙事把年青一代学人由一个历史的失意者,转述成一个文化的觉醒者。它不仅在实践的意义上断然拒绝了 80 年代,而且在文化品格的水准上重铸了 90 年代的新形象。"① 关于它的思想史意义,有人认为,"多元的文化保守主义在文化热后期纷纷出现,不仅与激进主义形成合理的紧张,而且在文化研究与文化建设方面显示出明显优势与发展前景"②;有人认为,文化保守主义"与现实领域内的对中国特色的社会主义道路的探索精神相一致,用一种求实的眼光,重新对我们既往的历史,特别是 20 世纪的历史进行考察"。"正是基于这样的现实发展需要,90 年代文化保守主义思潮的重要一翼,乃是对支配中国 20 世纪社会进程的主导性观念的批评性反思。"③ 也有人在肯定文化保守主义批评"全盘西化"论和民族虚无主义、重视人文关怀等方面的积极意义的同时,提出应注意其中表现出的意识形态方面的不正确企图及其对社会主义精神文明建设的冲击和消解作用。④

见仁见智、百家争鸣本身就是思想文化领域健康发育的基本要求和本质体现。在长期居于强势地位的激进主义和正统意识形态的夹击下,消沉几十年后"复出"的文化保守主义没有被迎头遏止,这本身就是社会进步、思想解放、文明昌盛的证明。人们应当为之庆幸乃至欣慰。

---

① 陈晓明:《反激进与当代知识分子的历史境遇》,见李世涛主编《知识分子立场——激进与保守之间的动荡》,第 316—317 页。
② 李世涛主编:《知识分子立场——激进与保守之间的动荡》,第 307 页。
③ 韩德民:《如何认识九十年代中国的文化保守主义思潮》,《原道》第 5 辑,贵州人民出版社 1999 年版,第 455 页。
④ 方克立:《现代新儒学与中国现代化》,第 538—540 页。

时光已进入21世纪。"国学热"显然已风光不再,20世纪90年代几成气候的文化保守主义也似乎风流云散。但是,在社会生活平稳的行进中,人们或能察觉或能体会到,它的实质性诉求和表达依然在影响着思想的律动和时代的节拍。2003年9月21日,学者刘梦溪在国家图书馆举办的"历史文化讲座"上,援引联合国科教文组织驻中国代表让—吕克·多梅纳克的"现在是什么使得中国与自身脱离"的发问,说明中国不应该"与自身脱离"的道理:"传统不是一个凝固的概念,在连接和传衍中它会发生变异,会不断被赋予新的内容。例如儒家思想,在先秦、在两汉、在宋明、在清代,都有所不同,都有新的成分添入。事实上,只有后来者不断为既存的传统增添新的内容和新的典范,传统才更充实、更有价值,才有可能不着痕迹地融入现在,成为活着的传统。"他赞同台湾著名女作家龙应台"极好"的如下表达:"传统的气质氛围,并不是一种肤浅的怀旧情怀。当人的成就像氢气球一样向不可知的无限的高空飞展,传统就是绑着氢气球的那根粗绳,紧连着土地。它使你仍旧朴实地面对生老病死,它使你仍旧与春花秋月冬雪共同呼吸,使你的脚仍旧踩得到泥土,你的手摸得到树干,你的眼睛可以为一首古诗流泪,你的心灵可以和两千年前的作者对话。"总之,"传统不是怀旧的情绪,传统是生存的必要。"刘梦溪说:"如果我们走到、做到龙应台所期待的那种境界,传统就活在我们中间了,我们每个人既是现代的又是传统的,它的优秀者必成为涵蕴传统味道的现代人。"[1] 2004年9月,学者庞朴在回答记者访谈时感叹:"文化是一个民族的魂啊!""在文化上绝对不能搞全球主义,一个民族如果没

---

[1] 刘梦溪:《中国不应该"与自身脱离"》,《书摘》2004年第9期。

有自己的文化,你这个民族就蒸发掉了。"他表示,"我反对政治上的保守主义,但支持文化上的保守主义。"访谈结束前,记者问道:"您认为自己是儒家、自由主义者还是马克思主义者?"庞朴回答:"都够不上。我是中国文化的保守主义者。"[1]

1994年,坚持面向现实和未来的文化保守主义立场的《原道》辑刊创立。10年来,它先后换了6家出版社而终未夭折。这似乎象征着文化保守主义在并非顺境之中的坚韧。也正是因为有了这种坚韧,当有人针对《原道》辑刊,以为中国文化保守主义走不了多远,坚持不了多久,势必"没落"时,更多的声音却坚信:

"中西、古今以及传统与现代二元对立的格套,已经到了应当打破而且也必须打破的时候了。"

"没有创新的传统,是没办法保守也没必要保守的。"

"在寻找的过程中,道的意义就会渐渐呈现出来"。[2]

---

[1] 庞朴:《我是中国文化的保守主义者》,《博览群书》2004年第9期。该期《博览群书》披露,2004年,蒋庆在贵州"阳明精舍"邀请康晓光、盛洪、梁治平、张祥龙、陈明等学者,举行"儒学会讲",被人称为"文化保守主义峰会",引起社会关注。

[2] 见丁为祥等:《关于中国文化保守主义的笔谈》,《中华读书报》2004年3月24日。

余 论

从人类文明进步和中国社会发展的共同趋势看,鸦片战争后中国历史的主题,是要回答:在世界资本主义的浪潮中,中国该不该实现现代化、实现怎样的现代化以及如何实现现代化。一百多年来,不同程度上影响作用于中国社会思想、文化、意识形态的种种思潮,从根本上讲,都是围绕着这一时代主题,各自展开。文化保守主义作为其中一个重要的思想流派,在百多年来的众声喧哗中,占有十分突出的地位。正如有的学者所指出,保守主义的兴起,不是根基肤浅的、时髦一时的思想游戏,而是有着深厚的哲学思想根基和重大的社会现实关怀。

一、宗旨论:积极回应中国现代化的时代主题

关于近代中国文化保守主义的萌生,学术界有不同意见。笔者不同意其发端于19世纪末、20世纪初的观点。这种观点忽视了19世纪中叶开始,中国传统文化与西方资本主义现代化碰撞、交融半个世纪之久而在思想领域激起的巨大波澜,抹杀了早期改良派思想家和"洋务"实行家在保守主义发生史上的先驱地位,因而不能科学说明文化保守主义在近代中国的逻辑与历史相统一的

演化进程。① 历史事实是,19世纪60年代冯桂芬的《校邠庐抗议》就已经定下日后文化保守主义的基调;而19世纪90年代张之洞的"洋务"实绩及其对"中学为体,西学为用"这一"时代流行语"的发挥,更是中国文化保守主义理论与实践相结合的一次精彩演出。冯、张二氏的论说,表明中国文化保守主义从其"初级阶段"起,就以回应现代化的时代主题为其宗旨。承接其绪的"国粹"派、《学衡》派、现代新儒家乃至当下以"儒学三期"或"儒学四期"代表自命的海内外学人,也无不是在这一"中心思想"之下,完成各自的"作业"。

冯桂芬的年代,西方现代化的实际威力已经给长期封闭的中国人以当头棒喝。冯氏是属于被打疼之后能够认真琢磨挨打原因的少数清醒的中国人之一。他勇敢抛弃了中国士大夫一向对外妄自尊大的"面子",不仅坦率承认在"人无弃才"、"地无遗利"、"君民不隔"、"名实必符"等方面都不如西方;而且认识到:"天赋人以不如,可耻也,可耻而无可为也;人自不如,尤可耻也,然可耻而有可为也。如耻之,莫如自强。"② 如何自强?冯氏提出的方略是:"以中国之伦常名教为原本,辅以诸国富强之术"。贬低冯氏在近代思想史上地位的人,总是抓住这句话的前半句不放;其实这里真正有价值的是后半句——"辅以诸国富强之术"。"判断历史的功绩,不是根据历史活动家没有提供现代所要求的东西,而是根据他们比他们的前辈提供了新的东西"③,明确肯定"诸国富强之术"之于古

---

① 见拙文《近代中国文化保守主义述论》,载《近代史研究》1996年第5期。
② 冯桂芬:《校邠庐抗议·制洋器议》。
③ 〔苏〕列宁:《评经济浪漫主义》,《列宁全集》第2卷,人民出版社1984年版,第154页。

老中国的意义,这就是冯氏破天荒的思想贡献——中国的现代化,就是以"富强"为目标、以"诸国之术"为参照、为借鉴的。

与冯氏相比,张之洞对于世界现代化大势以及中国所面临的时代课题的认识更进了一层——虽然他的话语系统里没有"现代化"这一概念。他说:"今日世变,岂特春秋所未有,抑秦汉以至元明所未有也。"看世界大势,"欧洲各国开辟也晚,郁积勃发,斗力竞巧,各自摩历,求免灭亡,积惧成奋,积奋成强。"反观中国,"五十年来,屡鉴不悛,守其傲惰,安其偷苟,情见势绌,而外侮亟矣。"① 他甚至冒犯"国朝先圣"的"英明",分析道:"西国强盛开通,适当我圣祖高宗之朝",假使"其时朝廷恢豁大度,不欺远人,远识雄略,不囿迂论,而人才众多,物力殷阜,吾知必已遣使通问,远游就学,不惟采其法,师其长,且可引为外惧,藉以儆我中国之泄沓,戢我中国之盈侈,则庶政百能,未必不驾而上之。"② 张氏关于康熙年间若能遣使开国,师法远西,今必大盛的假设,当然没有多少实际意义,但是他接纳新知的愿望、直追异域先进乃至"驾而上之"的理想,却无疑是现代化先行者的真情体现。

冯、张二氏之后,近代中国文化保守主义经历了内涵日益深化、形式日益精致的演进历程。但是就宗旨而论,无论"国粹"派、"新儒家"还是20世纪90年代以后出现的新"保守主义"者,无不力图在古今中西文化的相激相荡中,为中华民族、国家的现代化,寻求一条变与不变相统一、避免西方社会已经出现的种种弊端、步履稳妥的进路。章太炎的《俱分进化论》,从讨论人类历史"善恶兼

---

① 张之洞:《劝学篇·内篇·知类第四》。
② 张之洞:《劝学篇·外篇·益智第一》。

进"的经验入手,提醒人们正视与现代化相伴生的道德退化和社会分裂;冯友兰自认一生所求在"阐旧邦以辅新命","中国就是旧邦而有新命,新命就是现代化。我的努力是保持旧邦的同一性和个性,又同时促进实现新命"[①]。李泽厚在经历了20世纪80年代至90年代的重大思想转折之后,明确宣言以"儒学四期"代表自居,称:"我强调的则是通过'转化性创造'即逐步改良的方式,使中国成为现代化的发达国家。"[②]

二、价值论之一:古今中外文化关系的学理探讨,有利于科学的现代化观念的养成

近代中国的文化保守主义者,多是对传统文化有精深研究的大家。从章太炎、刘师培、熊十力、冯友兰一直到牟宗三、唐君毅、李泽厚、杜维明,他们在学术史上的声名,足以证明这一点。应当说,在清理和阐扬中华民族珍贵的历史精神遗产方面,激进主义和自由主义的思想家、学问家们(除个别人外)一般均难以望其项背。尤其难能可贵的是,这些人具有一个共同的特点,就是学通中西,自觉运用人类文明的新成果、新方法、新思路,来整理、研究、开掘中华传统文化博大精深的道德价值和伦理精义,并取得卓越的成绩。简言之,他们都从继承历史的精神遗产与开辟未来的思想资源相结合的意义上,作出了独特的学术贡献。

一般地说,人类的现代化要处理的是古今文化关系问题。特

---

① 冯友兰:《冯友兰集》,第40页。
② 李泽厚:《世纪新梦》,第516页。

殊地说,中国的现代化则不仅要从古今关系的维度,而且还要从中西关系的维度来辨析文化问题。众所周知,世界范围内的现代化潮流从欧洲兴起。中国人直接感受到现代化的威力、压力直至产生自觉动力,是源于西方列强的野蛮入侵。在向以天朝上国自居、素有"非我族类,其心必异"成见的中华民族的思维定式之下,中国人承认现代化的合理性、必要性、紧迫性及可操作性,树立科学的现代化观念,必须要破除双重壁垒:一是中西文化之壁垒,二是古今文化之壁垒。这就是中国现代化在观念层面的特殊困难所在。也正是在解决这一特殊困难的进程中,文化保守主义体现了自己的理论价值。

1.在古今文化关系方面,强调文化的延续性和传统的生命力,理性辨析传统文化与现代文化的关系。

任何国家、民族的现代化,离不开对传统文化在解析批判基础上的阐扬。文化保守主义认为,第一,文化本身不可割裂。"在思想和文化的范围里,现代不可与古代脱节。任何一个现代的新思想,如果与过去的文化完全没有关系,便有如无源之水,无本之木,绝不能源远流长、根深蒂固。文化或历史虽然不免经外族的入侵和内部的分崩瓦解,但也总必有或应有其连续性。"[①] 第二,传统具有永恒的生命,无论何时,传统都是生生不息的。"所谓传统,是在不断地形成中进行","新事物因加入到传统中而得发挥其功效,传统吸收新事物而得维持其生存。""我们所说的传统,是在现代化中的传统。现代化与传统,应当是彼此互相定位的关系,而不是互相抗拒的关系。"[②] "传统不是身外之物,而是我们的内在的文化

[①] 贺麟:《文化与人生》,第4页。
[②] 徐复观:《中国人文精神之阐扬》,中国广播电视出版社1996年版,第16—17页,第47—48页。

心理结构,所以,尽管在外来文化的巨大冲击下,传统文化经受了几千年来最严重的打击,但它无所谓被抛弃的问题,这正像我们身内的肝胆一样,难以抛弃,只能对肝胆中的健康或疾病进行分析。"① 不争的事实是,"传统还活着,还活在尚未完全进入现代化的中国亿万老百姓的心里。"②

以上言论的积极意义在于说明了一个历史和逻辑的真实:现代化不仅是除旧开新,而且是推陈出新,温故知新。对传统的认同与回归,是现代化运动不可或缺的基础。只有传统才是社会创造和再创造的文化密码,"一个社会是一个有数不胜数的行为、观点和思想组成的自我复制的过程,……复制的机制赋予社会以持续性;这一持续性是社会之所以被定义为社会的条件。"③ 也正是因为如此,"真有文化自觉的人,他的精神状态应当是'古今同在'的;并且由古今同在的程度,来决定他的精神的深度和广度。所以复兴中国文化,在精神上,必然是复古的,同时也必然是开新的;复古与开新,从精神上说乃是同时存在。"④

2.在中西文化关系方面,一方面肯定民族文化的本位性、独特性、多元性、不可通约性,另一方面肯定民族文化之间的可交融性。

中国的现代化问题起于19世纪中叶中西方文化的直接冲撞,所以熊十力说:"今日文化上最大问题,即在中西之辨。"⑤ 徐复观

---

① 李泽厚:《世纪新梦》,第396页。
② 李泽厚:《己卯五说》,第19页。
③ 〔美〕爱德华·希尔斯著,傅铿、吕乐译:《论传统》,上海人民出版社1991年版,第225页。
④ 徐复观:《中国文化复兴的若干观念问题》,《徐复观文录》(二),台湾环宇出版社1971年版,第162页。
⑤ 熊十力:《十力语要》卷三。

说:"在文化的共性上,我们应该承认有一个世界文化;在文化的个性上,我们应该承认各民族国家各有其民族国家的文化。并且各民族国家所反映出的文化底个性是不断地向世界文化底共性而上升。"① 循此思路,文化保守主义在相当的意义上又是文化民族主义,或者叫民族文化的本位主义。牟宗三坦率表白:"本位主义有什么不好？每一个民族事实上都是本位主义,英国人以英国为本位,美国人以美国为本位,何以独不许我们中国人以中国为本位呢？若是这叫本位主义,又怎么能反对呢。"②

立足于民族文化的本位立场,文化保守主义反对全盘否定中国传统文化的成就和价值,并在与西方文化进行比较的基础上,肯定这些成就、价值的恒久意义。熊十力从学科的层面分析道:"中西学问不同,只是一方,在知识论上偏重一点,就成功了科学。一方,在修养上偏重一点,就成功了哲学。中人得其浑全,故修之于身而万物备,真理元无内外。西人长于分析,故承认有外界,即理在外物,而穷理必用纯客观的方法。"③ 牟宗三进一步深入到人的主体自由与人的存在层面分析道:"道德的主体自由使人成为'道德的存在'(以及宗教的存在),艺术性的主体自由使人成为'艺术的存在',思想的主体自由使人成为'理智的存在',政治的主体自由使人成为'政治的存在'。中国所充分发展的是前两者。西方所充分发展的是后两者。"④ 李泽厚提倡多元化的民族精神文明:

---

① 徐复观:《中国人文精神之阐扬》,第26页。
② 牟宗三:《从儒家的当前使命说中国文化的现代意义》,见封祖盛编《当代新儒家》,三联书店1989年版,第178页。
③ 熊十力:《十力语要》,卷一。
④ 牟宗三:《历史哲学》,台湾学生书局1984年版,第82页。

"文化发展既有世界性的普遍共同趋向和法则,同时又有其多元化的不同形态和方式。不同的民族、国家、社会、地域、传统,便可以产生各种重大的不同。我主张基本上是一元化的物质文明和基本上是多元化的精神文明。"他举例道:"在精神层面,各国都有自己的特殊性,各种精神门类也有自己的特殊性。以宗教而言,印度人多信仰印度教,阿拉伯世界信仰伊斯兰教,我国则有自己的实用理性、乐感文化、天人合一的传统精神。如果以西方为本位,那么,东方各国只有基督教化,但这种现代化也许永远实现不了。所以,全盘西化是不可能的。"① 余英时并不讳言在某些方面中国必须"西化","但是整体地看,中国的价值系统是禁得起现代化以至'现代以后'的挑战而不致失去它的存在根据的。这不仅中国文化为然,今天的西方文化、希伯来文化、伊斯兰文化、日本文化、印度文化等都经历了程度不同的现代变迁而依然保持着它们文化价值的中心系统。"②

文化保守主义一方面强调民族文化的不可通约性,另一方面又承认并积极推进民族间文化的相互融摄。"今后我们治学问亦必须兼学西方之逻辑的方法,并采西方哲学义理中可以与儒家相通者,互为比较,互为衡量,互为证明,则儒家之学说,得西方思想之助,当可更加明朗清晰,而西方哲学家言,因其移植吾国,亦可更得所以发荣滋长。"③

文化保守主义各派中,"国粹"派似乎是最顽强捍卫民族文化

---

① 李泽厚:《世纪新梦》,第467页。
② 余英时:《从价值系统看中国文化的现代意义》,《内在超越之路》,中国广播电视出版社1992年版,第57页。
③ 张君劢:《中西印哲学文集》,台湾学生书局1981年版,第576页。

的地位和价值的。但也正是"国粹派"在吸纳西学以研究国学方面，做了大量的工作。"国粹也者，助欧化而愈彰，非敌欧化以自防"①。"国粹"派所办《政艺通报》、《中国白话报》等都以大量篇幅宣传西学。章太炎等人"以新理言旧学"，引西学以研古学，在他们看来，古学复兴的过程，同时就是中西文化会通融合的过程②。现代新儒家也无一不是融通中外文化的身体力行者。熊十力全力打通儒佛，甚至说"谓吾为新的佛家，亦无不可耳"③。张君劢以柏格森生命哲学为重新审查民族遗产的新路，冯友兰以新实在论观照朱熹，"朱子之哲学，非普通所谓之唯心论，而近于现代之新实在论"④。贺麟的新心学是陆王心学与新黑格尔主义融合的产物。青年方东美对实验主义和新唯实主义的真切投入"为他的总在升进的智思打上了他终生不曾脱去的印痕"⑤。唐君毅引黑格尔的精神思辨模式分析儒家的价值祈向，牟宗三则攀援着康德哲学的"两层立法"——知性为自然立法，自由意志为道德立法——的脚手架，"上进到东方智慧的殿堂"⑥。比以上诸贤更年轻一辈的杜维明、李泽厚等人，际会全球一体化的时代风云，胸襟和眼界都更为开放："儒家可以同犹太教、基督教、伊斯兰教，同佛教、马克思主义、弗洛伊德和后弗洛伊德心理学家们进行对话，并从中获益。"⑦

---

① 许守微：《论国粹无阻于欧化》，《国粹学报》第1年第7期。
② 参见郑师渠：《晚清国粹派文化思想研究》，北京师范大学出版社1997年版，第136—137页。
③ 熊十力：《新唯识论》，中华书局1985年版，第404页。
④ 冯友兰：《三松堂全集》第三卷，第339页。
⑤ 黄克剑：《百年新儒林》，中国青年出版社2000年版，第151页。
⑥ 同上，第225页。
⑦ 杜维明：《儒家传统的现代转化》，中国广播电视出版社1992年版，第301页。

"要在今天承续发展儒学传统,至少需要从马克思主义、自由主义和存在主义以及后现代这些方面吸收营养和资源,理解而同化之。"①

3. 以上为了叙述的方便,我们将文化保守主义关于古今、中西两大维度的义化辨析分开论列。其实,正如前文已谈到的,中国的现代化是古今中西文化交融的剧烈变革过程,文化的古今关系与中西关系始终辨证地缠结在一起,实际上并不能截然划开。关于此,冯友兰说过一段很深刻的话,"一般人所说之西方文化,实非西方文化,而乃是近代西方文化。若希腊罗马之思想,实与儒家之思想,大有相同之处。"② 他认为,讨论中西文化关系,关键在"别共殊"。文化"共相"与文化的时代类型相贯通,而文化的"殊相"则与文化的民族特性相联属。如此看来,比较中西文化,既要看"殊相",更要看"共相"——"西洋文化之所以是优越底,并不是因为他是西洋的,而是因为他是近代或现代的。我们近百年来之所以到处吃亏,并不是因为我们的文化是中国底,而是因为我们的文化是中古底。"③ 换言之,要想再不"吃亏",就必须完成文化由"中古"向"近现代"的转型,而这一转型的完成,必须同时是中西文化相互融摄的过程。

接下来,冯友兰论道:儒家、墨家和道家共同铸成中华"国风"。以共相论文化,中国必须实行现代化;以殊相论文化,中国变向现代化时必须保持固有的"国风"。结合共相论和殊相论,冯友兰认为:

---

① 李泽厚:《己卯五说》,第 19 页。
② 冯友兰:《三松堂全集》第一卷,第 580 页。
③ 冯友兰:《三松堂全集》第四卷,第 225 页。

照此方向以改变我们的文化,则此改变是全盘的。因为照此方向以改变我们的文化,即是将我们的文化自一类转入另一类。就此一类说,此改变是完全底,彻底底,所以亦是全盘底。

此改变又将是部分底。因为照此方向以改变我们的文化,我们只是将我们的文化自一类转向另一类,并不是将我们的一个特殊底文化,改变为另一个特殊底文化。我们的文化之与此类有关之诸性,当改变,必改变;但其与此类无关之诸性,则不当改变,或不必改变。所以自中国文化之特殊底文化说,此改变是部分底。

此改变又是中国本位底。因为照此方向以改变我们的文化,我们只是将我们的文化,自一类转入另一类,并不是将我们的一个特殊底文化,改变为另一个特殊底文化。①

简言之,在古今中西文化的大碰撞、大交融中,中国的现代化变革,既是"全盘的",也是"部分的",更是"本位的"。这种认识,对于帮助人们形成科学的现代化观念,显然是有所裨益的。

三、价值论之二:对中国传统文化——尤其是儒家文化——的深入研究,有利于其自身的新陈代谢

现代化进程中中国文化——尤其是儒家文化——遇到的挑

---

① 冯友兰:《三松堂全集》第四卷,第226—227页。

战,是文化保守主义正视、研究并取得丰硕成果的领域。从冯桂芬、张之洞开始,保守主义就对西方文化冲击下如何"保国、保教、保种"的问题忧心忡忡。章太炎等人打出"国粹"的大旗,意义也在于此。他们在研究国粹、"复兴古学'的名义下,借助西方学术研究的理论与方法,自觉和卓有成效地将中国传统学术,提升到了近代意义的层面上。这方面的成就,已为世人公认。如胡适就表示:"对于近人,我最感激章太炎先生"①。到了"新儒家"一辈,更直接提出:"西洋文化的输入,给了儒家思想一个大考验,一个生死存亡的大考验、大关头。假如儒家思想能够把握、吸收、融会、转化西洋文化,以充实自身、发展自身,儒家思想则生存、复活而有新的发展。如不能经过此考验,渡过此关头,它就会消亡、沉沦而永不能翻身。"② 寻求、阐扬以儒学为主干的中国文化古源今流、老树新芽的内在基因和生命机理,是保守主义自觉承担的精神慧命。

1.对中国传统文化(主要是儒家文化)与时俱进、千年常新品质的肯定与阐发。

贺麟的《儒家思想的新开展》被认为是现代新儒家的重要宣言。文章开篇就说:"儒家思想,就其为中国过去的传统思想而言,乃是自尧舜禹汤文武成康周公孔子以来最古最旧的思想;就其在现代及今后的新发展而言,就其在变迁中、发展中、改造中以适应新的精神需要与文化环境的有机体而言,也可以说是最新的新思想。在儒家思想的新开展里,我们可以得到现代与古代的交融,最新与最旧的统一。"③

---

① 见郑师渠:《晚清国粹派文化思想研究》,第330页。
② 贺麟:《儒家思想的新开展》,《文化与人生》,第6页。
③ 贺麟:《文化与人生》,第4页。

儒学可以实现现代与古代的交融、最新与最旧的统一,根本在于儒学本身有兼采众长的机理,因而有"永久存在的性质"。"唯有从吾国儒家'道并行而不相悖,万物并育而不相害'之精神,可以集合众家之说,而汇为一大洪流,再济以儒家之重笃行之长,这样,儒学才得以有新血轮之输入,而有其世界性的新生命,儒学才能真正复兴。"① 更广义地讲,"中国文化本就具有一种开放融摄的精神,而能随时应变,日新又新。在内圣一面,中国文化生命向上透的境界,已经极其高明,今后只需在外王一面补足'政道'与'知性'这中间架构性的钢骨,便可以向下撑开,以获得稳固坚实的自立之基。"② "儒家思想的真正常数,只在内在仁心与生生天道的体证。只有这一层是形上的真理,历万古而常新。"③

以上是从儒家文化的精神立论。从儒学的内涵讲,梁漱溟认为,"孔子的学说不是一种思想,而是一种生活。"李泽厚沿此思路进一步申发:所谓"儒学",不仅是一种思想流派,一种学术体系,而且是"已融化在中华民族——称他为汉族、华人也好——的行为、生活、思想、感情的某种定势、模式,我称之为'文化心理结构'。我认为儒家最重要的是这个深层结构"④。历史永不停歇,传统生生不息。"发掘、认识这种经千年积淀的深层文化心理,将其明确化、意识化,并提升到理论高度以重释资源,弥补欠缺",正是中国现代化的"转化性创造"的基础。⑤

---

① 张君劢:《中西印哲学文集》,台湾学生书局1981年版,第576页。
② 蔡仁厚:《新儒家的精神方向》,《当代新儒家》,三联书店1989年版,第236页。
③ 刘述先:《儒家思想与现代化》,中国广播电视出版社1992年版,第209页。
④ 李泽厚:《世纪新梦》,第131页。
⑤ 李泽厚:《己卯五说》,第19页。

在儒学及中国文化生生不息的历史依据和学理证明方面,文化保守主义的一大贡献是对"道统"说的改造和彰扬。

在这方面,从冯桂芬("以中国之伦常名教为原本")、张之洞("五伦之要,百行之原"是"圣人所以为圣人,中国所以为中国"的根本)一直到新儒家,一脉相承,代有新论。保守主义始终将内涵极丰富而形式极抽象的"道"及其正统的延续——"道统",视为"中华民族文化之命脉"[①]。熊十力说:"一国之学术思想,虽极复杂,而不可无一中心。道统不过表现一中心思想而已。此中心思想,可以随时演进,而其根源终不枯竭。"[②] 经典性的文化保守主义文献《为中国文化敬告世界人士宣言》称:"中国历史文化中道统之说,或非中国现代人与西方人所乐闻,但无论乐闻与否,这是中国历史上的事实。此事实,乃源于中国文化之一本性。""道统"有狭义和广义两解。狭义的"道统"强调"谁代表道统"的问题,因此这种道统常发生中绝。广义的"道统"以整体的民族历史文化为旨归,所以并不十分在意道统的继承人是谁,因此一般也就不存在中绝的问题。由此划分,孟子、韩愈、朱熹讲"道统",属于前者;而近代保守主义诸学人讲道统,属于后者,他们更注重中国文化的本原"体系",不否认中国文化性质和精神的"一本多根"。

就实质性的内容重心看,"道统"又有即"统"而言"道"和即"道"而言"统"的不同[③]。从孟子、董仲舒到韩愈,都属前者,即通过疏理历史中的逻辑关系来论证儒家"道统"的崇高地位。相形之下,宋儒属于后者,即通过强调心性之理在哲学上的绝对价值来突

---

① 牟宗三:《道之本统与孔子对于本统之再建》。
② 熊十力:《读经示要》,重庆南方印书馆1945年版,第209页。
③ 郑家栋:《当代新儒学史论》,广西教育出版社1997年版,第43页。

显儒家"道统"的一贯正确。近代文化保守主义的学理思路更接近于宋儒的"即道言统"一路。"只有从中国之思想或哲学下手,才能照明中国文化历史中之精神生命。"这种"精神生命"蕴含在中国文化的伦理道德、宗教精神——即"心性之学"之中。心性之学"论人之当然的义理之本原所在","正为中国学术思想之核心"①。新儒家认为,"道统,即民族文化之统。它是文化生命的根源和人伦教化的纲维,而个人安身立命亦须取则于此。""道统的延续与光大,人人有份,因为心同理同,个体生命本就是和民族文化生命合流的。"② 将道统的延续视为中华文化生生不息的现成资源,是文化保守主义的一大苦心所在;将个体的生命意识与民族文化的生命意识直接通联,是文化保守主义的更大苦心所在。

在儒学及中国文化生生不息的历史依据和学理证明方面,文化保守主义的另一大贡献是对传统忧患意识的肯定和阐发。

从相当意义上讲,近代文化保守主义本身即忧患意识的产物。梁漱溟当年称:"我是感受中国问题之刺激,切志中国问题之解决,从而根追到其历史文化。"③ 20世纪40年代,冯友兰在国势危难之际推出"贞元六书","贞元"者,贞下起元之谓也,意为中华民族复兴时期所著之书。"世变方亟,所见日新,当随时尽所欲言,俟国家大业告成,然后汇此一时所作,总名之曰《贞元之际所著书》,以志艰危,且鸣盛世。"④ 半个世纪以后,李泽厚同样在忧患意识下

---

① 牟宗三等:《为中国文化敬告世界人士宣言》,载《当代新儒家》,三联书店1989年版,第17页。
② 蔡仁厚:《新儒家的精神方向》,载《当代新儒家》,第230页。
③ 梁漱溟:《中国文化要义·自序》。
④ 冯友兰:《新原人》序。

提出自己的"儒学四期说","儒门淡泊,已近百年;贞下起元,愿为好望。"① 总之,保守主义者的"文化忧患意识为中国文化的花果飘零所催发,更为现代西方文化中人因着物化而失没其真我的危局所深化"。②

中国文化的忧患意识源远流长,可以上溯至殷周之际。周人革命,取殷人而代之,但有关文献表现出的并不是胜利者的趾高气扬,而是时时警策的强烈忧患意识。"忧患心理的形成,乃是从当事者对吉凶成败的深思熟虑而来的远见。在这种远见中,主要发现了吉凶成败与当事者行为的密切关系,及当事者在行为上所应负的责任。忧患正是由这种责任感来的要以己力突破困难而尚未突破时的心理状态。所以忧患意识,乃人类精神开始直接对事物发生责任感的表现,也即是精神上开始有了人的自觉的表现。"③ "因为只有忧患,可以把我们之精神,从一种定型的生活中解放出来,以产生一超越而涵盖的胸襟,去看问题的表面与里面、来路与去路。"④ 正是在忧患意识的驱导下,儒家以人自身的行为规范、道德修养为思考重心,形成以人为本的"仁的文化"。所谓以人为本,实质是一讲人心,向内对自己的人格负责;二讲仁爱,向外对人类负责。"中国文化的基础,乃是由忧患意识所引起的人自身的发现,人自身的把握,以及人自身的升进;这是由孔孟老庄以至宋明理学乃至中国化了以后佛学的一条大纲维之所在。"⑤ 也正是在

---

① 李泽厚:《己卯五说》,第 30—31 页。
② 黄克剑:《百年新儒林》,第 221 页。
③ 徐复观:《中国人文精神之阐扬》,第 141 页。
④ 牟宗三等:《为中国文化敬告世界人士宣言》,《当代新儒家》,第 2 页。
⑤ 徐复观:《中国文化复兴的若干观念问题》,《徐复观文录》(二),第 157—158 页。

这条"大纲维"下,方东美提出,"我们现在讲儒家要扩大范围,不只讲孔子,孔子弟子如商瞿、孟子、荀子,也都要讲,如此扩而充之,先秦的显学如墨家、原始道家也要讲,又六朝隋唐后构成中国文化的重要成分是佛学,也都要讲。"① "顾我华族,自孔子行教以来,其历史文化慧命得以一脉相传,绵延持续,垂数千年而不坠者,实系赖之。"② 在保守主义者看来,当今的世界、当今的中国依然充满忧患,"中国文化是在忧患意识中生长出来的文化。它必定在忧患最深、忧患意识最强的祖国乡土上,重新得到发育滋长。"③

2.对于儒家人文主义的现代意义的开掘与阐扬。

针对有的西方学者认为"儒家这个源远流长的人文传统因经不起西化的考验,逐渐在现代中国销声匿迹了"④ 的说法,文化保守主义认为:"从发生学上看来,儒家与以农业为基础的经济、以家长为标准的官僚制度、和以家族为中心的社会,关系密切","然而,即使这些根柢全被摧毁,吾人亦不能就归结说,儒家思想因此而丧失其所有的人文关切。"事实是,"有些当代中国学者在儒家思想里发现到的,并不是一成不变的古代智慧,而是人文睿识的宝藏,这些人文睿识对他们的存在是充满意义的,也关系到他们对现代社会之重要问题的认知。"⑤ 这一点,即使是文化保守主义的尖锐批评者也不否认:"现代新儒学所能贡献于世界多元文化的,说到底

---

① 方东美:《原始儒家道家哲学》,台湾黎明文化事业公司1983年版,第137页。
② 方东美:《生命理想与文化类型》,中国广播电视出版社1992年版,第203页。
③ 徐复观:《〈民主评论〉结束的话》,《徐复观文录选粹》,台湾学生书局1980年版,第198页。
④ 见杜维明:《儒家传统的现代转化》,第237页。
⑤ 杜维明:《探究真实的存在:略论熊十力》,载〔美〕傅乐诗编:《近代中国思想人物论》,台湾时报文化出版事业有限公司1980年版,第325页。

就只有所谓'儒家人文主义',其资源要到传统儒学中去找,它不过是其现代发掘者和阐释者而已。"① 明显贬义的话语里,实际包含肯定的成分。

关于儒学人文主义,杜维明论道:"儒学基本的精神方向,是以人为主的,它所代表的是一种涵盖性很强的人文主义。这种人文主义,和西方那种反自然、反神学的人文主义有很大的不同,它提倡天人合一、万物一体。"② 刘述先说:"中国的人文精神是中国文化的特殊产物,它宣扬的中庸之道,恰正是西方文化最缺少的东西。它不必像西方基督教超人文的精神,必须要在另一个世界才能找到生命的意义。在另一方面也不必像西方现代的寡头人文主义那样,硬要把自己和社会人群、宇宙天道整个切开,变成一个孤零零的个体,既没有生前也没有死后的安慰。"③ 在现代社会天人分立、心物对峙的弊端日益显露的今天,儒学人文主义的价值,确有重新彰扬的必要。着眼于人类文明发展的大势,对照西方重要思想流派的明显缺陷,张君劢指出,以人文主义为核心的儒学复兴,至少有四点理由:一、苏格拉底、柏拉图的思想在现代化的西方并未受冷落;二、康德的纯粹理性批判和实践理性批判在西方近现代哲学中的地位不可动摇,但其基础"不外乎儒家所谓心之所同然之理";三、偏激的西方机械主义进化论和辨证唯物主义都不能涵盖宇宙中"物"、"生"、"心"三种存在,因而也不能救治现代社会的诸多弊端,它们的偏激反衬出它们所批判的儒家义理的价值;四、存在主义只是表达了现代西方人的彷徨无措,这种现状正说明

---

① 方克立:《现代新儒学与中国现代化》,天津人民出版社 1997 年版,第 189 页。
② 见杜维明:《儒家传统的现代转化》,第 53 页。
③ 刘述先:《儒家思想与现代化》,第 202 页。

为天地立心、为生民立命的儒家学说的现代价值。所以,张君劢断言:"儒家思想的复兴并不与现代化的意思背道而驰,而是让现代化在更稳固和更坚实的基础上生根和建立。"① 也正是在这种意义上,牟宗三说:"儒家亦不只是消极地去'适应'、'凑合'现代化,它更要在此中积极地尽它的责任。""所以儒家之于现代化,不能看成个'适应'的问题,而应看成'实现'的问题。"②

"人文精神"是近年来学界讨论热烈、分歧明显的概念范畴。不同的学术立场、切入角度和关注侧面,得出的结论大相径庭。如果着眼于对照西方现代化先行国家、民族已经遇到的困惑来谈中国文化特别是儒家传统的人文精神,笔者以为《为中国文化敬告世界人士宣言》中提出的"西方人应向东方文化学习"的五点,是基本准确的。这五点是:一,"当下即是"之精神与"一切放下"之襟抱;二,圆而神的智慧;三,温润而恻怛或悲悯之情;四,如何使文化悠久的智慧;五,天下一家之情怀。③ 与此相近,杜维明认为,"20世纪人类的尖端问题之一就是人的问题。人是什么?何为人?下一步怎么走?这不是讲散离的个人,不是讲散离的国家,也不是讲散离的文化。它讲的是人类的共同命运。讲的是人类应该向何处去。"在这样的背景下看儒学提出的"人是什么"、"何为人"的思想,其积极意义是显而易见的。具体地说,面对21世纪人类文明的前途,儒家人文精神的"说服力"、"可供发挥的资源"是:一,为己之

---

① 张君劢:《中国现代化与儒家思想复兴》,载《中西印哲学文集》,第596页。
② 牟宗三:《从儒家的当前使命说中国文化的现代意义》,《道德理想主义的重建》,中国广播电视出版社1992年版,第4页。
③ 见封祖盛编:《当代新儒家》,第41—49页。

学;二,身心之学;三,性命之学;四,仁者以天地万物为一体。①

当然,保守主义对于儒家人文主义的不足也有所认识和批评。牟宗三的"良知坎陷"说是其说明儒学人文主义如何实现其现代意义的最关键一环。正如有研究者所论:"良知坎陷"说的"最重要之点即在于它肯定儒家内圣心性之学及其内在精神,不能够直接作为民主、科学的形上基础。……很少有人像牟宗三那样深刻而清晰地揭示了儒家的道德理性、道德精神与体现于科学、民主背后的那种知性探求、知性分解精神之间的差异性"。② 同样,徐复观也承认,"儒家的政治思想,尽管有其精纯的理论,可是,这种理论,总是站在统治者的立场去求实施,而缺少站在被统治者的立场去争取实现,因之,政治的主体性始终没有建立起来,未能由民本而走向民主。"③ 杜维明认为,当下儒学人文主义的第三期发展,必须经过相当曲折的道路,才有"一阳来复"的希望。"儒学在20世纪是否有生命力,主要取决于它是否能够经过纽约、巴黎、东京,最后回到中国。"④ 儒学人文主义必须直接面对原生型的欧美资本主义文化和次生型的资本主义"工业东亚"的挑战,并在这些文化中传播、生根,然后才能以新的姿态回到中国。"真正具有挑战意义的是,如何复兴儒家人文主义,才使得由民主和科学所带来的问题,有可能得到解决。虽然这种问题对于传统儒家是陌生的,但对于今天的中国来说则是绝对必须的。"从更深的层面看,这是"儒学对全人类面临的永久性问题的一种正式表示:一种普通的信仰,一

---

① 见杜维明:《儒家传统的现代转化》,第154—155页、第390—394页。
② 郑家栋:《当代新儒家史论》,第75—76页。
③ 徐复观:《中国人文精神之阐扬》,第205页。
④ 杜维明:《儒家传统的现代转化》,第65页。

种作为人类整体的、新的哲学人类学的创造。"①

四、价值论之三：对西方现代化过程中负面现象的批判，有利于中国现代化吸取教训，后来居上

在这方面，文化保守主义的"论旨并不是要指出西方现代一无是处，必须无条件地回复到古老东方的传统才行。东方传统的限制和缺点是真实的，我们绝无法开倒车阻挡现代化的过程。但我们必须在同时警觉到，我们走入'现代以后'的阶段，现代西方的流弊已经显露无遗，许多问题已经暴露出来，迫使我们去寻求一些新的答案。而在这样的追寻之中，我们却又发现，古老的东方传统并不是一无是处，也不是完全僵固死去的化石，它提供出一些可能性，如果我们能够成功地把它们编织进现代的生活之中，我们就可以不断向前开创，找到一些新的出路"。②

20世纪初，梁启超游历北美，资本主义"新大陆"的欣欣向荣令他发出"成功自是人权贵，创业终由道力强"的由衷赞叹。18年后，梁氏与张君劢、丁文江等一行同赴欧洲。一次大战的血腥污秽和战后的衰败凋零一举打破了他当年对资本主义的美好印象。代之而出的，是科学绝非万能，公道仍在人心的无限感叹。他认为，一次战后的欧洲人失去了安身立命的所在，"最大的原因，就是过于相信'科学万能'"③。张君劢当年与老师同行，也向国人发出

---

① 杜维明：《儒家传统的现代转化》，第300—301页。
② 刘述先：《儒家思想与现代化》，第166页。
③ 梁启超：《欧游心影录》，《饮冰室合集·专集》之二十三。

"欧洲文化之危机"的警告。经历了30年后的又一次世界大战,张氏再次呼吁:"必须对西洋文化加以批判了。"20世纪50年代以后,虽然全球大战得以避免,但是现代化带来的种种问题、矛盾依然给人类以痛苦和困惑。承续当年章太炎的"俱分进化论",唐君毅批评道:"近代人,醉心于无限之天文世界、数理世界,进而求戡天役物,宰制乾坤,并求'人国'之不断进步,以符合天国。此中兼因人主观之权力意志,或其他私欲,随人之精神向往而出现,并转而利用人向上动机,文化成就,以满足其自身;乃使近代人之无限追求之精神中,上帝与恶魔并在,人之神性与兽性同流。"① 刘述先归纳出现代西方社会五大问题:一,意义失落的感受;二,非人性化的倾向;三,戡天役物的措施;四,普遍商业化的风气;五,集团人主宰的趋势。② 徐复观更一针见血地指出:"西方文化今日面前所摆的问题是在人的方面。因人的方面未得到解决,反映转来,致令本是为人所成就的物,反常成为人的桎梏、人的威胁。"③ 希望从西方社会的病态局面中,吸取教训,免蹈覆辙,以利于中国现代化的健康进行,是文化保守主义的自觉使命。

1. 正确理解"进步"、"发展"的含义及其价值。

现代化无疑是人类有史以来前所未有的大发展,大进步。在"进化的观念日丽中天的时候,人们相信,只要文明不断进展,科技不断进步,人们就可以在世界上建立一个人性天国,没有疾病、贫穷、愚昧、偏私的弊害。"但是,时至"后现代"的今日,人们发现,大发展、大进步并未能给人类带来大幸福、大欢乐:"科技、经济的无

---

① 唐君毅:《人文精神之重建》,台湾学生书局1984年版,第143页。
② 见刘述先:《儒家思想与现代化》,第188—195页。
③ 徐复观:《中国人文精神之阐扬》,第221页。

条件的发展并不能增进生活的素质,给予人生以快乐或意义。"① 发展和进步,其实是一柄双刃剑:"科学工业技术的发展诚然是人类了不起的成就,但在同时它也是一项巨大的破坏性的力量。"在进步的旗号下,"西方无情地铲除了一些所谓落后的文化,造成了殖民主义的罪恶,在自己的都市之内制造了贫民窟,而无限度地攫取自然的资源整个颠覆了自然的均衡。西方人如今已自觉到生态学的问题,对于自己的戡天役物的态度去表示怀疑,而醒觉到或者中国式的有机自然观是一种比较合理的宇宙观,天人合一是它的主导的理念。"②

　　文化保守主义提请人们注意一个严峻的事实:"在文化整个范畴中,却常因进步观念的滥用而反引起许多混乱;这种混乱,必然地会给社会生活以不良的影响。"而且,"愈是落后地区,愈会发现进步观念的过分使用。"③ 余英时论道:18世纪以来,"进步"成为西方现代化的一个中心观念。黑格尔当年看不起中国文化的主要依据之一便是说中国从来没有进步过。但是,今天西方的危机却正在"动"而不能"静"、"进"而不能"止"、"富"而不能"安"、"乱"而不能"定"。如果说在现代化的早期,《大学》所谓"知止而后有定,定而后能静,静而后能安,安而后能虑,虑而后能得"的观念是不适用的,那么在即将进入"现代以后"的现阶段,这些观念则十分值得我们正视了。④ 如何避免"滥用"进步观念,徐复观提出一条规则:

---

① 刘述先:《儒家思想与现代化》,第187—188页。
② 同上,第165页。
③ 徐复观:《中国人文精神之阐扬》,第31页,第33页。
④ 余英时:《从价值系统看中国文化的现代意义》,《内在超越之路》,第24—25页。

对于知识与技术,应当使用进步的观念。但对宗教、道德、艺术,便不适用进步的观念。总之,"凡是属于'价值'层次的事物,不能轻易适用进步的观念。因为人性的自身,是价值的根源和归宿。由人性中所开拓、升华出来的人格、艺术,其本身即系圆满无缺,不随人性以外的事物的变迁而在价值上有所增减。对价值层次的事物而滥用进步的观念,结果常常是取消了某些事物所含的价值,乃至把人生完全降低到仅属于经验地、存在的层次。"① 西方社会已经出现的问题,在很大程度上,就是"对价值层次的事物而滥用进步"的恶果。

2.反对"科学万能",正确把握"工具理性"与"价值理性"的关系。

18世纪后期兴起于欧洲的现代化运动,是自然科学和工具理性的凯歌行进。由此而来的现代西方文明所代表的典范,是"工具理性"决定论,"即以动力横决天下,已变成世界上广泛接受的基本价值"②。在工具理性的耀眼光芒下,价值理性的地位和意义黯然失色。西方人习惯于"以机械主义推及生物学上、心理学上之一切现象,甚至以此种主义解释人生"③。"人类好于一切现象求其因果之相生,于是有知识,有科学。然欲以因果律概括一切,则于人生现象中,如忏悔,如爱,如责任心,如牺牲精神之属于道德方面者,无法以解释之。"④ 近代西方人当然也讲人的存在价值,但在

---

① 徐复观:《中国人文精神之阐扬》,第34页。
② 见杜维明:《儒家传统的现代转化》,第389页。
③ 张君劢:《再论人生观与科学并答丁在君》,《科学与人生观》,山东人民出版社1997年版,第109页。
④ 同上,《科学与人生观》,第93页。

工具理性的支配下,他们所讲的"大体不在于其生活之本身,而在其向物追求的坚执之情,与其在物的研究上所得的成就。人的价值,是通过物的价值而表达出来的。西方文化的成就在此,其问题亦即在此。"[①] 到了20世纪末期,这个问题已然发展到极为严重的程度,"以动力横决天下"的"典范"又一次"把人类带到了自我毁灭的边缘,乃至连带整个生态系统都有同归于尽的趋势。"[②]

保守主义以理性的态度来看待理性的局限性,批评人类对理性的崇拜,尤其是对抽象性的崇拜。在这方面,文化保守主义特别强调弘扬与中国传统人文精神相一致的价值理性的作用,用价值理性来"平衡"、"调适"工具理性。发生于20世纪20年代的"科学与人生观"论战,便反映了张君劢等人为此而作的努力。他所竭力论证的人生观问题的真解决,"绝非科学所能为力,唯赖诸人类自身而已",也无非是为价值理性在工具理性的一统天下中争一个平等的地位。

价值理性和工具理性,在徐复观的语汇系统中被表述为价值世界和科学世界。在《什么是美国今日的根本问题》中,他分析道:"科学世界,常常要在价值世界中去追溯其源泉,并反转来成为满足价值世界的一种手段。"[③] 他认为,对于人类生活来说,价值世界比科学世界更为重要。人类生活的基本动力和基本形态来自人类的价值世界,人与动物的根本区别也在于,人对生活有一种自觉的态度,即价值世界,而动物则没有。他指出,"现在世界文化的危

---

① 徐复观:《中国人文精神之阐扬》,第198页。
② 见杜维明:《儒家传统的现代转化》,第389页。
③ 徐复观:《徐复观杂文——看世局》,台湾时报文化出版公司1980年版,第232页。

机,人类的危机,是因为一往向外的追求,得到了知识,得到了自然,得到了权力,却失掉了自己,失掉了自己的性,即所谓'人失其性'的结果。"针对于此,"中国文化是一种以仁为中心的'复性'的文化。提撕中国文化的真精神,是一种'复性''归仁'的运动。这不仅是中国文化自己的再生,也是中国人在苦难的世界中对于整个人类文化反省所作的贡献。"①

3.破除个体与群体的对立,建立和谐的人际关系和社会秩序。

韦伯认为,资本主义精神之中的清教伦理,是现代化运动的强大动力。清教伦理表现出的重大特征之一就是个人主义,它促成了一种体系,"这种体系强调自我利益、抗衡关系、竞争性、适者生存、放任主义、市场结构、科学与技术以及社会职能的专业化。"②在这个体系中,西方社会"所培养的是一些能力极强充满了竞争精神但求自利的个人。然徒法不足以自行,过分轻视人治和品德的观念,当然免不了会产生好多流弊"。③ 例如绝对的利己主义和功利主义、冷漠的缺乏亲情的人际关系、权利意识高扬而责任意识淡薄,等等。要而言之,"欧洲文化的难题,是在个体与全体的冲突上面。而儒家在这一点上,却提供了一条可走之路。"儒家"从人伦日用中之道德实践上立论,以圆满之个人成就全体,以合理之现代开辟未来。个体之对于全体,现代之对于未来,乃'当下即是',绝无阻隔。此种个体与全体之统一,可以打开西方个体与全体对立而互相翻压之局"。④ 也就是说,儒家伦理强调的责任感、社会团结、

---

① 徐复观:《中国人文精神之阐扬》,第 162—163 页。
② 见杜维明:《儒家传统的现代转化》,第 373 页。
③ 刘述先:《儒家思想与现代化》,第 165 页。
④ 徐复观:《中国人文精神之阐扬》,第 224、226 页。

社会和谐、重视个人的自我修养和自我约束,等等,恰好可以作为救正西方社会病的药方。从推进经济社会的可持续发展的意义上看,儒家伦理与清教伦理功能相似,但是却具有截然不同的结构和精神趋向,"这种对经济发展作出了贡献的伦理,强调指出自我是各种关系的一个中心。它倡导的不是个人主义,而是我们对一个更大的实体的承诺,这个实体可以是我们的家庭、我们的公司、我们的集体或者我们的国家。"[①]

五、性质论之一:传统的固守与变革的探索

文化保守主义,又称文化守成主义,其本义在不浪漫,不激进,但同时也绝不墨守成规。文化保守主义者是要固守传统,但是他们理解的传统,本身就是变革中的事物。这一点,正是保守主义与守旧主义的根本区别所在。正如有的学者所指出,守旧主义者尊重传统,是因为传统就是传统;保守主义者尊重传统,是因为传统是因现实而变化的传统。当现实与传统发生冲突时,保守主义者总是审慎地改进传统,从而使现实成为有传统可依靠的现实。另一方面,保守主义也不同于进步主义。进步主义把现在看做是未来的起点,而保守主义则把现在看做是过去的最新进展。正是基于此等立场,章太炎等"国粹派"并不将"国粹"视为完全封闭的系统,而是认为"真新学者,未有不能与国学相契者也。"[②] 文化保守主义发展到新儒家一代,固守传统与探索变革二者的统一,表现得

---

① 杜维明:《儒家传统的现代转化》,第374页。
② 章太炎:《国学讲习会序》,《民报》第7号。

更为圆熟。"返本开新"的思想路线,便是明证。牟宗三说:"真正的保守,就是切实而落于实践的创新"①。到了20世纪80、90年代,文化保守主义者在坚守传统中改造传统、在发展传统中维护传统的自觉性更趋向理性化和科学化。在杜维明看来,"西化知识分子对儒家传统进行的学术文化的批判,其结果对孔孟之道的精义不无厘清的积极作用。相反地,企图利用先圣先贤以维护既得利益的军阀政客,不仅没有达到推行孔教的目标,反而把儒家的象征符号污染了。"② 也正是基于与杜维明同样的思考,李泽厚致力于使儒学"提供另一种参考系统,为创造一个温暖的后现代文明作出新的'内圣外王之道'的贡献",使儒学"在崭新的解释中获得再一次雄伟的生存力量和世界性的普泛意义"。③ 他主张对传统实行"转换性创造",即:"以宣传现代观念为张本,以建立未来的人性为鹄的,通过教育,来逐渐既保存又转换传统的情理深层。"④ 李泽厚进一步解释"转换性创造"与"创造性转换"的本质区别:后者"重点在于把今日的中国创造性地'转化'到西方既定的形式、模态、规范标准中去",前者则是通过"逐步改良的方式,使中国成为现代化的发达国家,但不必全同于西方的形式、模态、规范,其中也包括法制体系。"⑤ 正是考虑到文化保守主义固守传统与探索变革相统一的本质特征,所以有研究者将其视为"五四"新文化运动的组成

---

① 牟宗三:《现时中国之宗教趋势》,载《生命的学问》,台北三民书局1970年版,第110页。
② 杜维明:《儒学第三期发展的前景问题》,台湾联经出版事业公司1989年版,第278页。
③ 李泽厚:《世纪新梦》,第127页。
④ 同上,第123页。
⑤ 同上,第517页。

部分①,而且这一观点得到了文化保守主义者自己的呼应。例如杜维明,就"把自己看做一个'五四'精神的继承者"②。

六、性质论之二:意识形态与社会心理

文化保守主义所要表达的是一套完整的价值系统。作为价值系统,它既可以上升到某种特定的意识形态,又可以停留为一般的社会心理。从历史发生学的角度看,在西方,保守主义直到19世纪才正式成为一种意识形态。而在此前,"保守"作为一种心理倾向、行为准则和生活方式,在民间已长期存在。之所以如此,是因为"天然的守旧思想是人们心灵的一种倾向"③。对一般民众而言,在承认经验、传统和权威的前提下试图谨慎地改善现状,总比断然打破全部既有的坛坛罐罐容易接受。尤其是在历史悠久、文明遗产丰厚的中国,文化保守主义作为一种社会心理,拥有异常广阔雄厚的民众基础,拥有鲜明的"公众性",就是非常容易理解的必然。

另一方面,作为意识形态的文化保守主义,因为其承载的社会集团(或共同体)利益要求、政治统治合法性证明意图和社会导向功能,所以具有更鲜明的"非公众性",而这一点,恰与作为社会心理的文化保守主义相左。值得研究的是,近代中国文化保守主义在大多数情况下(指在大多数代表人物的自觉意识中和主要影响

---

① 方克立:《现代新儒学与中国现代化》,第94页。
② 杜维明:《新加坡的挑战:新儒家伦理与企业精神》,三联书店1989年版,第11页。
③ 〔英〕休·塞西尔著,杜汝辑译:《保守主义》,商务印书馆1986年版,第3页。

范围内),总是呈现出上述两类性质相混合的状况。也就是说,文化保守主义的诸多论述,既是在申明特别的政治意志和文化主张,又是在梳理和表达一般的社会心理。

区分文化保守主义的这两种性质,意义在于提请研究者注意:第一,作为意识形态的文化保守主义确实与现实政治关系密切,如唐君毅、牟宗三、徐复观等人敌视马克思主义,自觉将其学说与台湾当局倡导的"中华文化复兴运动"相配合。对此,我们不应该也没必要刻意回避,"怕人家认为我们的意识形态味道太浓,尽量减少政治色彩。"① 特别要指出的是,近代以来,中国社会集团(或利益共同体)的分合聚裂令人眼花缭乱,政治统治屡经更迭,不同社会导向之间的分歧和同路并存。这些因素的综合,更要求我们在分析意识形态层面上的保守主义时,尤其应当谨慎小心。正如有研究者所论,保守主义除了现代新儒家之外,还包括孔教派、国粹派以至国民党戴季陶、陈立夫的哲学②。显然,对于这些同属保守主义的不同派别在意识形态意义上的区别,是要严格分清的。第二,对于意识形态意义上的文化保守主义,其学理层面的科学意义应当得到尊重③。即便是对于"要改良不要革命"一类的主张,也不宜过分纠缠其是否全盘否定了中国人民几十年的革命成果,而应该在分析这一观点是否有助于人们科学地认识历史规律、切实推进现实社会的进步方面多作研究。第三,"从现实性来说,作为

---

① 见方克立:《现代新儒学与中国现代化》,第 8、201 页。
② 方克立:《现代新儒学与中国现代化》,第 24 页。
③ 阿尔都塞和卢卡奇将意识形态与科学完全对立起来,而马克思则改造了特拉西的思想,在历史唯物主义理论构架中肯定了意识形态的科学地位。参见杨生平:《关于意识形态概念的理解问题》,《哲学研究》1997 年第 9 期。

一种意识形态的保守主义必须同某种行动建制相结合,才能显现出具体的内容和主张。"① 就此而论,无论是建立"新权威主义"的政治架构,还是在某地设立"儒教实验区"的构想,在目前情况下,都无现实可能。第四,因为文化保守主义兼有意识形态和社会心理两重性质,我们不可不论具体分析对象和时空条件,将所有文化保守主义的言论、主张,一律置于意识形态的层面加以评判。第五,从实际的历史表现看,作为社会心理的保守主义的意义、作用和影响,远远大于作为意识形态的保守主义。在近代中国,作为社会心理的保守主义,拥有比激进主义和自由主义远为宽厚的民众基础和顽强的传统力量。我们应当承认文化保守主义对民众思想实际影响的历史必然性和合理性,同时又要引导人们避免为其后顾性的文化取向、泛道德主义的价值取向所束缚,真正以健康、科学、乐观的心态,尊重历史,善待当下,创造未来。

七、性质论之三:后顾性的文化取向与泛道德主义的价值取向

文化保守主义在中国已经走过一个半世纪的路程,其理论体系经历了由浮泛到深刻、由单薄到厚重的演进。今天的"新儒家"比起当年的冯桂芬、张之洞,无论是对世界大势的把握还是中西文化的学养,都有极大的超越。随着中国现代化事业的发展,文化保守主义的思想史意义,已经而且必将进一步显现出来。但是,另一

---

① 王思睿语,见李世涛主编《知识分子立场——激进与保守之间的动荡》,第412页。

方面,文化保守主义由于自身理论趋向而存在的缺弊,也会对中国现代化事业产生消极的影响,对此,我们应该有所认识和批判。

1.文化保守主义并非抱残守缺主义,不是保守现状的主义。用牟宗三的话讲,"真正的保守,就是切实而落于实践的创新"。[①] 问题在于,保守主义的"创新",根据在于常识、经验和传统。这种理论趋向,在"新儒家"那里有一个极为简明的表述——"返本开新","返本"是"开新"的绝对前提和唯一根基。这种"后顾性的文化价值取向"必然严重限制文化保守主义的眼界和视角,无法以真正健康的心态,迎接新的知识经济时代、民主法制社会的到来,"不可能使儒家的文化理想与时代的发展之间建立一种真正良性的互动关系"[②]。

2.中国文化保守主义最引以为自豪的,是以儒学为主干的中国文化无与伦比的道德学说体系和道德实践体系。道德不灭,则中国不灭,是他们一以贯之的坚强信念。如果说有什么发展的话,那就是"体用"派、"国粹"派多从事实上肯定传统道德垂训的现实社会功用,而新儒家则最终完成了道德本体化的学理论证。[③] 如牟宗三认为,儒家的本心、仁体、性体学说比康德之论更高明圆满。本心、仁体、性体虽仅彰显于人类,但其本身又不为人类所限;虽仅彰显于道德之极成,但又不限于道德,而必然涉及宇宙万物而为其体。换言之,中国文化特有的"本心仁政之明觉活动",不仅具有道德实践的意义,而且是宇宙之第一原理,是存在之源。[④] 作为一种

---

① 牟宗三:《现时中国之宗教趋势》。
② 参见方克立:《现代新儒学与中国现代化》,第243页。
③ 详见拙文《近代中国文化保守主义述论》,《近代史研究》1996年第5期。
④ 见牟宗三:《道德理想主义的重建》,第363—364页。

学理的探讨,将道德本体化当然不是什么"错误"。但是,一旦问题进入现实的社会变革运动的实际操作层面,道德本体化极易产生的消极后果是泛道德主义价值取向的偏颇。既然"道德自我是一,是本,是涵摄一切文化的理想的。文化活动是多,是末,是成就文明之现实的"①,那么,"由此来看中国的现代化运动,不管参与其间的人是否意识到了,历史本来就赋予了它一个伟大的道德目标:为万世开太平。"② 在要求人的个性和创造精神全面发展的今天,在要求社会经济、政治、文化全面发展的今天,仍然将"人的一切活动的价值取向伦理化",③ 这种泛道德主义取向的误导作用是必须警惕和防止的。

文化保守主义对于中国传统文化的研究,已然取得世人公认的成就。特别是对儒学内核、架构及其流变的研究,确实到达了一个极高的水准。但是,这方面的成绩在学术上的价值是一回事,学术价值转换实现为现实运动的指导意义,是另一回事。儒学的"内圣外王"之学,确实有它的历史意义在。但是,这一套理论能否在现代化的现实运动中发挥作用?文化保守主义寄希望于对它的新"解释"。刘述先说,"这里就需要眼光,需要手段,一定要通过善巧的解释,把握到传统的真精髓。"④ 李泽厚则"但愿"儒学可以"为创造一个温暖的后现代文明作出新的'内圣外王之道'的贡献",从而"在崭新的解释中获得再一次雄伟的生存力量和世界性的普泛

---

① 唐君毅:《文化意识与道德理性》,台湾学生书局1986年版,第6页。
② 盛洪语,见李世涛主编《知识分子立场——激进与保守之间的动荡》,第419页。
③ 方克立:《现代新儒学与中国现代化》,第53页。
④ 刘述先:《儒家思想与现代化》,第176页。

意义"。① "内圣外王"作为儒学的架构体系,当然有一个"解释"的问题。这种"解释"对于研究过往的文化遗产,是无可厚非的;但是,希望通过"善巧"的、"崭新"的"解释"来赋予"内圣外王"以中国现代化甚至世界现代化指针的"普泛"意义,则未免过于一相情愿。无论文化保守主义的愿望多么强烈,这都是一场无法实现的"世纪新梦"。

---

① 李泽厚:《世纪新梦》,第 127 页。

参考文献

著作类：

《尚书》。
《论语》。
《孟子》。
《荀子》。
《韩非子》。
扬雄：《法言》。
王符：《潜夫论》。
韩愈：《昌黎先生集》。
罗隐：《两同书》。
朱熹：《四书集注》。
程颐：《河南程氏遗书》。
《叶适集》。
王夫之：《周易外传》。
黄宗羲：《明儒学案》。
黄宗羲：《民夷待访录》。
顾炎武：《亭林文集》。
费密：《弘道书》。
《马克思恩格斯选集》，人民出版社1995年版。
《列宁全集》，人民出版社1984年版。
《鲁迅全集》，人民文学出版社1957年版。
《毛泽东选集》，人民出版社1991年版。
赵尔巽：《清史稿》，中华书局1977年版。

朱寿朋编:《光绪朝东华录》第四册,中华书局1958年版。
杨国桢编:《林则徐书简》增订本,福建人民出版社1985年版。
陈锡祺等编:《林则徐集》,中华书局1965年版。
魏源:《海国图志》,岳麓书社1998年版。
龚自珍:《龚自珍诗文选》,人民文学出版社1993年版。
曾国藩:《曾国藩全集·奏稿》,岳麓书社1987年版。
曾国藩:《曾文正公日记》。
李鸿章:《李文忠公全集·奏稿》,台北文海出版社1980年版。
张之洞:《张文襄公全集》,中国书店1990年版。
辜鸿铭:《张文襄幕府纪闻》,山西古籍出版社1995年版。
张继煦:《张文襄公治鄂记》,湖北通志馆1947年版。
王韬:《漫游随录》,岳麓书社1985年版。
王韬:《瀛壖杂志》,岳麓书社1988年版。
王韬:《王韬日记》,中华书局1987年版。
王韬:《弢园文录外编》,中华书局1959年版。
王韬:《弢园尺牍》,中华书局1959年版。
《郑观应集》,上册,上海人民出版社1982年版。
郑观应:《盛世危言》,中州古籍出版社1998年版。
冯桂芬:《校邠庐抗议》,中州古籍出版社1998年版。
冯桂芬:《显志堂集》,清光绪二年刻本。
刘体智:《异辞录》,中华书局1988年版。
《唐才常集》,中华书局1980年版。
容闳:《我在美国和在中国生活的追忆》(旧译名为《西学东渐记》),中华书局1991年版。
钟天纬:《刖足集》。
陈炽:《庸书》。
郭嵩焘:《条陈海防事宜折》。
汤震:《危言》,光绪十六年本。
薛福成:《出使四国日记》,湖南人民出版社1981年版。
《薛福成选集》,上海人民出版社1987年版。
薛福成:《庸庵文别集》。
凌扬藻:《蠡勺编》。

《康有为遗稿——列国游记·德国游记》,上海人民出版社 1995 年版。
康有为:《孔子改制考》,中华书局 1958 年版。
康有为:《孟子微》,中华书局 1987 年版。
《康有为政论集》,上册,中华书局 1981 年版。
《康有为政论集》,下册,中华书局 1981 年版。
康有为:《欧洲十一国游记》,上海广智书局版。
《梁启超史学论著四种》,岳麓书社 1985 年版。
梁启超:《饮冰室合集》,中华书局版。
《严复集》,中华书局 1986 年版。
严复:《孟德斯鸠法意》,商务印书馆 1981 年版。
王国维:《论政事疏》。
王国维:《殷周制度论》。
《章太炎政论选集》,上册,中华书局 1977 年版。
《章太炎全集》第 4 卷,上海人民出版社 1985 年版。
《章炳麟论学集》,北京师范大学出版社 1982 年版。
章念驰编:《章太炎生平与学术》,三联书店 1988 年版。
刘文典:《吕氏春秋集释》序。
蒋廷黻:《中国近代史》,岳麓书社 1987 年重印本。
太平天国历史博物馆编:《太平天国史料丛编简辑》,第三册,中华书局 1963 年版。
郑振铎编:《晚清文选》,上海书店 1987 年版。
汤志钧:《戊戌变法人物传稿》(增订本),上册,中华书局 1982 年版。
汤志钧:《康有为与戊戌变法》,中华书局 1984 年版。
梁启超:《康有为传》,《康南海自编年谱》(外二种),中华书局 1992 年版。
神州国光社编:《戊戌变法》(资料丛刊),第二册,神州国光社 1953 年版。
神州国光社编:《戊戌变法》(资料丛刊),第四册,神州国光社 1953 年版。
陈独秀:《独秀文存》,安徽人民出版社 1988 年版。
陈崧编:《五四前后东西文化问题论战文选》(增订本),中国社会科学出版社 1989 年版。
张枬等编:《辛亥革命前十年间时论选集》,第二卷,上册,三联书店 1978 年版。
张枬等编:《辛亥革命前十年间时论选集》,第二卷,下册,三联书店 1978

年版。
《杜亚泉文存》,上海教育出版社2003年版。
马芳若编:《中国文化建设讨论集》,龙文书店1935年版。
《辜鸿铭文集》(上),海南出版社1996年版。
《辜鸿铭文集》(下),海南出版社1996年版。
熊十力:《原儒》,上海龙门联合书局1956年印本。
熊十力:《十力语要》,辽宁教育出版社1997年版。
熊十力:《现代新儒学的根基》,中国广播电视出版社1996年版。
熊十力:《中国历史讲话》,1938年重庆石印本。
熊十力:《新唯识论》,中华书局1985年版。
熊十力:《读经示要》,重庆南方印书馆1945年版。
《梁漱溟集》,群言出版社1993年版。
《梁漱溟全集》,第一卷,山东人民出版社1989年版。
《梁漱溟全集》,第二卷,山东人民出版社1990年版。
梁漱溟:《人心与人生》,学林出版社1984年版。
《冯友兰集》,群言出版社1993年版。
冯友兰:《中国哲学史》,中华书局1961年重印本。
冯友兰:《三松堂自序》,人民出版社1998年版。
冯友兰:《中国哲学史》,中华书局1961年重印本。
冯友兰:《三松堂学术文集》,北京大学出版社1984年版。
冯友兰:《三松堂全集》,第一卷,河南人民出版社1985年版。
冯友兰:《三松堂全集》,第三卷,河南人民出版社1989年版。
冯友兰:《三松堂全集》,第四卷,河南人民出版社1986年版。
冯友兰:《三松堂全集》,第五卷,河南人民出版社1986年版。
《马一浮集》,浙江古籍出版社和浙江教育出版社1996年版。
《马一浮学术文化随笔》,中国青年出版社1999年版。
贺麟:《儒家思想的新开展》,中国广播电视出版社1995年版。
贺麟:《文化与人生》,商务印书馆1988年版。
《张君劢集》,群言出版社1993年版。
张君劢:《中西印哲学文集》,台湾学生书局1981年版。
张君劢等:《科学与人生观》,山东人民出版社1997年版。
《牟宗三集》,群言出版社1993年版。

牟宗三:《道德的理想主义》,台北学生书局1985年版。
牟宗三:《时代与感受》,台湾鹅湖出版社1984年版。
牟宗三:《从陆象山到刘蕺山》,台湾学生书局1984年版。
牟宗三:《生命的学问》,台北三民书局1970年版。
牟宗三:《中国哲学十九讲》,台湾学生书局1983年版。
牟宗三:《道德理想主义的重建》,中国广播电视出版社1992年版。
牟宗三:《历史哲学》,台湾学生书局1984年版。
徐复观:《徐复观文录选粹》,台湾学生书局1980年版。
徐复观:《徐复观杂文续集》,台湾时报文化出版事业有限公司1981年版。
徐复观:《学术与政治之间》,台湾学生书局1985年版。
徐复观:《徐复观文录》,(二),台湾环宇出版社1971年版。
《唐君毅集》,群言出版社1993年版。
《唐君毅全集》,台湾学生书局1991年版。
唐君毅:《人文精神之重建》,台湾学生书局1974年版。
唐君毅:《文化意识宇宙的探索》,中国广播电视出版社1992年版。
唐君毅:《中国人文与当今世界》,下册,台湾学生书局1988年版。
唐君毅:《中国人文精神之发展》,台湾人生出版社1958年版。
唐君毅:《中国人的心灵》,联经出版公司1984年版。
唐君毅:《文化意识与道德理性》,台湾学生书局1986年版。
杜维明:《儒家传统的现代转化》,中国广播电视出版社1992年版。
《杜维明文集》,第二卷,武汉出版社2002年版。
《杜维明文集》,第五卷,武汉出版社2002年版。
杜维明:《儒学第三期发展的前景问题》,台湾联经出版事业公司1989年版。
杜维明:《新加坡的挑战:新儒家伦理与企业精神》,三联书店1989年版。
刘述先:《儒家思想与现代化》,中国广播电视出版社1992年版。
成中英:《知识与价值》,中国广播电视出版社1996年版。
林毓生:《中国意识的危机——"五四"时期激烈的反传统主义》,贵州人民出版社1988年版。
余英时:《内在超越之路》,中国广播电视出版社1992年版。
余英时:《犹记风吹水上鳞》,台北三民书局1991年版。

方东美:《方东美先生演讲集》,台湾黎明文化事业公司1980年版。
方东美:《原始儒家道家哲学》,台湾黎明文化事业公司1983年版。
方东美:《生命理想与文化类型》,中国广播电视出版社1992年版。
李泽厚:《世纪新梦》,安徽文艺出版社1998年版。
李泽厚:《己卯五说》,中国电影出版社1999年版。
李泽厚、刘再复:《告别革命——回望二十世纪中国》,香港天地图书有限公司1997年版。
李泽厚:《中国现代思想史论》,东方出版社1987年版。
李泽厚:《中国近代思想史论》,人民出版社1979年版。
《吴宓日记》,三联书店1998年版。
北京大学哲学系外国哲学史教研室编:《西方哲学原著选读》,下卷,商务印书馆1982年版。
侯外庐:《近代中国思想学说史》,下册,上海生活书店1947年版。
侯外庐:《中国思想通史》,第四卷上册,人民出版社,1959年版。
《范文澜历史论文选集》,中国社会科学出版社1979年版。
罗荣渠等编:《中国现代化历程的探索》,北京大学出版社1992年版。
罗荣渠:《现代化新论续篇》,北京大学出版社1997年版。
李剑鸣:《文化的边疆》,天津人民出版社1994年版。
李保平:《非洲传统文化与现代化》,北京大学出版社1997年版。
封祖盛编:《当代新儒家》,三联书店1989年版。
丁伟志、陈崧:《中西体用之间》,中国社会科学出版社1995年版。
方克立:《现代新儒学与中国现代化》,天津人民出版社1997年版。
李天纲:《中国礼仪之争》,上海古籍出版社1998年版。
茅海建:《天朝的崩溃》,三联书店1995年版。
邹依仁:《旧上海人口变迁的研究》,上海人民出版社1980年版。
陈来:《现代中国哲学的追寻》,人民出版社2001年版。
方克立等主编:《现代新儒家学案》,上册,中国社会科学院出版社1995年版。
刘志琴编:《文化危机与展望——台港学者论中国文化》,中国青年出版社1989年版。
陈山榜:《张之洞劝学篇评注》,大连出版社1990年版。
耿云志主编:《胡适遗稿及秘藏书信》,黄山书社1994年版。

郑师渠:《晚清国粹派——文化思想研究》,北京师范大学出版社1997年版。
王汎森:《中国近代思想与学术的系谱》,河北教育出版社2001年版。
沈卫威:《回眸"学衡派"》,人民文学出版社1999年版。
黄克剑:《百年新儒林》,中国青年出版社2000年版。
郑家栋:《当代新儒学史论》,广西教育出版社1997年版。
启良:《新儒学批判》,上海三联书店1995年版。
李山等:《现代新儒家传》,山东人民出版社2002年版。
郭齐勇:《熊十力思想研究》,天津人民出版社1993年版。
汪东林:《梁漱溟问答录》,湖南人民出版社1987年版。
李维武:《徐复观学术思想评传》,北京图书馆出版社2001年版。
王思隽、李肃东:《贺麟评传》,百花洲文艺出版社1995年版。
吴相湘:《民国百人传》,第3册,台北《传记文学》杂志社1979年版。
许纪霖:《无穷的困惑》,上海三联书店1988年版。
陈先初:《精神自由与民族复兴——张君劢思想综论》,湖南教育出版社1999年版。
高瑞泉等:《人格论》,上海文化出版社1989年版。
胡逢祥:《社会变革与文化传统》,上海人民出版社2000年版。
王文钦:《新加坡与儒家文化》,苏州大学出版社1995年版。
王家骅:《儒家思想与日本的现代化》,浙江人民出版社1995年版。
李世涛主编:《知识分子立场——激进与保守之间的动荡》,时代文艺出版社2000年版。
王元化等:《崩离与整合——当代智者对话》,东方出版中心1999年版。
姜义华:《理性缺位的启蒙》,上海三联书店2000年版。
汤一介编:《国故新知:中国传统文化的再诠释》,北京大学出版社1993年版。
冯天瑜、何晓明、周积明:《中华文化史》,上海人民出版社1990年版。
丁文江、赵丰田:《梁启超年谱长编》,上海人民出版社1983年版。
罗振玉:《罗振玉传记汇编》,香港大东图书公司1987年版。
冯天瑜、何晓明:《张之洞评传》,南京大学出版社1991年版。
戈公振:《中国报学史》,三联书店1955年版。
何晓明:《百年忧患——知识分子命运与中国现代化进程》,东方出版中心1997年版。

朱维铮:《求索真文明》,上海古籍出版社1996年版。

黄兴涛:《闲话辜鸿铭》,海南出版社1997年版。

黄兴涛:《文化怪杰辜鸿铭》,中华书局1995年版。

朱维铮:《音调未定的传统》,辽宁教育出版社1995年版。

〔美〕傅乐诗:《近代中国思想人物论——保守主义》,台湾时报文化出版事业有限公司1980年版。

〔美〕斯塔夫里阿诺斯著,吴象婴、梁赤民译:《全球通史——1500年以后的世界》,上海社会科学院出版社1999年版。

〔美〕丹尼尔·贝尔著,赵一凡等译:《资本主义文化矛盾》,三联书店1989年版。

〔美〕艾恺:《世界范围内的反现代化思潮》,贵州人民出版社1991年版。

〔英〕汤林森著,冯建三译:《文化帝国主义》,上海人民出版社1999年版。

〔秘鲁〕陈一罗德里格斯著,白凤森等译:《拉丁美洲的文明与文化》,商务印书馆1990年版。

〔美〕斯塔夫里亚诺斯著,迟越等译:《全球分裂》,上册,商务印书馆1995年版。

〔美〕斯塔夫里亚诺斯著,迟越等译:《全球分裂》,下册,商务印书馆1995年版。

〔澳〕巴沙姆主编,闵光沛等译:《印度文化史》,商务印书馆1997年版。

〔美〕爱德华·希尔斯著,傅铿、吕乐译:《论传统》,上海人民出版社1991年版。

〔南非〕范伦斯伯格著,秦晓鹰、殷罡译:《非洲当代领袖》,重庆出版社1985年版。

〔美〕苏尔等编,沈保义等译:《中国礼仪之争——西文文献一百篇》,上海古籍出版社2001年版。

〔法〕伏尔泰著,梁守锵译:《风俗论》,商务印书馆1996年版。

〔美〕费正清编:《剑桥中国晚清史》,上卷,中国社会科学出版社1985年版。

〔美〕柯文:《在传统与现代性之间——王韬与晚清改革》,江苏人民出版社1995年版。

〔美〕列文森著,郑大华等译:《儒教中国及其现代命运》,中国社会科学出版社2000年版。

〔美〕艾恺著,王宗昱等译:《最后的儒家——梁漱溟与中国现代化的两难》,江苏人民出版社1993年版。

〔英〕休·塞西尔著,杜汝辑译:《保守主义》,商务印书馆1986年版。

论文类:

杨志清:《警惕资本主义重新野蛮化趋势》,《光明日报》1999年10月11日。

魏国英:《北大妇女问卷调查简析》,《北京大学学报》1993年第3期。

何晓明:《中华文化的"轴心时代"》,《学术月刊》1990年第5期。

李亦园:《从民间文化看文化中国》,《中国文化》1994年第1期。

萧箑父:《"文化中国"的范围与文化包容意识》,《江海学刊》1994年第1期。

董淮平:《"得风气之先"与"开风气之先"——郑观应早期思想演变与上海》,《学术月刊》1997年第10期。

成晓军:《试论曾国藩幕府盛况空前的原因》,《长白学刊》2001年第4期。

邓建华:《明清之际"西学中源"说考析》,《河南社会科学》1998年第5期。

曾建立:《〈格致古微〉与晚清"西学中源"说》,《中州学刊》2000年第6期。

冯祖贻:《从〈不忍〉杂志看康有为民初的政治主张》,《近代史研究》1994年第3期。

干春松:《康有为和孔教会:民国初年儒家复兴努力及其挫折》,《求是学刊》2002年7月,总第29卷第4期。

胡维革、张昭君:《纳佛入教——康有为对传统儒学的改造与重构》,《长白学刊》1995年第2期。

罗志田:《清季保存国粹的朝野努力及其观念异同》,《近代史研究》2001年第2期。

丁伟志:《晚清国粹主义述论》,《近代史研究》1995年第2期。

吴方:《万山不许一溪奔——杜亚泉及其前进与保守》,《读书》1994年第4期。

李刚:《论〈学衡〉的作者群》,《南京晓庄学院学报》2002年第1期。

旷新年:《学衡派与新人文主义》,《北京大学学报》1994年第6期。

张贺敏等:《鲁迅与学衡派》,《中山大学学报》2001年第6期。
李怡:《论"学衡派"与五四新文学运动》,《中国社会科学》1998年第6期。
罗志田:《西方的分裂:国际风云与五四前后中国思想的演变》,《中国社会科学》1999年第3期。
周德丰:《保守主义文化观的典型范式——评陈立夫三四十年代的文化哲学》,《天津师大学报》1995年第3期。
张珊珍:《陈立夫唯生主义文化观述评》,《中共中央党校学报》1999年第3期。
李妍:《"本位文化"论战刍议》,《求是学刊》1998年第3期。
许苏民:《情愫的执着与理性的吊诡》,《福建论坛》1998年第4期。
董德福:《梁漱溟"新孔学"的历史地位和影响》,《北京大学学报》1995年第5期。
刘梦溪:《马一浮的学术精神与学问态度》,《文艺研究》2003年第6期。
陈赟:《儒学的现代开展与东西文化调和之检讨》,《学术界》1997年第6期。
汪子嵩:《贺麟先生的新儒家思想》,《学术月刊》2000年第4期。
邓辉:《创造性转化的精神考古》,《江汉论坛》2001年第2期。
李儒义:《论牟宗三的"新外王"说》,《华南理工大学学报》(社会科学版)2001年6月,第3卷第2期。
程伟礼:《中国哲学史:从胡适到冯友兰》,《学术月刊》1995年第8期。
姚才刚:《"理一分殊"与文化重建——刘述先教授访谈录》,《哲学动态》2001年第7期。
王元化:《关于近几年的反思答问》,《文汇读书周报》,1994年12月3日。
王元化:《关于文化现状、道德重建的对话》,《东方》1994年第5期。
甘阳:《反民主的自由主义还是民主的自由主义》,香港《二十一世纪》1997年2月号。
韩德民:《如何认识九十年代中国的文化保守主义思潮》,《原道》第5辑,贵州人民出版社1999年版。
沉风等:《跨世纪之交:文学的困惑与选择》,《文学评论》1994年第6期。
孟繁华:《文化崩溃时代的逃亡和皈依》,《中国文化研究》1994年夏之卷。
王元化:《传统道德及其现代价值》,《上海党史与党建》2003年第6期。
吴俊:《百年思想的一种证明》,《当代作家评论》1999年第4期。

李泽厚:《李泽厚答问》,《原道》第1辑,中国社会科学出版社1994年版。
李泽厚等:《关于文化现状、道德重建的对话》,《东方》1994年第5期。
刘梦溪:《中国不应该"与自身脱离"》,《书摘》2004年第9期。
庞朴:《我是中国文化的保守主义者》,《博览群书》2004年第9期。
丁为祥等:《关于中国文化保守主义的笔谈》,《中华读书报》2004年3月24日。
杨生平:《关于意识形态概念的理解问题》,《哲学研究》1997年第9期。
〔美〕诺姆·乔姆斯基撰,易铭译:《美国的自由价值观》,《天涯》1999年第5期。

杂志类:

《制言》。
《民报》。
《申报》。
《不忍》。
《国粹学报》。
《东方杂志》。
《政艺通报》。
《学衡》。

后　　记

20世纪80年代末,在冯天瑜老师指导下研究张之洞时,我开始接触到"文化保守主义"问题。从那以后的十余年间,这一问题一直是自己学术思考的主要兴趣所在。相关学习心得在《哲学研究》、《近代史研究》、《天津社会科学》、台湾《孔孟学报》等刊物发表后,受到学界同仁一定程度的关注,这更鼓舞了我就此完成一部研究专著的勇气与信心。

2002年春天,承蒙董正华教授邀请,我参加了北京大学世界现代化进程研究中心举办的现代化问题学术研讨会。会议的部分论文后被收入《现代化研究》丛书第一辑,交由商务印书馆出版,我提交的一篇关于文化保守主义的论文,也有幸入选。在处理有关出版事务的过程中,我结识了编辑丛晓眉女士。她的热情态度和敬业精神给我留下了美好印象。在往还多次的电话联系中,她不仅认真细致地订正了我论文中的错讹和疏漏,而且秉承百年来商务印书馆一贯关怀学术、提携作者的优良传统,鼓励我申报合适的著作选题,继续合作。

能有机会在享有盛誉的商务印书馆出书,是学人的荣耀。我很快呈上一份关于近代中国文化保守主义问题研究的著作选题报告及写作提纲,不久便获通过。

全书的写作过程没有什么特别可说道的。和我以往的写作完全一样,时间紧迫,杂事干扰,尤其是思维枯竭时的焦虑和无奈,伴随始终。但既然选择了以此为业,自作自受,只有认命。

我所供职的湖北大学中国思想文化史研究所是一个充满活力的学术群体。感谢所里提供的博士点建设基金的资助,使本书得以顺利出版。

感谢同事们(包括专业工作和行政事务两方面)对本书写作的支持。

感谢中国思想文化史研究所资料室陈利嫒副研究馆员、湖北大学文学院资料室葛亚力、刘明铛老师、湖北大学图书馆丁美华、周德美、高露老师在图书资料方面提供的帮助。

感谢责任编辑丛晓眉女士为本书问世所作的建设性贡献。

最后要感谢的,是多年来家人对我在冠冕堂皇的写作"借口"下逃避家务劳动的宽容。

窗外皓月如盘,清辉泻地。十余年来,与诸位圣哲先贤愉快的神交,终于有了一个阶段性的小结。此刻的心情,于如释重负的同时,又平添了一份惴惴不安。我期待着鼓励,更期待着批评。

何晓明
2004年中秋之夜于沙湖之滨寓所